U0897320

大家史说

清代笔祸

金性尧／著

紫禁城出版社

图书在版编目（CIP）数据

清代笔祸 / 金性尧著. — 北京：紫禁城出版社，
2010.1
（大家史说）
ISBN 978-7-80047-919-9

Ⅰ. ①清… Ⅱ. ①金… Ⅲ. ①文字狱-研究-中国-
清代 Ⅳ. ①K249.205

中国版本图书馆 CIP 数据核字（2010）第 013025 号

清代笔祸
作　　者：金性尧
责任编辑：江　英
封扉设计：赵　谦
出版发行：紫禁城出版社
地址：北京市东城区景山前街 4 号　邮编：100009
电话：010-85007816　010-85007808　传真：010-65129479
邮箱：gugongwenhua@yahoo.cn
制　　版：保定市万方数据处理有限公司
印　　刷：保定市中画美凯印刷有限公司
规　　格：1/16　787×1092mm
21.25 印张　260 千字
版　　次：2010 年 4 月第 1 版
2010 年 4 月第 1 次印刷
印　　数：1-4,000 册
书　　号：ISBN 978-7-80047-919-9
定　　价：36.00 元

写在前面的话

父亲早于1944年就曾以“文载道”为笔名写过《笔祸记略》一文，发表于《杂志》第十三卷第三期，1948年又以“辛奥”为笔名撰写《民国的最大一部禁书》，发表于《好文章》第三期，文中提到“笔者久有意于《中国笔祸史》（或作文网史）之编写，唯以学殖，资料，时间，识见种种限制，终致曳白至今”。以后，父亲也曾经想撰写一部有关笔祸的随笔集，但终因种种原因未能遂愿。直到“文革”结束，戾气初消，父亲又萌生了写作有关笔祸随笔集的念头。上世纪80年代后期，在为香港中华书局主编“诗词坊”丛书的同时，曾于1988年6月与他们签订了《清代笔祸录》出版合同，并于8月24日正式动笔，查是日日记，中有“开始写《清代笔祸录》，题为《触目惊心》”的记载。又经过半年的辛勤笔耕，1989年1月29日，日记载“作《笔祸录》简表”；1月30日，“编《笔祸录》目录”；1989年2月1日，“托寄香港中华信，币九元”；1989年8月27日，“得港局寄来《清代笔祸录》一本，每本港币三十四元”。从开始撰稿到正式出版仅一年时间，说明父亲当时写作时的全力以赴，以及香港中华书局出书之迅速。

《清代笔祸录》在香港出版后，内地读者虽有风闻但却不能买到该书，常有朋友来向父亲索书。虽然，在与父亲写作此书的几乎同时，已经有《笔祸史谈丛》之类的随笔集在内地出版，所谈的也是清代的文字狱，但其篇幅却远逊于父亲的《清代笔祸录》，作为一部全面剖析清代文字狱的随笔集，仍是读书界所需要的。因此，父亲萌生了将《清代笔祸录》在内地重版的想法，但就近在上海联系了几家出版社，却因种种原因而未能如愿。终于在 1996 年 11 月，时任上海书店出版社副总编辑的金良年先生同意接纳出版《清代笔祸录》的修订版。据日记载，11 月 16 日，“寄金良年书，为《清代笔祸录》事”；11 月 21 日，“上午，与金良年通电，同意出版《笔祸录》”；11 月 22 日，“得文男电，云金良年允照我计划写”；12 月 1 日，“草《杨恽腰斩案》，亦《土中录》执笔之始”；1997 年 4 月 29 日，“通读《土中录》毕，共九十篇”；5 月 1 日，“草《土中录》前言”；1999 年 4 月 7 日，“得上海书店电，云《土中录》已出版，作者样书十册，稿金将汇至家中”。经过整整两年时间，《清代笔祸录》的修订版《土中录》终于出版。

父亲于 2007 年去世后，我曾编选了父亲的怀人忆旧集《星屋杂忆》（上海辞书出版社 2008 年出版），次年 6 月始，又蒙出版博物馆组织专家学者精心编校了《金性尧全集》前九卷（上海百家出版社 2009 年出版），我有幸参与编校的全过程，深深感受到各位方家的鼎力支持以及一丝不苟的工作精神，非常感动并将永远铭记；同时，在整个编校过程中，我也曾经想按专题重新为父亲编选文集，无奈学疏力浅，时间也不允许，只得作罢。

去年秋天，承蒙紫禁城出版社的热诚邀请，我重新编选了《清代笔祸》和《清代宫廷政变》二书，感谢他们的精心包装，使本书得以面目一新，也增加了父亲文章内涵的分量；如本书能获得广大读者朋友的首肯，我当再接再励，继续编选父亲的其他专题文集，以答谢读者。

本书的编选以《土中录》为基础，因父亲在《土中录》的前言中曾道："1989年，我为香港中华书局写了一本《清代笔祸录》，约十五万字。与此同时，京、沪等地也出了一些谈文字狱的书。换一种说法，这样的书，也只有在戾气消逝后，才能在书林中出头。现在这本书，就是在《清代笔祸录》的基础上，作了较大修改后写成的，还改正了原有的一些错误，也有少数几篇，与文字狱并无直接关系，只是边缘产品，那就不妨当作掌故看。"但有些篇章，父亲在后于《土中录》编集的《一盏录》中又作了新的修改，此次则以《一盏录》中的文字载入，另外，还补选了几篇有关谈论清代笔祸内容的文章(在每篇文章的末尾均载明出处)。现将它们并为一编，易名为《清代笔祸》，以飨广大喜爱父亲文章的读者。

我的编选如有不妥之处，敬请广大读者朋友不吝指正。

金文男

2010年1月

目　录

《清代笔祸录》前言

本书写作开始于一九八八年秋天。同年十二月，适逢《世界人权宣言》四十周年纪念。

四十年代时，就想写一部中国文字狱史。岁月荏苒，卒之未果。主要由于材料不易搜集。这次承香港中华书局之约，姑以断代的清代为题，又因体裁近于随笔札记，篇幅无多，乃名为《清代笔祸录》，亦“开到荼蘼心事了”之意。

文字狱之称，最初见于龚自珍《咏史诗》的“避席畏闻文字狱，著书都为稻粱谋”名句。龚氏是道光时人，那时清代笔祸高潮已经过去，但他盱衡往昔，仍如闻迅雷烈电那样。这两句诗，如果写在雍乾时，必然大祸临头，他本人就要成为文网中人。可见历史总是朝宽容方向发展的。

历史上的笔祸始于何时？应是西汉杨恽（司马迁外孙）因作《报孙会宗书》而被腰斩为其滥觞。汉之前的秦皇焚书坑儒性质不同，故不能作为例子。其后历代时有发生，如南宋刘克庄《病后访梅》的“梦得因桃却左迁，长源为柳忤当权”，首句指唐刘禹锡因咏桃而得罪新贵，次句指唐李泌因作“东门柳”而触犯杨国忠。至宋代，先有蔡确、苏轼、黄庭坚等的诗祸，南宋也有因诗句而为秦桧、史弥远忌恨事。但一，只表现在个别事件上。二，发动者多是权贵而非皇帝本人，受祸者或政见上确有对立之处，自成派系，这些诗篇确在讽刺影射，从另一意义上说，也可说求仁得仁。三，得到的处分大都为降职贬谪，仍为朝廷王臣，没有被杀的，更没有妻离子散、家产抄没的。四，大多是在朝的知名之士。清代笔祸中，有不少都是草野小民，学究乡愿，原意在向皇帝献媚，甚至还有几名精神病患者的疯汉，更是对人道的摧残，好多笔祸的主角，其实都患有强迫观念症，只是有些显性，有些隐性。

读过赵翼《廿二史札记·明初文字之祸》的人，对朱元璋的滥杀妄戮，无不毛骨悚然。但这只限于洪武前期，清代则长历顺治、康熙、雍正、乾隆四朝。乾隆临朝六十年，笔祸的持续竟达四十七年。而手段之残酷（如对死尸的锉骨扬灰），株连之繁多，罗织之深苛，语言之含暴力性，以视明初，可谓青出于蓝，其酷虐不在唐代来俊臣之下。大臣如乾隆时的梁诗正，就“不以字迹与人交往，无用稿纸亦必焚毁”相自诫。寥寥二语，惊魂如见。其中满汉的畛域，种族的对立，实为重要原因。不仅胡虏夷狄一类字样感到刺眼，就是南北并提，或哀宋抑元，也会本能地引起敏感。当时汉族人数有八千余万，满洲族人口只三百余万，自然对汉人绝不放心。但为什么元代没有大规模的笔祸？一是元人统治中国不过九十年，清代则自顺治至乾隆就有一百五十年，更重要的，因为元清两代帝王，汉学修养差异极大，即是说，清代君主在文化上已经汉化了，和汉武帝、唐太宗没有什么两样，元代君主看不起汉族读书人，有“九儒十丐”之说，文学创作上只有非正统的来自下层的杂剧。清代则大棒和橄榄枝兼施，以高官厚遇罗致了一批高级文士，清主在耳濡目染之余，不但加深了自己的汉学修养，也提高了识别能力，明白了夷夏之防一类的理论和史实，《四库全书》的纂修，对清廷便是一种横的“收获”，好些文字狱便是从搜访遗书中得到眼线的。清代对庙讳和御名的回避十分苛密，不少文士即因未曾避讳而被投入文网，这完全因袭了汉人的传统，从而悬为大不敬的禁例，元代就不讲究。

清代皇帝能够接受汉文化，发扬汉文化，原是其志可嘉，但清代笔祸数量所以如此浩繁，实与清主之懂得此中三昧大有关系，所谓“人之情伪，尽知之矣”。以子之矛，攻子之盾，故无往而不锐利。赵翼《札记》中所举明太祖时的文字之祸，不过如阿Q听到赖、光、灯、烛之发怒，还是“低级形式”，清代的笔祸，大部分固然出于莫须有，却还要引经据典，从理论上学术上证明对方确是有罪，惩罚他们是完全应该的。《孟子·离娄》记逢蒙从羿身上学会了射箭之术，想到天下只有羿一人的技术胜过了他，便将羿杀了。孟子幽默地说：“是亦羿有罪焉。”这个故事正可借以取譬。

从清代的那些笔祸看，大致可分为这样几种：一，确有反清的民族意识，因而为新朝所不能容忍。这是极少数。二，或因沧桑之感而对前明有眷念情绪，或对现实有所感叹愤懑，或在诗文中略有狂放词句，但对清政权还是拥戴颂扬，并无叛逆意图。除此之外，都是在阴差阳错、希里糊涂中充军杀头，好多人都是被八股的大熔炉烧昏了头脑，最可怜的是他们亲人，要想做个单纯的孤儿寡妇也不可得，必须到功臣家去做家奴。还有一些“逆犯”，也不知怎样评价才惬当，应当用什么态度看待？他们确是冤屈、无辜，却又很难令人怜悯、惋惜，说是可笑可鄙，似又不忍。严格说，这些案件是说不上文字狱的。

每一案件，最后都由皇帝亲自批示。皇帝既是公诉的检察官，又是定罪的大法官。他的批示很简单，却具有终审的判决书威力。军机处、刑部之类不过是皇帝的办公厅，或者说是点缀性的花瓶。有的案件，臣下拟从严的，皇帝改为从宽，还对臣下训责一番，有的臣下拟从宽，皇帝改为从严，那就不是训责一番，而是要臣下紧张得发抖，有的案件，性质相同（例如不避庙讳），时间相近，上谕的宽严大不一样，有的重办，有的饶赦，皇帝总是要把理由说一说，显得自己永远做得公道，也让臣民们知道，最终是谁重办了一个凶恶的罪人，又是谁饶赦了一个有罪的人？谁是最有权力的？一说就灵的？为什么轻重如此悬殊，恩威如此不同？通常总是用喜怒无常、天意难测来解释，又觉得太抽象玄妙。如用现代的术语，则是由于人治之故，仍感似是而非。

随笔祸而纷起的是告讦之风。告讦的动机多是出于发泄私怨，有的极为卑劣，如索诈不遂、躲赖钱财、奸淫被发觉，自己完全处于下风，只有以诬陷手段始能从政治上置对头于死地，并以此震动官府。有人控告对方隐念前明，意怀悖逆。根据什么呢？因为对方诗中把日月二字连提。这里只举一例，还有不少案件，实际是在玩文字游戏，读者如果有兴趣，还可以在本书中看到许多啼笑皆非的故事。

中国是一个文字古国，汉字在文化建设上起过卓越而积极的作用，想不到几千年后，还可以以文字杀人，难怪仓颉造字时要天雨粟，鬼夜哭了。

还应指出，不少诬告人是受到惩罚的：谁诬告别人为悖逆的，谁就以悖逆未遂罪反坐。在这方面，这位乾隆大帝曾经作了些英明的决断，出小民于枉死城中。遗憾的是，臣民受到诬陷，尚有皇帝为之昭雪，皇帝诬告臣民，只有墙倒众人推了。

如前所说，虽然皇帝对每一案件的裁断起决定作用，然而就这些案件本身说，却是一种总和性的整体成果。从第一个告发人到地方官到朝廷，中间要经过九溪十八涧那样曲折盘回过程才能上达帝座，要不是大小臣民的共同努力，有些罪犯，未必家破人亡。尽管天子万能，他们果真知道得那么多那么透彻吗？例如在查禁违碍书时，连钱彩的《说岳全传》也列入禁书目录，因为书中写的是岳飞抗金故事，清与金同属女真族（也即东胡族），在关外时曾自称“后金”，故而触忌。可是乾隆皇帝也会想到这部小说么？诚然，“上有好者，下必有甚焉者矣”，但毕竟起了“甚焉”作用的。这中间，有几位大臣为了邀功求宠、为了抢人头，不惜把活的变成死的，把死的从泥土中掘起而锉尸。这是千真万确的事实，在过去的时代里，中国大地上曾经出现过这样一批官员，幸而这个时代已经过去了。本书能给予读者以用处的，恐怕只有这么些。

皇权的森严，种族的对立，都是特定历史条件下逐渐形成的。三百年的时间过去了，文字狱也将成为历史的魅影，今天面临的是新的时代，维护良知，发扬宽容，免于恐怖，耻于诬陷，是一切明智者的共同祈望。

金性尧

一九八九年一月三十日

《土中录》前言

文字狱是一种独特的文化现象，残酷与蛮性是它的特色。我们现在看到的只是纸上的档案，当年却浸透了血斑与泪痕，这是大家都知道的。但在残酷与蛮性之外，还要加上“古怪”两个字，理由一时说不清楚。读者看了本书中的好多案件，就知道不是我妄加的了。

赵翼《廿二史札记》卷三十二，有记明太祖以文字疑误杀人诸案，但只称“文字之祸”而未有“文字狱”之名。我起先以为“文字狱”一词，最初创标的是龚自珍的名篇《咏史》：“避席畏闻文字狱，著书都为稻粱谋。”《辞源》的“文字狱”一目，即引龚氏这两句诗。近阅新得的方孝标《钝斋诗选》(黄山书社出版)，卷五有《有客行》云：“客从西湖来，必知西湖事。株连文字狱，杀戮无老稚。妇女裸且髡，连樯如鬼魅。”孝标为顺治时人，则“文字狱”之称，清初已经有了，不知是否还有更早的。诗中的“西湖事”云云，当指庄氏史案。

孝标初因其弟章钺科场案之祸而谪戍宁古塔，后释归，身后又因《南山集》案而惨遭锉骨，即是向棺材里杀人，于是自己也成为冥府的逆鬼残魂了。

由于方氏著作一直被禁毁，所以大家对“文字狱”一词的来历，只知道始于龚氏，定公当时估计未必见到《钝斋诗选》，故与方诗当是偶合。

龚氏为道光时人，文字狱高潮已经结束，他为什么还要再写这样的诗？我细加体会，这两句实是上下密切呼应，兔起鹘落，前因后果：正由于过去文字狱的频繁可畏，著书的人遂只为谋稻粱以糊口，不再有忧国忧民之心，更不敢抗疏相争，虎口拔牙的了。他的《释言四首之一》，就是对文字狱的余悸，颔联云："木有彣彰曾是病，虫多言语不能天。"下一句是说，人总是要捉会叫的虫子，虫因而不能保全天年了。他到镇江时，看见当地在赛风神雷神，一道士请他作青词，他就写出了为世传诵的"九州生气恃风雷，万马齐瘖究可哀"那一首。他的《古史钩沉论》中的"一人为刚，万人为柔"二语，正好作了"万马齐瘖"的注脚。他的《自春徂秋……》五古中的"四海变秋气，一室难为春"，同样是皇权专制下不甘压抑的文士"悲秋"之词。

定公是胸罗掌故的诗人与学者，回顾了顺治至乾隆四朝文祸的残酷，面对嘉庆、道光两朝山雨欲来，日益消沉的政局，遂有此一肚皮牢骚。如果生在乾隆朝，即使有胆量敢写，迟早会以"狂悖"而获罪，我们也不可能看到他的文集了。盛世之所难言，而一泄之于衰世，这种士气上的张弛错综现象，也是历史上常见的。

清以乾隆朝为盛世，高宗又自称"十全老人"，而文字之祸的繁荣与奇妙，也以乾隆朝为最显。顺治至雍正三朝，文字狱约为三十余起，乾隆一朝，却达一百三十起以上①，即是以一朝而抵三朝的数倍。

顺治至乾隆四朝的文字狱，一个共同的轴心是满、汉的民族矛盾，而乾隆朝所以远过前三朝者，尚有时间、性格和文化上的因素。

---

① 见郭成康、林铁钧《清代文字狱》。

顺治朝的函可（确是反清）和张缙彦只是流放，没有被杀的。

圣祖康熙享国六十年，即位时年仅八岁，大权操在顾命大臣鳌拜之手。当时入关不久，对三藩尚在用兵，后来太子允礽的废立，也很使他困扰操心，对文字狱的重心还在人文渊薮的江南，著名的大狱只有庄氏史案（此案与鳌拜专权有关）与戴名世案二起。还有一点也很重要，圣祖的性格较为宽厚大度，戴案牵连的多至数百人，疏奏，圣祖为之恻然动容，因而只斩戴名世一人，家人皆免罪。

世宗雍正雄鸷猜忌，即位前后，心力全用于骨肉相残上，著名的曾静、张熙案，即直接关系宫廷之变，并且做了一件自以为高明的蠢事，颁布了《大义觉迷录》，后来被乾隆禁毁，倒是智过其父。其次为严惩朋党，如汪景祺、钱名世、谢济世、查嗣庭诸案，而他之痛恶朋党，恐也与骨肉倾轧时，双方互结党援这一内幕上得到连锁性的教训。

高宗乾隆享国也是六十年，即位时年已二十五。他对汉文化特别有兴趣。满洲贵族在政治上征服了汉人，汉文化却征服了他。他懂得了此中三昧，汉文化原来还有这么多的奥妙，反过来便利用儒家的尊君畏天、三纲五常等学说，经过发酵，为我所用，作为文化立威的利器，实际上是用了倒打手法。他对汉族的读书人虽然笼络利用，却有成见，就像他看不起明代的士人一样，这从几件文字狱的批语中可以看得出来，所谓蠹生于木，还食其木。梁启超说高宗附庸风雅，学问不及乃祖乃父。附庸风雅固是事实，但学问却不在父、祖之下。

从清代前期三朝的文字狱中，使他对汉族士人更有戒心，更加强了尊君的意志，在审理尹嘉铨一案时，甚至不承认正一品的大学士就是宰相，以为宰相如果有权，为君主所专倚，“则为之君者不几如木偶旒缀乎”？在他心目中，清朝是没有宰相的。所以，各地呈具的有关文字狱的奏折，他都亲自阅看，有的加上朱批。有些狱案，实在连大臣也不值得一顾的，而一经批阅，上纲上线，极小、极无聊的事情，会成为滔天的大祸。此外，由于纂修《四库全书》的关系，寓禁于征，举网得鱼，又使不少人掉进了密结的文网中。

与前三朝相比，乾隆朝的文字狱，有两大特点。

前三朝的遭祸罹难者，大多为士大夫，即知识分子中的上层。乾隆朝文字狱落网者的流品却十分混杂，医卜星相、地痞讼棍、乡愚冬烘、商贩工匠，三教九流，牛鬼蛇神，无所不有。鲁迅在《隔膜》中也说："有的是鲁莽，有的是发疯，有的是乡曲迂儒，真的不识忌讳；有的则是草野愚民，实在关心皇家。而命运大概很悲惨，不是凌迟、灭族，便是立刻杀头，或者斩监候，也仍然活不出。"

二是如鲁迅说的，有的是疯人，案件多到二十起（?），对付他们的手段极为残酷，有的就用棍杖当众活活打死，不仅如此，还要殃及一批家属。金埴《不下带编》卷五说："内典亦有作壮语而伟甚者，如云：'譬如狮子，百兽之主，为小虫吼，则为众所笑。若在虎狼猛兽中奋迅大吼，则为智人所可。'"看到高宗处死疯人的上谕，我常常想起前段的话，不正是狮子吼小虫么？乾隆二十八年（1763），湖南按察使五讷玺奏请严密禁锢疯人不使他们出外，免得闹事后要"牵涉亲朋，缘坐家属"，就是出于对无辜家属的恻隐之心，我看了深为感动。做了疯人的家属已经够受罪了，何忍而还要他们沦为囚犯呢？

文字狱本来是一个混沌的概念，弹性很大，有了上述两种成分，往往令人怀疑：这究竟算不算文字狱？乾隆朝的好多案件，实在猥琐无聊而离奇，只因既收录于《清代文字狱档》中，不得不写，也不知当年故宫博物院编辑此书时，用的是什么标准？但这九册档案的出版，实在值得我们感谢，也是有心人的工作，没有它拙稿就无所依傍。

从档案的朱批和上谕看，案中人的吉凶祸福、身家性命，全系于皇帝一念之间。有的是皇帝看了地方官的奏折，交三法司核拟，三法司是国家最高的司法部门，可是核拟之后，还要等待皇帝的点头或摇头，说是王法条条，其实只是皇帝心中之一法。例如地方官主张严办的，却被皇帝斥责为糊涂、邀功、不明事理；也有地方官以为不必深究，就地了结的，经人告发后，皇帝便大发雷霆，地方官因而断送功名。性质完全类似的甲乙两案，经过御批，甲案是死路一条，乙案是死里逃生。我反复揣摩，怎样也看不出两者之间有流血与不流血的差别，地方官在无所适从之后，便形成宁严勿宽的总倾向。当然，我现在还要在这里衡量计较，也可说是很无谓的。

每个人都不可能避免主观臆断的错误，皇帝也不例外。但臣下错了，可以由皇帝纠正，皇帝错了，就一错到底，死的就此白投了娘胎，辜负了父母辛劳的养育之恩。

还应该指出，少数的文字狱确是属于违碍、悖逆，为新朝所难以容忍，但株连过多，杀戮太滥，如有的案件，出事的地点虽在江南，恐怖的气氛却笼罩全国，并使世上平白地多了一大批孤儿寡妇。即使说案非冤案，人却枉死了不少。

对于文字狱，很多人都感到兴趣，如鲁迅等也写了一些零星文章，但写成专书的却没有。六十年代初，我在出版社当编辑，在拟订长期的选题计划时，曾拟过“中国文字狱史”一题，其实也是姑妄拟之，明知既无人写，也不可能出版。“文革”忽起，果然有大字报责问“居心何在”，倒也不觉得意外，在当时的大气候下，只能怪自己的“隔膜”了。然而责问者恐怕不知道，

“文化革命的旗手”鲁迅先生也有过写文网史、文祸史的设想，是否也要连带问一下鲁迅先生的“居心何在”？

1989年，我为香港中华书局写了一本《清代笔祸录》，约十五万字。与此同时，京、沪等地也出了一些谈文字狱的书。换一种说法，这样的书，也只有在戾气消逝后，才能在书林中出头。现在这本书，就是在《清代笔祸录》的基础上，作了较大修改后写成的，还改正了原有的一些错误，也有少数几篇，与文字狱并无直接关系，只是边缘产品，那就不妨当作掌故看。

文字狱至清代而到达顶峰，乾隆朝是顶峰中的顶峰，可是收场也在乾隆朝。清末的《苏报》案，是有计划、有组织的反清革命行动，后来又得到社会的声援，所以这不能看作文字狱，一般研究者也不以文字狱视之。

就《清代文字狱档》中一些资料看，本身没有什么文学价值，却可以作戏剧、小说的素材。本书则用随笔的形式，把一件一件的案子，一个一个的人物，像负鼓盲翁讲故事那样，重现于读者眼前，有的使人同情，有的使人沉思，有的使人伤心，有的使人滑稽，看了之后，无动于衷的大概没有，也有几个受重惩的案犯，却不值得怜惜，只觉得是该死。

我这里说的是清代文字狱，就文字狱而论帝德，于圣祖、世宗、高宗等自不能无憾词，就康、雍、乾诸朝的功业而论，还是对历史负责的，有清一代留下的文化遗产，也是值得我们爱护，并且融化于整个中华民族的文明成果之中了。

李贺《秋来》云：“桐风惊心壮士苦，衰灯络纬啼寒素。谁看青简一编书，不遣花虫粉空蠹。思牵今夜肠应直，雨冷香魂吊书客。秋坟鬼唱鲍家诗，恨血千年土中碧。”① 书名“土中录”，即取义于长吉诗的末两句。

---

① 相传苌弘之血化碧千年。鲍照曾作《代蒿里行》，《蒿里》为丧歌，故云“鬼唱”。王士禛《题聊斋志异》的“爱听秋坟鬼唱时”（“时”一作“诗”），即用长吉诗意。

从顺治到现在，已经三百五十余年了，所有各种各样的书中人物，也已成为土中人了，包括皇帝和大臣。故宫博物院在整理过的档案上，有的还注上“蠹蚀”字样，可见这些原件已经过时间的磨损。恩恩怨怨，只付与秋坟碧土，我这里姑且算是凭吊。也应该向历史老人道一声辛苦，他总是背负着沉重的担子仍然向前迈步的。

金性尧

一九九七年五月

清代第一起文字狱

据邓之诚《中华二千年史》卷五《清代文字狱简表》所录，清代第一起文字狱为顺治五年毛重倬等坊刻制艺案。但据1981年《南艺学报》所载白坚的《龚贤和剩上人》一文，则为顺治四年的僧函可案，且坊刻制艺案的真实性也颇可疑（详末节）。今姑以函可案为第一起，也许还有更早的，却又希望没有更早的了。

函可，字祖心，广东博罗人，本姓韩名宗騋，明礼部尚书韩日缵之子。崇祯十二年，年二十九，兵荒马乱，弃家为僧，自号剩上人。明亡后，感慨国变，痛遭家难，寄居南京。屈大均《广东新语》卷十二云："盖其人虽居世外，而自丧乱以来，每以淟涊苟全，不得死于家国，以见诸公于地下为憾。"大均与函可同为粤人，同以遗民而漂泊天涯，故也情见于词。

顺治四年，南明鲁王朱以海，辗转浙闽，密结遗民。四月，清柘林游击（军营将官）陈可，捕获谍者谢尧文，得鲁王封洪承畴为国公、江宁巡抚土国宝为侯之敕；当时洪承畴已降清，以兵部尚书兼右副都御史驻江宁。镇守江宁的昂邦章京巴山、张大猷便奏报清廷，清廷因为还要承畴效忠，遂慰谕而不加追究。

这时函可要回乡，便请洪承畴给以印牌，俾得护行出城，守城的官吏查其行李中有文稿，将其截获。《贰臣传·洪承畴传》，曾记承畴上疏自陈经过云：“函可乃故明尚书韩日缵之子，出家多年。乙酉（顺治二年）春，自广东来江宁，印刷藏经。值大兵平江南，久住未回。今以广东路通，向臣请牌回里。臣因韩日缵是臣会试房师，遂给印牌。及城门盘验，经笥中有福王答阮大铖书稿，字失避忌。又有《变纪》一书，干预时事。其不行焚毁，自取愆尤，与随从之僧徒金腊等四人无涉。臣与函可世谊，应避嫌，不敢定议，谨将书帖牌文封送内院。”事后，洪承畴因奉使江南有功而获释，函可则惨遭拷掠，两足重伤，后又解至京师。经刑部审问后，从宽流放沈阳，寄身僧寺。新朝之盛京，遂成为故朝遗民之戍地。

陈寅恪《柳如是别传》下册第五章，有记函可遭祸事颇为详尽。其论洪氏当时之处境云：“可知当时反清复明之势力皆欲争取亨九（洪承畴）。巴山等拷问函可，即欲得知洪氏是否与此运动有关。洪氏避嫌，不定函可之谳，清廷亦深知其中微妙之处。所以慰喻洪氏，轻罪函可者盖仍须藉洪氏以招降其他汉人士大夫如瞿稼轩（瞿式耜）辈。瞿洪皆中式万历丙辰进士，为同年生，而函可乃适当之联系人也。然则当日承畴处境之艰危，清廷手腕之巧妙，于此亦可窥见一斑矣。”又谓函可之所以脱死，亦由洪承畴等阴为保全之故。我们从洪氏当时与清廷关系的密切而又不自定谳这些迹象看，已可略觇函可之不至丧生。

顺治三四年间，南明尚在抗清，所以城防森严，出入皆须有印牌，函可亦太大意，行李中怎么可以收藏《变纪》等文稿？但此案并非如陈琰《艺苑丛话》说的“为怨家所讦”。巴山、张大猷都是旗人，对洪承畴自有钳制之意，而承畴自此亦不安于位，清廷乃调宣大总督马国柱继任。

函可在南京时，曾与龚贤、顾梦游（字与治）等酬应，施闰章《学余堂文集》卷十七《顾与治传》有云："僧祖心，愤世佯狂，与梦游为方外交，至则主其家。祸发连系，刃交于颈，梦游词色不变，卒免于难。"梦游江宁人，明诸生。函可有《丙戌元旦顾家楼》诗云："多难还余善病身，栖栖终不怨风尘。絜瓢戴雪逢遗老，着屐寻诗有故人。夜雨暂将山色改，年光又逐泪痕新。遥知乡国东风早，花信凭吹薄海春。"丙戌为顺治三年，即案发前一年，时尚寄居顾家。又有《初至沈阳》云："开眼见城郭，人言是旧都。牛车仍杂沓，人屋半荒芜。幸有千家在，何妨一钵孤。但令舒杖屦，到此亦良图。"亦无可如何的解嘲之词。顺治十五年，死于戍所，年四十九，以壮夫而成为塞上孤魂。

明亡后，遗民出家的很多（函可则在崇祯时），寓热肠于空门，于香烟中祈星火，一面是解脱，一面则又有寄托。清高宗却最恶遗民僧，乾隆四十年十一月谕中，曾以钱谦益之靦颜降附，与"金堡（即澹归，亦与函可往来）、屈大均辈之幸生畏死，诡托缁流，均属丧心无耻"并提（见《东华录》）。同年，又寄谕盛京工部侍郎兼奉天府尹察善云："千山（在辽宁西南）僧函可，因获罪发遣沈阳，刻有诗集，曾否占住寺庙，有无支脉流传，碑刻字迹？旋奏请将双峰寺所建碑塔，尽行拆毁，及《盛京通志》内所载事迹，逐一拆除。"（见邓之诚《骨董琐记》卷七）此时距函可之卒已一百十六年，如果函可案发生在乾隆朝，此僧必死无疑。

函可有《千山诗集》，清代属禁书，但道光间有刻本。函可的《变纪》原文已不可见，这件清代第一起文字狱，也只能说是象征性的。

此文写后，又于徐世昌《晚晴簃诗汇》卷十五中，见有明遗民邢昉的《读祖心再变纪漫述五十韵》五古，中有骂钱谦益迎降语，末云："大师南海秀，敻立风土外。辛苦事掇拾，微辞缀丛荟。毛锥逐行脚，蝇头装布袋。前日城门过，祸机发逅邂。命危濒伏锧，鞫苦屡加钛。良以笔削劳，几落游魂队。”邢昉字孟贲，高淳人（清属江宁府）。函可被捕前，邢昉曾亲见其书，书名应作《再变纪》，当指南都继北都而沦陷，即甲申之变与乙酉之变。

上文提到的邓氏《简表》中所录的毛重倬等坊刻制艺案，原见于明长洲郑敷教的《郑桐庵笔记》，曾收入于民国时排印的《丁丑丛编》中，略谓戊子（顺治五年）四月，满相刚林有“直纠悖乱坊刻以正人心”一疏，“于是毛重倬、胥庭清、史树骏、缪慧远等皆罹于网”。语颇含混。我查了《明清进士题名碑》，有胥庭清、史树骏、缪慧远之名，皆顺治四年进士，而无毛重倬。又据《中国人名大辞典》所载，胥庭清曾任余姚知县，后升任工部主事，“家居，兄弟子姓百口共爨，时称其孝友”（此或据方志）。那末，这一案似未定罪，否则，胥庭清怎么能赴京任工部主事？又，沈德潜《国朝诗别裁集》也登缪慧远诗五首，下注：江南吴县人，官寿阳知县。故郑氏《笔记》所记不确。

（原载《一盏录》，山西古籍出版社 1998 年 3 月版）

清初不书年号案

明长洲郑敷教，字桐庵，有笔记一卷，民国时曾排印于《丁丑丛编》中，题名《郑桐庵笔记》，内容很平庸，其中《科举》一则云：“戊子四月，□（当为“满”字）相刚林，有‘直纠悖乱坊刻以正人心’一疏云：‘臣等因训课子孙，聊市坊刻，其文皆悖谬荒唐，显违功令，已令人不胜骇异，其序文止写丁亥干支，并无顺治年号。凡书必系年号，以尊一统，历代皆然。此辈删去不用，目无本朝，阳顺阴逆，罪犯不赦之条’云云，于是毛重倬、胥庭清、史树骏、缪慧远等皆罹于网。”

刚林为正黄旗人，崇德间曾任国史院大学士。丁亥为顺治四年（1647年），戊子为五年。但此文有三点疑问：（一）末句“皆罹于网”，语颇含混，最后究竟如何处分？（二）《明清进士题名碑录》有胥庭清、史树骏、缪慧远之名，皆顺治四年进士，与《笔记》符合，而无毛重倬。（三）据《中国人名大辞典》所载，胥庭清曾任余姚知县，后升任工部主事，“家居，兄弟子姓百口共爨，时称其孝友”（此当据方志）。那末，这一案后来似未定罪，否则，胥庭清怎么能赴京师任工部主事？又，沈德潜《国朝诗别裁集》也登缪慧远诗五首，下注：“江南吴县人，官寿阳知县。”故郑记或有误。

同年，又有诗人冯舒因未书年号而获祸事。

王应奎《柳南随笔》云：冯舒，字已苍，常熟人。“尝以议赋役事触县令瞿四达，瞿深衔之。会已苍集邑中亡友数十人诗为《怀旧集》，自序书太岁丁亥，不列本朝国号、年号，又在卷中载顾云鸿《昭君怨诗》，有‘胡儿尽向琵琶醉，不识弦中是汉语’之句，卷末载徐凤《自题小像诗》，有‘作得衣裳谁是主，空将歌舞受人怜’之句，语涉讥谤，瞿用此下已苍于狱，未几死。盖属狱吏杀之也。”

邓之诚《清诗纪事初编》引《后虞书》云：“邑中各项钱粮，唯舒独知其弊，诸生黄启耀等合辞上瞿贪状，瞿以贿饰，疑辞出舒手，故杀之。予亦诸生，默默而已。”那末，只是借《怀旧集》为罪名，实际出于个人报复，此案也未经刑部审问，所以《后虞书》即书“瞿知县四达杀诸生冯舒于狱”。

冯舒与弟冯班（字定远）皆以诗著名，舒有《默庵遗稿》十卷，明亡后为遗民。他对清人入主确有抵触情绪，除上举者外，如《丙戌岁朝》之一有“梦里山川存故国，劫余门巷失比邻”句，之二有“起看历本惊新号，忽睹衣冠换昨年”句，都是有憾于新朝。又如《雪夜归村中即事》云：“前年扰扰惊北兵，城南万室成蓁荆。先人敝庐二百载，劫灰一旦无留赢。妻儿奔迸走村落，穷乡岌岦如浮萍。”这是在写清兵之大掠江南，并称清兵为“北兵”，固然都犯时忌，但瞿四达如不用个人权力而加杀害，径向清廷告发，冯舒自必获罪，但是否丧命也很难说。

这两件案子，都涉及书甲子而不书新朝年号事，说起来倒也有历史根据，即源于沈约的《宋书·陶潜传》。

晋安帝义熙十四年（418 年），安帝为大臣刘裕所杀，裕建国号为宋，年号为永初。陶潜因欲忠于晋室，所著文章，“义熙以前则书晋氏为年号，自永初以来唯云甲子而已”。于是而有所谓“义熙甲子”之说。但此事后人已有怀疑，当是《宋书》附会，朱自清在《陶渊明年谱中之问题》中曾作了考证。但因出于正史，影响很大，后世多有仿效，明遗民之不甘屈服新朝的，就不书年号而书甲子，甚至清亡后那些遗老，亦不书民国而书甲子。清人周亮工《读画录》中有“人皆汉魏上，花亦义熙余”的诗句，《读画录》就从《四库全书》中撤出而销毁。亮工这两句诗，可能是咏桃花源的，但见忌于清人，也是理所当然，在新朝入主后，即便对桃花源的题咏，何尝不犯忌呢！

（原载《土中录》，上海书店出版社 1999 年版）

“将明之才”案

刘正宗，山东安丘人，明崇祯时授编修，福王时授中允，《明史》谓与阮大铖“朋谋”。入清，官至文华殿大学士。

张缙彦，河南新乡人，明之末任兵部尚书。明亡，先投李自成，后降清军。福王授以总督，乃遁去投南明，后又受洪承畴招降。顺治十七年（1660年），以不称职，又好诗酒交游，由工部侍郎降江南徽宁道。

同年六月，左都御史魏裔介劾奏刘正宗“蠹国乱政，不止一端”，其中有一项是：张缙彦为刘正宗诗(《逋斋诗集》）作序，中有“将明之才”语，诡谲尤不可解。正宗奏辩说：此语“诚似诡谲，然臣现存诗稿，缙彦序中，未见此语也”。

张缙彦起先不承认曾将诗序送给刘正宗，只承认送过魏裔介、林起龙等。及至刑讯，才承认送过刘正宗。诸大臣会议后奏云：“‘将明之才’既系《诗经》、《汉书》、颜真卿墨刻所载，若非有意借用（即影射），何不即行承认，而必欺饰以匿非，扯毁以灭迹①。又据供词，彼此闪烁，实有诡谲之意，与原

① 据《中国禁书大观》绪言，传世的《逋斋诗集》已无“将明之才”语。但魏裔介看到的张序是有这句话的。

参‘同怀叵测之心’并前供‘是两借意思’等语相合，情罪重大。”

最离奇的，《清史列传·张缙彦传》还记御史萧震曾有这样的劾疏：缙彦“自归诚后，仍不知洗心涤虑，官浙江时编刊（原疏为“刻有”，列传作者擅改“编刊”）《无声戏二集》，自称‘不死英雄’，有‘吊死在朝房，为隔壁人救活’云云，冀以假死涂饰其（向李自成）献城之罪，又以不死神奇其未死之身”（《清史列传》所载某些人物生平，常较《清史稿》丰富）。

《无声戏二集》原为戏剧家李渔所作，怎么会牵扯到张缙彦身上？安平秋、章培恒主编的《中国禁书大观》绪言中，以为《二集》中当有一篇是专写或提及张缙彦故事的，故后来的《无声戏》及其《二集》遂成禁书，详见绪言。

最后的处分是：刘正宗从宽免死，改入旗籍①。康熙时怜其衰老，赦之。张缙彦本应处死，后改为流放宁古塔，死于戍所。钱穆《国史大纲》第八编，以此案为开后来文字狱之先例。

诚如大臣奏疏所言，“将明之才”原非僻典，《诗经·大雅·烝民》：“肃肃王命，仲山甫将之；邦国若否，仲山甫明之。”“将”是奉行，“若”是顺从，“明”是明辨。仲山甫是周宣王时大臣，后来便以“将明”称大臣之善于辅佐帝业。《汉书·刑法志》云：“有司无仲山父将明之才，不能因时广宣主恩，建立明制，为一代之法。”刘正宗官至大学士、太子太傅，张缙彦便用这典故写在序中，不仅褒扬正宗，亦在谀颂新朝，用意实不诡谲。劾奏诸臣都是熟读经史，岂有不知之理？但“明”、“朱”等字，清人最为敏感，张缙彦实在也有自取之咎。又据他的供认，曾将诗序送过魏裔介等，那末，他与裔

① 清初罪犯免死为奴者，皆入旗籍，然奴主之分颇严，如嘉庆时的松筠，官至执政大臣，犹为旗主家丧事掌鼓，迨特恩抬旗乃免。

介原是友善的，裔介为什么在这时参劾缙彦？想必因为这时缙彦已经降贬，乘此下石，兼以刷己。缙彦的口供，如上所说，由不承认而改为承认，那是因为受不了刑讯之苦而诬服，即用夹棍夹成的，所谓“三木之下”了。

清人对降清之明臣，一方面不能不利用，一方面又怀成见与戒心，张缙彦尤其反复，但诸臣奏词及谕旨中一再引用的，却只是孤零零的“将明之才”那末一句话，倒有些神秘感。

当时南北门户之见甚深，刘正宗为北党之首。邓之诚《清诗纪事初编》云：“正宗当国，有权奸之目。丁酉（顺治十四年，1657）科场之狱，为其一手把持，与慎交水火。”十七年正月，清廷已曾严禁大小官员私交私宴，庆贺馈送，投刺往来，意在防止朋党，刘、张以“莫逆之友”而以诗文交结，又都是降臣，也是遭忌原因之一。否则，一句话如何能闯下一场祸[①]？

最后还要说一说，魏裔介最初是劾奏刘、张最力的人，另有一个御史季振宜，亦继起而劾刘正宗庇护有劣迹的人，不想后来上谕亦责魏、季“不早纠参”，因而还得听候处分。这“早”的界限原是很抽象的，什么时候才算“早”呢？

（原载《土中录》，上海书店出版社 1999 年版）

① 本案经过，主要根据王氏《东华录》。

庄氏史案

一刻字匠，临刑哭曰："上有八旬之母，下有十八之妻，我死妻必嫁，母其谁养?"言毕就刑，斩下之首滚至家门，忽然自竖。盖行刑之所，去家不远也。

这是陆圻（丽京）的女儿陆缵任《秋思草堂遗集》（《痛史》本）中所记的一个刻字匠临刑时的惨况，他的罪名是刻过一部书。冤情常常会附会成怪异。

除刻字匠外，钉书、送板的都被杀头。这件大狱，就是喋血江南的庄氏史案，也是清代最恐怖的一场笔祸，并且属于集体性的。

晚明的乌程（清为浙江湖州府治）人朱国祯（桢），曾任内阁首辅，世称相国，著有未刊之《明书》。明亡后，朱家中落，书稿后为归安（属湖州）富人庄廷鑨购得。

庄廷鑨是一个盲人，欲仿左丘失明而著书的传说，邀了几位名士，增添润色，改名《明书辑略》。书成后而廷鑨已死，其父允（胤）城便雇工刻成此书，又擅自将仁和陆圻、海宁查继佐、范骧姓名写上（但查继佐实参与修庄史工作）。

顺治十七年（1660年），陆圻等因书中有触犯清人处，曾向官府告白，后经允城行贿，将其中违碍处重刻，并送礼部等衙门审查，其事乃逐渐平息。

后来已革职的浙江督粮道李廷枢，买到此书原刻本，即交与湖州知府陈永明。陈向允城索诈而得巨款，廷枢却未得分文，自不甘心，乃又交与其亲戚已革职的归安知县吴之荣。之荣索诈未成，便向镇浙将军松魁告发①，又经允城行贿而无事。

次年，吴之荣愤而赴京师上告，清廷即派满籍刑部侍郎专理其事，一场大狱终于构成。

这时庄廷铣已死，就戮其尸②。廷铣之弟廷钺被斩，老父允城瘐毙狱中。廷钺子孙年十五以上的均斩，妻女发配给沈阳披甲人为奴。原礼部侍郎李令哲因写过序，连同他的四个儿子一齐被杀。他的幼子十六岁，法司教他少承认一岁可以充军而免死，他回答说："予见父兄死，不忍独生。"因而不愿改认年龄。

吴之荣赴京前，曾向富户朱佑明索诈，佑明未偿其欲，且加奚落，这时之荣便将朱国祯原书中的"朱史氏"的论赞，补上"朱史氏即朱佑明"的话加入书中，于是朱佑明及其家属，也得到庄廷钺那样下场。

松魁及其幕客程维藩械送京师，因松魁是宗室，叨了八议之光③，只是削职，维藩则被斩于京城。浙江巡抚朱昌祚和学道胡尚衡，因曾贿通定案官员，

---

① 将军，清代为宗室爵号之一，也是驻防各地的军事长官之称。

② 戮尸，上古为陈尸于市之意。《左传》襄公二十八年："求崔杼之尸，将戮之。"即是暴露于众以辱之。大概到后汉时，才成为斩戮尸体的酷刑，即是向棺材里杀人。《老父云游始末》记刽子手戮庄尸云："刽以刀碎其首，脑出，溅刽喉中，立死。"后二语不可信，前二语则为记实。

③ 八议，古代有议亲、议故、议贵等八个条件，可以减免罪刑。

便将责任推在最初申复的学官身上，于是乌程、归安的两个学官作了朱、胡的替死鬼。湖州知府谭希闵，到任才半个月，却被说成隐匿，和推官（专管一府刑案）李焕都被处绞刑，比起杀头来，尸首总算完整的。还有一个浒墅关的榷货主事（主管货物专卖的）李尚白，听说苏州阊门书坊有这部书，便遣差役购买，恰值书店老板外出，差役便在隔邻一个朱姓家里等候，等老板返店，朱给这部书定一价目。这时李尚白已至京，便以购逆书之罪而被斩于京中，书店老板和差役则在杭州斩首。姓朱的邻居已年过七十，免其一死，和老妻充军到极边。被逮捕的人，单是查、陆、范三家就有一百七十六人，连女仆都不放过。

全案最后处死的究竟有多少人呢？一说共七十余人，但据安平秋、章培恒主编的《中国禁书大观》绪言引浙江按察使法若真事后所说，被祸的达七百家，则被杀的至少在千人左右。

这样一件大狱，史料上难免有些舛错可疑之处，例如庄廷鑨既然是一个盲人，又如何编书、刻书？一说是因为忌讳之深的缘故（故意说成盲人?）。萧一山《清代通史》上册，又以为此狱株连如此深广，与康熙初年鳌拜专政有关。

综观全案，起因却由于钱财上的讹诈，而操生杀的关键人物，居然是一个革职知县吴之荣，如果当初庄允城能偿其欲，事后说不定彼此还可杯酒联欢。他告发庄案的原词，惜已无法看到，但有一点可以肯定，他决不会说因索诈不成而来告发；必是把庄氏父子等说成罪大恶极的逆犯，而自己又如何效忠于朝廷，与逆犯不共戴天，所以后来即由此起用，官至右佥都御史，并得了庄、朱两富户的家产。

陆圻于明亡后曾联络海上义士抗清，则其人有反清之志也是事实。案发后弃家逃禅，不知其下落。他曾有《释后携儿繁露晚发钱唐》诗云：“作客新城道，登舟挈汝来。可怜怀桔李，幸免覆巢灾。人比圜扉长，天从远嶂开。莫愁江水落，明日送潮来。”他的女儿缵任所记《老父云游始末》，也是探讨庄氏史案的重要史料。沈德潜《国朝诗别裁集》，收有陆圻诗七律四首，并引王士禛《渔洋诗话》云：“丽京晚年远游不归，或云在岭南为僧，名今龙，而朱竹垞太史谓其入武当为道士，终莫能定也。总之，不知所终云。”若能为僧为道，尚不失为良好的归宿。

（原载《一盏录》，山西古籍出版社1998年3月版）

明史钞略

这是《庄氏史案》的姊妹篇。

庄氏的《明书辑略》原书，现在已经看不到了，书中究竟有哪些犯忌的话，因而也无法知道，但《痛史》本陈寅清的《榴庵随笔》，有这样一段话："或问逆书致罪之由，余不知其细，但闻之前人曰：如书中所云王某孙婿，即清之德祖[①]；所云建州都督，即清之太祖也，而直书其名。又云'长山衄而锐士饮恨于沙燐，大将还而劲卒销亡于左衽'。如此之言，散见于李如柏、李化龙、熊明遇传中，又指孔（有德）、耿（仲明）为叛。又自丙辰迄癸未（康熙十五年至四十二年）俱不书清年号，而于隆武、永历之即位正朔，必大书特书，其取祸之端有如此。况无志、表、帝纪、世家，止有列传。即王阳明一传，有上下卷，共三百余页，其冗长无体裁可知已，所谓三长五难者安在也？"

仅从这段记载看，也确有其"违碍"之处，全书自然更多些，陆圻等三人自动去告白，也因他们曾看过原书，但时人对他们的首告也有非议的。

① 王某即王杲，显祖（他失）的外公。清人无"德祖"。

民国二十四年，《四部丛刊》第三编中有影印《明史钞略》残本，即是庄氏《明书辑略》的孑遗，存神宗、光宗、熹宗纪及李成梁、戚继光等传。后有章炳麟、张元济二先生跋。菊老跋云：“其涉及清室，并无讪谤语，偶见建夷及夷氛、夷寇等字，不意竟触震怒，酿成惨狱，噫！帝王之量，抑何隘耶！”菊老于晚清维新运动中曾被通缉，并以范滂自居，故于专制淫威尤多愤激之词。

孟森先生以《榴庵随笔》明言无帝纪而止有列传，《钞略》则有神宗等三纪，认为《钞略》与《辑略》并非一书，“但谓即庄廷鑨所修之私史，则传者之过也”。但又认为《钞略》中的几篇列传实出庄氏私史(《明清史论著集刊·书明史钞略》)。谢国桢先生《晚明史籍考》不赞同孟说，认为《钞略》即出庄史。

《钞略》残存的列传部分，最详尽的为《李成梁传》。成梁于万历时镇辽东，威震绝域，与建州诸部周旋每获捷役，下面姑以清所修《明史·李成梁传》与《钞略》中李传所记者作一对照：

《钞略》：（隆庆）三年（1569年）四月，破虏于夹河山城，斩其酋张摆失等百六十余级。

《明史》：**三年四月，张摆失等屯塞下，成梁迎击斩之，歼其卒百六十有奇。**

《钞略》：五年冬，虏入寇，成梁拒之，捣其巢，斩巴儿太等五百八十余级。

《明史》：**敌犯盘山驿，指挥苏成勋击走之。……乘胜抵巢，馘部长二人，斩首五百八十余级。**

《钞略》：七年冬，虏五万骑寇前屯，成梁督兵驰援之，适蓟辽总兵戚继光来援，虏遂遁亡。

> 《明史》：七年十月，复以四万骑自前屯锦川营深入。……会戚继光亦来援。

《钞略》中的“虏”，尚非指清之直系先人部落，但由此已可见，清人对夷、虏字眼，最为忌讳也最敏感，所以《明史》都改“敌”字，因为敌是对等的非歧视的，余如“酋”、“寇”等字也须回避。

不但对明清之间如此，连记宋金史事的《三朝北盟会编》中称辽、金为虏、贼等字也要篡改①，因为清与金同为女真族（也即东胡族），清人在关外时一度自称“后金”，因而连《说岳全传》也成为禁书了。

清之先世本臣属于明，明受儒家的传统教育，惯以夷、虏等字蔑称塞外诸异族，诸“夷”虽明知是侮辱性的也只得忍受。一旦入主中国，承受了儒化，遂由自卑上升而为反常的自尊，只要一发现夷、虏字眼，就感到奇耻大辱，引起政治上的报复心理。

但《钞略》中为清人忌恨的，自也不止由于夷、虏等字眼，这里试再举一例：

> 成梁闻阿台有婿曰他失，其父曰教场，乃使教场绐（欺骗）阿台而潜以兵袭之。……王杲子孙至是无噍类，已而并杀教场、他失于阿台城下，他失子即清太祖也，以幼得不死，留置帐下。

教场（即觉昌安）为清太祖努尔哈赤祖父，也即清景祖，他失（即塔克世）为努尔哈赤父亲，也即清显祖。万历十一年（1583年），二人引导李成梁击他们同族建州右卫首领王杲、阿台父子，教场父子也于战争中被成梁军混

① 详见上海古籍出版社影印的《三朝北盟会编》。

杀，遂养努尔哈赤于军中，后人亦以努尔哈赤为王杲余孽，而二祖之死难，努尔哈赤一直怀恨在心，看作“告天七大恨”之一，其实责任不全在明军。但清人官文书当然不会直说，《钞略》这样记载，仍是明人的含鄙视的口吻，自为清人所忌，观文中的“他失子即清太祖也”语，似是清人入主后的语气，可能是后来改动的。

如前所说，庄史是以朱国祯的《明书》为基础的，国祯卒于崇祯五年(1632年)，其生前正当辽事吃紧时期，估计涉及清人先世的，必多指斥鄙薄之词。晚明人这样写原是很自然的，到庄氏时虽经修改，也是剜肉补疮，改不胜改，加上吴之荣挟私告发，摘录要害，清人阅后，更其火上加油。于是藉其马上之威，兴此大狱，以暴力来控制文场，平添了一大批孤魂野鬼，孤儿寡妇，东南到处有啼痕，也是为士论所不容。

（原载《一盏录》，山西古籍出版社1998年3月版）

查继佐与吴六奇

查继佐，字伊璜，海宁人，明举人，曾隐居硖石东山万石窝，故号东山。因参校《明史钞略》而系刑部狱中几达二百天，后获释，游粤归隐。

王士禛《香祖笔记》卷三、蒲松龄《聊斋志异·大力将军》、钮琇《觚賸·雪觏》，都记查氏获释的原因，是由于吴六奇（字葛如）的奏辩①。大意说，清名将粤人吴六奇，早年落魄时，行乞度日。后于雪中为查继佐赏识，邀其共饮，赠以金钱，劝投行伍。六奇后因战功开府循州，声势显赫。及闻继佐遭庄案之累，力为奏辩而得免罪。蒋士铨曾编为《雪中人》传奇，旧时永春社也编为《大力将军》京剧，高庆奎、金少山曾演出于三十年代。这一名士与名将的患难遇合，也确是戏剧、小说的好题材。

但从其他史料审核，上述并非事实。张英的《吴六奇传》未载查、吴遇合事，温训《吴六奇传》只载落魄于海宁时，继佐见而奇之，未言救吴事。吴六奇原是投清的降臣，所以《清史列传》入《贰臣传》，既未言二人始末事，且查氏系狱时，六奇正在闽、粤沿海与反清部队作战，也不可能为查氏

---

① 吴六奇自比诸葛，故名六奇而字葛如。

申辩。最重要的一点，查继佐、陆圻、范骧都因自首而免罪，如查为吴所救，则陆、范又是何人奏辩？吴骞《拜经楼诗话》卷一云："查东山先生遇吴顺恪事，世皆艳称。予观东山所作《敬修堂同学出处偶记》，有似出于传闻之过者，岂当日以其既贵而故为之讳耶？《记》云：'……别久之，投余远问，则葛如病而长君晋已修文去矣。葛如随物故。世相传余初有一饭之德，葛如方布衣野走，怀之而思厚报，其实无是事也。'"这就说得很明白。邓之诚《清诗纪事初编》说，"六奇方官潮州总兵，喜与故明遗臣往还，以数万金为继佐行贿，圻亦输五千，关通要津，得免究。"亦系附会之谈。当时清廷对此案雷厉风行，必欲兴大狱，也没有人敢行贿、敢受贿的。

六奇曾受继佐赏识，显达后邀继佐游粤，这是事实。六奇亦能诗，继佐曾选其《浈阳峡》一诗于《诗可》。当年之垂青六奇，大概也因其武人而有文才之故。庄氏史案内幕复杂，自必有许多传说，王、蒲、钮与继佐同时，而传说已分歧如此。

继佐著书甚多，有《罪惟录》、《国寿录》、《续西厢》等。《罪惟录》本名《明书》，多至一百零二卷，曾收入《四部丛刊》三编，八十年代时又由浙江古籍出版社排印，我也总算得到一部。

东山虽侥幸生还，对故国仍耿耿此心。张菊老称为"冒死成书，为有明留三百年之信史"。缪荃孙《艺风堂文漫存》卷四云："戴名世只以书中书弘光、隆武、永历年号，遂罹杀身之祸，此书为弘光作纪，大书安宗简皇帝，又附鲁、唐、桂三王于纪后，论其罪当过于戴名世，而雍、乾书禁严时，亦未投诸水火，发现于二百年之后，可谓大幸。"乾隆时又将"建虏"、"满兵"、"北师"、"东人"等字多涂改为"大清"，不兴大狱，只是涂改，这是最英明的办法，岂当时无吴之荣一类角色耶？

张宗祥跋云："史狱之后，庄氏之书毁而不传，先哲亦无敢载笔述其书之情状。然吾意先生是书，必太半以庄氏之书为蓝本而加以笔削者也，惜无确证，所得者仅文史列传焦竑传论中，引庄钺曰'《致身录》一书[①]，童子皆知其伪，而弱侯宝之'数语耳，然即此亦可证取材庄史矣。"继佐为张氏乡前辈，故张跋也写得颇有情致。

据陆缵任《老父云游始末》：陆圻至继佐书室，"见案头果有此书（指《明史钞略》）"。《罪惟录》之作，始于崇祯十七年（1644年）甲申，查《录》取材于庄史，极有可能，故继佐得以脱稿而寿终，可谓九死一生。

查《录》体例不甚缜密，传主生平间有与传题不相称，但帝纪评语中，语多隽妙，如论武宗云："帝好淫佚，乃为诸嬖所借，几危社稷。幸所借者徒玩，无他意耳。""诸嬖"为刘瑾、江彬、钱宁等，不知是正话还是冷话？全书中有些话也不大好懂，如论熹宗云"帝好儿弄，既即位，当东西（指辽东、河套）交哄之日，耳目不及文书，尝呼小珰，手勤拘小室殿阶下，草草，为踌躇满志"，也是说熹宗童年喜欢玩弄，接下来却说："幸上早厌群臣（熹宗卒时年仅二十三）。顷之，客氏家有娠宫人，且备内尚，九千岁上公进阶，当何如也！"那是说，幸亏皇帝死得早，如果迟的话，客氏已准备了怀孕的宫人，等待熹宗宠幸（生下来便是皇子），魏忠贤愈加作威作福，又将成为什么局面呢？客氏这一阴谋，他书也有记载，但帝纪评论中这样说，但在官史里决不会这样写的。

对武、熹二宗之论，似也有幽默感，对毅宗（思宗）的评论，倒很正经，

---

① 庄钺，其在家名为廷鑨，后相沿为庄廷钺。《致身录》，旧题明史彬撰，记彬从亡建文帝事，前有焦竑（字弱侯）序，谓得之茅山道书中。钱谦益《初学集》卷二十二曾有考证，断为伪书。

切中他的过失："帝勇求治，寡欲崇俭，鳃鳃（恐惧貌）民瘼，此心诚可享上帝。独少推诚，稍舞智，往往以处逆魏之法绳其下，于是诸臣救过不暇，即贤者亦或宁自盖。而坚任诸内侍，益灰豪杰之隐，曰'吾自不旁落'，已旁落矣（此二语大妙）。以饥益盗，以加派益饥，以缮兵益加派，以不知所以用兵益缮兵，久之，兵皆盗也。"查氏以明遗民而修私史，故少拘束，常见才情，又不同于野史之野。又忆《明史钞略·贞皇帝纪》有评云："贞皇（光宗）大渐，选侍褰衣促封，虽出儿女微情，势同劫制。"亦颇类东山笔墨。

官史是大鱼大肉，油腻过多，吃得多了要厌的，再来看看私史，就像山家野味了。

（原载《土中录》，上海书店出版社 1999 年版）

吴潘二子

庄氏史案，查、陆、范以自首而免罪，吴炎、潘柽章则以列名而被杀，他们在事先却不知道，也是天打霹雳。

吴炎，字赤溟，吴江人。明亡后，更号赤民，遁迹于湖州山中。潘柽章，字力田，亦吴江人。入清，弃诸生，隐居韭溪（在吴江，非嘉兴韭溪）草堂，致力于学，通晓天文地理。两人既系同乡，对史事又所见略同，故颇莫逆。吴炎年龄稍长于柽章，柽章之弟潘耒为吴炎门人。

由于两人志同道合，遂欲私修明史。炎致书钱谦益，谦益叹曰："吾老矣，无能为矣，绛云楼遗烬尚在，当有以畀之可也。"（陈去病《吴节士赤民先生传》）即以所藏书假助之。顾炎武长于两人十余岁，常以畏友相待，故也假以所藏书千余卷。私家著史，最难得的为《实录》，明《实录》至光宗而十六朝之事始具备①，柽章便卖其家产购得之。吴炎长于叙事，分撰世家及列传，柽章长于考核，分撰本纪及诸志，还有王锡阐、戴笠编撰年表、历法及流寇志。书成十分之六、七，而庄氏史狱遂起。

---

① 所引陈去病及顾炎武文，皆据《清碑传集》。

顾炎武《书吴潘二子事》云："当鞫讯时，或有改辞以求脱者，吴子独慷慨大骂，官不能堪，至拳踢仆地。潘子以有母故，不骂亦不辩。"又云："方庄生作书时，属客延予一至其家，予薄其人不学，竟去，以是不列名，获免于难。"邓之诚《清诗纪事初编》云："初，二人修史，吕留良实资藉之。事后求遗稿不得。盖两家惧祸，尽火之矣。然从《今乐府》中及潘耒文集所述者，知已成者十之六七。"焚书是一场灾难，但动机各不相同，始皇焚书为了愚民，焚时置酒称快；民间焚书为了惧祸，出于被迫，是含着眼泪焚的。

王家祯《研堂见闻杂记》记官府往捕两人时，说："君家少子姑藏匿，何必为破卵？"两人答道："吾一门已登鬼箓，岂望覆巢完卵耶？"于是一家就械，后被杀于杭州之弼教坊，时康熙二年（1663 年）五月，柽章年三十八。先一夕，吴炎自知将被杀，谓其弟曰："吾辈罹极刑（此指凌迟），血肉狼藉，岂能辨识？汝第视两股有火字者，即吾尸也。"

柽章弟耒，为此而改姓吴（从母姓），奉母匿居山中。顾炎武又有《寄潘节士之弟耒》云："笔削千年在，英灵此日沦。犹存太史弟，莫作嗣书人。门户终还汝，男儿独重身。裁诗无寄处，掩卷一伤神。"末两句即指潘耒匿居时。徐嘉《顾诗笺注》引潘耒《沈兼人六十寿序》云："予年十八，亡兄蒙难，嫂侄北徙。思为存孤计，尾其后以行。抵燕山，见事不可为，力尽而返，遂使两孤儿长沦绝域，生死不知。"（按，后由潘耒用捐赎例纳资往赎，亦已达十年之久。）

柽章夫人沈氏，被迫北徙时，因怀孕而未自尽，但随身带着药。分娩后，至辽宁广宁，所生之子又死，即日饮药自杀。这样处境中生下的孩子，自然容易夭折。吴炎夫人也服毒死了。

钮琇《觚賸·吴賸》曾记潘柽章《虎林（武林）军营漫成》四首，第一首云："抱膝年来学避名，无端世网忽相婴。望门不敢同张俭，割席应知愧管宁。两世先畴悲欲绝，一家累卵杳难明。自怜腐草同湮没，漫说雕虫误此生。"第四句当是指"改辞以求脱者"。第二首云："吴关一路作羁累，棘木庭前听五词。已分残形轻似叶，却怜卫足不如葵。下堂真愧先贤训，抱璧几同楚客悲。纵使平反能苟活，他年应废《蓼莪》诗。"第二句的"五词"即五辞，当指官府的指控。第四句"卫足"用《左传》成公十七年孔子谓鲍庄子之智不如葵，葵犹能卫其足典。从此首"纵使"两句及第四首的"南山此去躬耕好，未可重题酒后诗"来看，柽章在狱中似未想到会被杀。又有七绝《与美生对酌绝句》云："平生恨不学屠沽，输与高阳一酒徒。此日尊前须尽醉，黄泉还有卖浆无。"末二句当是化用李白"夜台无李白，沽酒与何人"句意。则似已料到会死的。其实倒正反映了当时的矛盾起伏的悲惨心理：有一线希望的，谁不恋生惜命？何况自己只是列名，但又知道这是朝廷发动的悖逆重案，谅必难逃一死。但陈去病《赤石脂》云："按美生一字美三，即庄廷鑨也。康熙癸卯五月，与吴、潘同磔于杭之弼教坊，骈死者二百余人。"这却是错的。史案未发生时，庄廷鑨已经死了，故后来遭戮尸之惨，怎么会和吴、潘同时死难呢？

钮琇曾师事吴炎，曾有《感事》云："赭服南冠两鬓华，却携妻子走天涯。春风客泪河桥柳，夜月乡心驿路笳。恸哭范滂犹有母，飘零张俭已无家。只今知己多豪侠，空忆当时广柳车（指柩车）。"《弼教坊》云："绝命悲辞狱里成，衔须赴市气峥嵘。曾无富贵娱杨恽①，偏有文章杀祢衡。白骨几人收远瘗，青编何日署空名。只应日夜钱塘水，怒作寒涛千载声。"末句是有怨

① 杨恽是富贵中人，这里只就杨恽与吴、潘都因文字被杀这一点而言，意思是吴、潘都是隐士，未以富贵相娱。

意了。

钮琇是康熙十一年（1672 年）贡生，后卒于知县任所，也即康熙朝人，而敢写这样的诗（他的《觚賸》曾列为禁书），也算有风骨的。但这尚可说为了对师友的风义，乾隆时沈德潜的《国朝诗别裁集》卷八，却收了吴炎一首《中丞舌》，题下注云："悲练子宁也。"就诗而论，这首诗并不好，沈氏所以入选，大概因为吴炎、练子宁都是死于淫威的文士。所以，在汉族士大夫中，对于庄氏史祸，心中必有义愤的。可是《清史稿》既将潘柽章附录于《畴人传》中（因他通历法），末了又含糊地写了一句"柽章后坐法死"的话。《清史稿》成于民国时期，应该没有什么顾忌，却像康熙时期的人编写的，连史家一点起码的公正态度都谈不上。清末国粹丛书收有《吴赤溟先生文集》，其用意就在反清反专制。

庄氏之狱，可写者尚多，篇幅所限，只能到此为止，陈登原《国史旧闻》第三册《文伥》云："为虎作伥，因以引起文字之狱，今姑名之曰文伥。溯其原由，吴之荣为祸首，观其得人家财之半，其事可知。"类此的文伥，在下面的事例中还多着呢。

又，陈氏《国史旧闻》曾印行于 1980 年，今似还可重印。

（原载《土中录》，上海书店出版社 1999 年版）

沈天甫伪书案

萧一山《清代通史》卷上第六篇“康熙时代之文字狱”一节，曾记“沈天甫朱方旦之狱”。乍看题目，似乎沈天甫是此狱中的受害者，其实本末倒置，这个沈天甫恰恰是害人者。

康熙六年（1667年）四月，江南奸民沈天甫、吕中、夏麟奇等撰逆诗二卷，诡称黄尊素（宗羲之父）等一百七十人作，陈济生编集，故明大学士吴甡等作序。沈天甫便使夏麟奇至吴甡之子、在任中书吴元莱处诈索财物。元莱察看其书并非其父手迹，便向巡城御史控诉，御史奏报后，圣祖以奸民诬陷平民，大干法纪，下刑部严审，于是沈天甫等皆被斩，事见王氏《东华录》。

陈济生，字皇士，长洲人，顾炎武的姐夫，因喜欢刻书，所以奸民便假陈之名而刻伪书。

康熙五年（1666年），山东即墨人姜元衡，本姓黄，祖父黄宽，本明显宦黄氏家仆。后来黄元衡官翰林，欲翻主仆之分，便告其主原任锦衣卫指挥使黄培、现任浦江知县黄坦、凤阳府推官黄贞麟刻藏逆诗。事历三年，未曾定案。至康熙七年（1668年），抚院审问时，黄元衡忽称有《忠节录》（又名《启祯集》）一书，系陈济生所作，顾宁人（炎武）到黄家搜辑发刻，其写序写诗讥伤清朝人士五十余名。

陈济生曾刻过《天启崇祯两朝遗诗》（中华书局曾影印），其中有甲申殉国及乙酉（顺治二年，1645年）洁身而死的节臣义士的诗篇，对清廷必多违碍，故后遭禁毁，但黄元衡的所谓《忠节录》，却是海外归来的光棍（无赖）施明与沈天甫合伙伪造。元衡因这时身份仍是黄氏家奴，而奴告主却为律例所不许（详后），只得起大狱以倾陷黄氏。因书中黄坦之父（宗昌）《黄御史传》有“家居二年，握发以终”语，便以为黄坦之父不曾剃头之证，意即不遵行清人蓄辫之制（这一点，可能是事实）。姜元衡自然熟悉黄家内情，他又增加了黄培所刻《十二君唱和序跋》，因而书中“悖逆”之词，更易找到。

又因《顾推官传》中有“晚与宁人游”及“有宁人所为状在”云云，便牵涉了顾炎武。炎武此时寓居京中慈仁寺，闻黄培等入狱，便挺身赶往，被囚于济南府狱中。而阴使炎武罹此狱者实为章丘人谢长吉，谢曾以大桑家庄房屋作抵向顾借款，后未偿还，案发后顾即与谢对簿公堂，又经李因笃、朱彝尊的营救，遂于半年后获释。

炎武赴狱，不但想解同人之厄，亦欲释黄氏之危，不想黄氏却绝不照应，且多方下石，故称之为“中山狼”。其《赴东》之五云：“大造虽无私，薰莸不同产。奈此物性何，鸠化为鹰眼。”即讥黄氏兄弟。

归庄与顾炎武曾被称为“归奇顾怪”。炎武出狱后，庄曾致书云：“兄乃自诣狱，不唯举动光明，揆之事理，亦自宜尔。盖两姓交恶而委罪于兄，兄身出则事白，事白则身全，兄之慷慨就狱，乃精于脱祸者也。”炎武节概，于此案中尤见磊落。

孙殿起《清代禁书见知录》收有《启祯遗诗》十卷，陈济生辑，首有吴牲、归庄等序，则济生原辑此书，沈天甫或加窜易。所以，当日沈天甫讹诈之书，内容不一定全假，但书本身却是伪造的。

谢国桢《晚明史籍考》卷二十四《天启崇祯两朝遗诗初集》条对此案有所考辨，中云：济生选诗，宁人必相助搜访，特与黄氏无涉，“盖当时姜元衡以奴子控主，清议固已不容，又牵连至三百余人之多，故朝野士大夫皆力为湔雪，急诛首告者以弥其祸，遂弥缝其词以结案，而不复根究所以然。不然，济生选诗证据均在，安得强辩为伪造？而‘宁人之是否即顾宁人’，不犹滑稽之甚乎”？按，顾氏自辩书中有“就此‘与游’二语，果足以证宁人即顾宁人，又即搜辑此书之人否”云云，所以谢先生有“滑稽之甚”的话，也说得对的，这个宁人不是顾宁人，又是谁呢？

但对此案的奴告主一节，也给我们以颇多的感慨。

清律大多沿用明律，明代蓄奴之风，则由来已久，武定侯郭英的家奴多至一百五十余人。到了清代，遂常有争世仆之案，雍正六年（1728 年），安庆抚臣魏廷珍奏疏中有云：“臣查告争世仆之案，多有自故明以来历年一二百载，历人一二十世，其丁口每至盈千累百，只因一二人受主豢养，或执年远无印旧契，遂至合族子子孙孙不能出头。此等之人，实属可悯。”这也是中国奴婢史上的重要资料。

祖宗沦为奴隶，子孙从此就要蒙受精神枷锁和人格鞭子，而祖宗当初沦为奴隶的原因，又未必由于他们本人行为上的责任，更不必说子孙了。

《大明律》有关诉讼的规定说：“若奴婢告家长及家长缌麻以上亲者（服丧三个月的亲属），与子孙卑幼罪同。若雇工人告家长及家长之亲者，各减奴婢罪一等。”① 这就是说，凡奴婢告主的，就要受到杖一百、徒三年的刑罚，

① 引自杨鸿烈《中国法律发达史》，上海书店《民国丛书》本。

妻妾告夫也是这样[1]。反之，官员打死奴婢仅予罚俸，旗人故杀奴婢仅予枷号。

老子生了儿子，儿子又生儿子，这原是很自然的规律，但在宗法社会里，有一天老子犯了罪或者犯了无罪之罪，儿子和儿子的儿子们就要连根拔，就要一人做事一家当。几千年来，同样成为伦理上的规律。所以，姜元衡的告黄氏一案，我倒觉得有可以体谅的一面：翰林是清华之职，文学侍从之臣，仅仅因为祖父做过家奴，自己就不能解除耻辱性的奴仆身份——谁没有羞耻之心呢？但姜元衡不想一想，如果他的诬告案成立坐实，黄氏兄弟就要成为逆犯，黄氏子孙不是要沦为奴婢，甚至连奴婢也做不成了么？从这一点上说，姜元衡便没有什么可以同情的了。

（原载《土中录》，上海书店出版社 1999 年版）

① 宋代的李清照即曾因告其后夫张汝舟而下狱。

吴伟业生前与身后

吴伟业（梅村）在清初诗坛中，与钱谦益、龚鼎孳并称为“江左三大家”。顺治十年（1653 年），陈名夏、陈之遴以大学士柄政。之遴与伟业为亲家，二陈想借伟业文名以结主知，因而要江南总督马国柱具疏力荐。当时也有阻伟业北行的，侯方域反对尤力。伟业自己曾有《上马制府书》和《投赠督府马公二首》。其《投赠》之二云：“十年重到石城头，细雨孤帆载客愁。累檄久应趋幕府，扁舟今始识君侯。青山旧业安常税（归宿），白发衰亲畏远游。惭愧推贤萧相国，邵平只合守瓜丘。”就是希望马总督免予征召，让他终老家园。

但到了九月间，伟业终于就道北上，从此成为他的盛名之累，毕生遗恨。他的名作《贺新郎·病中有感》即有“草间偷活”和“竟一钱不值何须说”语。但此词虽题“病中有感”，实非临终所作。谈迁《北游录·纪闻上》曾录有此诗。《北游录》所记皆顺治十年（1653 年）至十三（1656 年）年事，谈迁卒于顺治十四年（1657 年），伟业卒于康熙十年（1671 年），可见他抵京以后，便有“一钱不值”之感。顺治十三年（1656 年），因丁嗣母忧南迁，自此便在家乡太仓度其余年。

这中间，曾经发生过丁酉（顺治十四年）科场案，江南籍的考生罹难最多，他的好友吴兆骞（汉槎）为此而远谪塞外。苏州有哭庙案，浙江有庄氏史案。这些还和他本人无直接关系。顺治十七年（1660 年）的奏销案，江南士大夫受牵连的达一万余人，吴伟业因与复社有关，几乎由此破家，一闻敲门之声立即惊心。不久，又有杭州人陆銮告发伟业为复社党魁，曾大会文士于苏州虎丘，后因有人申释，才得无事。此后清廷又下令禁结文社。这些政治上的风浪，即使“草间偷活”，也是忧患盈身。他在《与子暻疏》中说：“改革（易代）后吾闭门不通人物，然虚名在人，每东南有一狱，长虑收者在门。及诗祸、史祸，惴惴莫保。十年，危疑稍定，谓可养亲终身，不意荐剡牵连，逼迫万状。老亲惧祸，流涕催装，同事者有借吾为剡矢（削成锐利之矢），吾遂落彀中，不能白衣而反矣。……唯是吾以草茅诸生，蒙先朝巍科拔擢。世运既更，分宜不仕，而牵恋骨肉，逡巡失身，此吾万古惭愧，无面目以见烈皇帝及伯祥诸君子①，而为后世儒者所笑也。”这更表达了他晚年恐惧惊悸和委屈痛悔的心情，与他《临终诗》的“受恩欠债应填补，总比鸿毛也不如”和“块垒怎销医怎识，唯将痛苦付汍澜”，也是一脉相通，倘开文网，这些便是百口难辩之证。

清前期的文网高潮中，有些人死得不明不白。绑赴法场时，自己也不知身犯何罪，以至血含冤痕，这是大多数；如果按照这些冤案来对比，那末，有些人是侥幸而成为漏网之鱼的了，例如乾隆时的全祖望，又是生在人文荟萃的东南鄞县，（详见《十全老人的文治武功》篇），还有就是吴伟业，上面已经略提一过。我们只要看看吴氏的《临清大雪》的“辜负故园梅树好，南枝开放北枝寒”②，《过淮阴有感》的“我本淮王旧鸡犬，不随仙去落人间”，

---

① 伯祥，杨廷麟字。清兵围赣州，廷麟殉城死。《梅村诗话》曾谈及两人交谊。

② 此诗为北上时作，清人最忌南北并提字样。

《怀古兼吊侯朝宗》的“死生终负侯嬴诺，欲滴椒浆泪满樽”，《圆圆曲》的“鼎湖当日弃人间，破敌收京下玉关”，不正是为故君而作的挽歌？他的怀旧吊明之作，感情无不真实，艺术语言又使用得极其圆熟，用不着罗织周纳，便可大祸临头，非杀即流。那些家破人亡的逆犯，究竟又写过哪些诗，说过哪些话呢？可是梅村死后，他的诗集非但未遭禁毁，乾隆时军机处的“毋庸销毁”一项，对《梅村诗文集》还有奏语：“伟业诗才隽逸，卓然成家，曾蒙皇上御题褒咏。外省只以其与钱谦益并称“江左三大家”，因而牵连并毁，应请毋庸销毁。唯卷首有钱谦益序一首，书一首，仍应抽毁。”这等于是在保全了。《四库全书总目提要》对吴诗也有很高评价：“及乎遭逢丧乱，阅历兴亡，激楚苍凉，风骨弥为遒上。暮年萧瑟，论者以庾信方之。”伟业与谦益，同以明遗臣而仕清，但一被迫，一迎降，不仅如此，伟业只是对故国的眷恋，失节的负疚，谦益则于新朝多指斥之词，李岳瑞《春冰室野乘·钱牧斋诗案》曾举了许多例子，并云：“虽然，故国之思可也，立乎人之本朝，而负恩反噬，如对仇雠，则悖逆耳。”即是既食周粟，又骂武王。虽然，从牧斋后来通海复国一些活动来看，也还应该存以恕词，在清人则正恶其反复。

梅村生前，著有《绥寇纪略》一书，根据野老遗闻，记述明末宫闱政局及李自成、张献忠军转战起灭事，于思宗殉国细节尤详。康熙十三年（1674年）为邹式金所刊。原书实与新朝无违碍，如记清兵入关云：“上崩后之三十三日，而吴三桂请本朝大兵入关。”故仍为《四库》所收。但他逝世后，一度曾引起风波，邓之诚《清诗纪事初编》卷三称：“《纪略》荟萃众事，较戴笠(《怀陵流寇始终录》)、彭孙贻(《平寇志》）之书为备，乃身后几以之破家，又伟业之所未料者也。”《春冰室野乘》也云：“国初南浔庄氏私史之狱，罹祸者至数十家，其始末人皆知之。吴梅村《绥寇纪略》一书，身后亦几成大狱，则无人能言之者。考是书本名《鹿樵纪闻》，不著撰人姓名①。或以此疑非梅村作，向莫明其故。后读施愚山为《邹流绮致金长真（金镇）书》，始知当时危栗情状，其不至蹈力田（潘柽章）、赤溟（吴炎）之覆辙者，亦云幸矣。”施愚山即宣城施闰章，其书见《学余堂文集》卷二十七，当作于康熙十四年（1675年），中有云：“邹既贫且老，莫为手援，万一决裂，不特邹祸不测，且恐波及梅村先生。梅村往矣，遗孤惴惴，卵巢是惧。夫束天下文士之手，寒先辈地下之心，或亦当事大贤所不忍为也。”邹指邹漪，字流绮，伟业门人，当为邹式金之子。后因施闰章之呼吁，始得无事。全祖望《鲒埼亭集外编》卷二十九跋文，谓邹漪窜改伟业之书，詈为不肖弟子。其言恐亦过分。邹漪修改《绥寇纪略》并为文加注是事实，但不能说是“不肖弟子”，他的《明季遗闻》与《启祯野乘》又皆遭禁毁，或由此而牵及《绥寇纪略》，正说明他与梅村同是眷恋故国的师弟。《清史列传》将吴伟业与陈之遴、钱谦益、龚鼎孳等同列《贰臣传》，《清史稿》则列吴、钱于《文苑传》，小序云：“清运既兴，文气亦随之而一振。谦益归命，以诗文雄于时，足负起衰之责，而魏（禧）、侯（方域）、申（涵光）、吴（伟业），山林遗逸，隐与推移，亦开风气之先。”称钱谦益为“归命”，而以吴伟业等为“遗逸”，对两者还是划了一条界线，而在吴伟业传中，就是当作明遗民来写的。

洪亮吉有《论诗绝句》二十首，中一首云：“早年坛坫各相期，江左三家识力齐。山下蘼芜时感泣，息夫人胜夏王姬。”即以息夫人喻伟业，而以夏姬喻钱、龚（见《北江诗话》），以山下蘼芜喻故君故国。

（原载《一盏录》，山西古籍出版社1998年3月版）

① 吴伟业《过锦树林玉京道人墓前》小传，曾自称鹿樵生。

朱方旦与王鸿绪

萧一山《清代通史》上册，将朱方旦案列为康熙时之文字狱，殊与事实不符。

孟森《明清史论著集刊》续编有《朱方旦案》一文，引证极为繁富，为评论朱案的一篇最详尽文章，但其中立论有偏颇处，也与真相不符。

朱方旦，汉阳人，自号二眉道人。阳托修炼之名，广招党羽，私刻秘书，其书有曰："古号为圣贤者，安知中道？中道在我山根之上、两眉之间。"其徒顾宏齐曰："古之尼山，今之眉山也。"于是闲散宗室勒尔锦赠以"至人里"、"圣人堂"匾额，原任湖广巡抚张朝珍赠以"圣教帝师"匾额。后经湖广巡抚王新命审实具奏，于康熙二十一年（1682 年）二月被斩，其徒顾宏齐等皆斩监候。

孟氏对清廷的处分朱案颇有非议，以为方旦"发明记忆在脑不在心"是符合现代生理学的原理，"所谓新发明之脑力作用，尤为生理之定义，学界之雅言，略以为大罪，则今日之书籍皆当焚禁，学校皆当封毁矣"。又云："所著《中说补》，发明脑之功用。……时人之崇拜方旦，诩为前知，必自有异术，如西国之所谓预言家。"未免陈义过高，脱离具体的历史条件。清廷对朱方旦处以斩罪，固然出于专制的擅杀之威，但朱方旦也非正人，只是江湖术士的招摇撞骗伎俩，与西洋的科学生理学说也是截然两途，前者在当时还是先进的，后者是虚假欺人的。他是中国康熙时代的市井浪子，师承的是巫术，根本没有什么技术上的专长，知识上的积累，怎会有“前知”的异术？史书上记载的所谓“前知”者，本非始于方旦，但都是欺世盗名。孟先生却以二十世纪的“西国之所谓预言家”来比附，何况西国预言家的预言可信者亦绝少。最重要的一点，就是朱方旦的“中道在我山根之上”而为孟先生所赞赏之说，实则不过袭取相面术士的牙慧，如《神相全编》就说：“第六山根对太阳、中阳、少阳及外阳。”（引自《辞源》）相面者以山根称鼻梁，但这有什么第六、第七之分？《古今小说·穷马周遭际卖䭔媪》也说：“山根不断，乃大贵之相，他日定为一品夫人。”山根说的依据不外乎此（鲁迅文中也曾用山根喻鼻子），西洋科学家懂得“记忆在脑不在心”，是经过解剖学上的反复实验的。

孟氏又引《柳南随笔》、《履园丛话》中所记方旦种种法术以及“潜谋夺龙虎山张真人所居”的传说，固如孟文说的“历时稍久，则传闻失实，语多怪诞，不可究诘矣”。但这些怪诞妖异的传说，何以偏附会于方旦身上，不正说明朱方旦本人具备了附会此类传说的条件么？所以，清廷对朱方旦应当是拘捕、坐牢，杀则又过分了。

其次，最初参奏朱案的为翰林院侍讲王鸿绪。王氏后来充任清圣祖的耳目，以文臣而缮写密折。孟文说：“王鸿绪参奏在当时或博持正卫道之名。其实鸿绪为佥邪，后世自有定论，不但当其生时经郭琇严劾，有罪名可指也。”孟氏对王鸿绪的抨击，却是很中肯的。

民国十九年（1930 年），故宫博物院出版的《文献丛编》第二、第三辑中，载有《王鸿绪密缮小折》三十封，圣祖密谕三封，共储一小匣，作于康熙四十四年（1705 年）二月至六十年（1721 年）五月，当是圣祖出巡时期。旧藏故宫懋勤殿。

第一折中有云：“伏念臣至愚昧，何足比数，乃仰荷天恩，破格密加委任，唯有竭尽犬马，力矢忠诚，以仰报圣恩于万一。至蒙恩谕谆诲，虑臣稍露风声，关系甚大，臣益感而欲泣，永永时刻凛遵，虽亲如父子兄弟，亦决不相告，自当慎之又慎，以仰副天心委任之至意也。自后京中可闻之事，臣随时于恭请圣安帖内缮写小折，密达御览。”这很引起我们的兴趣，因为这是官私文书中绝对看不到，又知道小折（其实也不小）是用“恭请圣安帖”作掩护的。王氏密奏的事件，名目繁多，如傅作楫被绑案、范溥买苏州女子案、苏州盗匪案、李元龙告陶和气诈银案、张与可洋船被劫案，这都是公开的社会新闻，为什么也要写成密折奏告皇帝？现在也还在发生类似案件，却没有官员缮写密折了，这是好现象。

对密谕、密折的传递，君臣都要求保持绝密，仿佛做了什么亏心事似的。试举一例：“臣恭接密封御批，随即回至臣寓启封密看，仰蒙我皇上委任至深，感激无地，更蒙谕臣：‘亲手密密写来奏闻，不可令人知道，有人知道，尔即不便矣。钦此。’仰见睿虑周详，唯恐臣有不密，以致为人嫉忌，生出口舌是非，真天地父母之心也，不觉感而泣下。臣自蒙圣主密委，凡有奏折，皆系臣亲手书写，并无旁人得以窥见，况此事关涉甚多，尤当慎之又慎，时刻凛遵者也。”折中的文字都很浅近，用不着什么词藻，君臣之间的搭配也十分紧密合拍，反映的心理状态倒是很真实的。

但皇帝在外面巡幸，王鸿绪在京中，那末，这些密折又是通过什么途径传递的呢？在第三十份密折中，略可窥见消息：“窃念臣先年承旨密缮小折，于皇上巡幸之时，亲诣南书房交与管理宫报首领，从内密达御前，俟宫报回日，臣亲诣领出。此时圣驾在外，南书房绝无人到，极为隐秘。今重奉密命，似宜照先行走，交与首领，慎密收发，庶免他虞。但事属禁地，不敢冒昧，谨特请旨，伏候圣裁，臣不胜惶悚之至。谨密奏。”朱批：“是。”即仍交到南书房。

这是《文献丛编》所载的最末一折，时间约在康熙六十年五月。这年四月，圣祖曾幸热河，次年十一月，他即逝世。赖《丛编》的刊载，使我们略知当时向皇帝告密的内幕。当初我只知王鸿绪与《明史稿》的关系，现在才知道他还曾承此重任，正如邓之诚氏《清诗纪事初编》所说：“世或以其专任史局著《明史稿》之故，而不知实充耳目侦伺之役，今故宫尚存所缮密奏，故李光地《榕村语录》续录以奸猾专刺目之，真小人之尤也。”

（原载《土中录》，上海书店出版社 1999 年版）

文禁方宽大狱已兴

谈清代文字狱的，无不知有戴名世案；谈桐城派的，无不知有方（苞）、姚（鼐）。实则戴名世也是桐城派中一位健者，只因身遭惨祸，文被湮没，他的文名仿佛遂独显于文网（后人曾用“宋潜虚”的假名保存其文稿）。到了道光年间，他的文集才得重光。1986年，中华书局又有王树民编校的《戴名世集》出版，后附有不少重要资料，戴氏生平及其著作赖此集而得见梗概，书中的第二篇即赫然为《与余生书》。

余生名湛，字石民，舒城人，为名世门人。他曾与僧人犁支相识，犁支本为南明宦者，因桂王朱由榔被吴三桂所害，乃出家，因而曾和余湛谈到桂王事。名世本留心于南明遗事，欲编著成书，遂往余湛处访问，而犁支已他去，名世便嘱咐余湛把从犁支身上听到的故事一一相告，逾年遂得余湛的记载。后又得桐城方孝标（原名玄成）的《滇黔纪闻》，于是考其同异，并以所感叹者致书余湛。书中以宋亡后区区海岛之事（指陆秀夫负帝昺沉海事）尚为史家所备书，而南明弘光之帝南京，隆武之帝闽越，永历之帝两粤及滇、黔，地方数千里，首尾十七、八年，“揆以《春秋》之义，岂遽不如昭烈之在蜀、帝昺之在厓州？而其事渐以灭没”。全文感情色彩极为鲜明，用现代话说，就是具有倾向性。接着还说了这样的话："近日方宽文字之禁，而天下所以避忌讳者万端……"言下之意，似乎"近日"可以不必忌讳了。因而叮嘱余湛，希望能将犁支召来，面论其事，"则不胜幸甚"。

此书作于康熙二十二年（1683年），年三十一。

到了康熙五十年（1711年），戴名世已任翰林院编修，左都御史赵申乔忽上疏奏参：戴名世"前为诸生时，私刻文集（即《南山集偶钞》），肆口游谈，倒置是非，语多狂悖。……今名世身膺异数，叨列巍科，犹不追悔前非，焚削书板，似此狂诞之徒，岂容滥厕清华？"则首先起而击戴的为赵申乔。

《清史稿·戴名世传》云："申乔有清节，唯兴此狱获世讥云。"《清史稿》这样写，还不失为真正态度。但赵对戴的奏参，实另有隐私：名世于会试时本名列榜首，士林皆以状元属之，及殿试揭晓，却为申乔子熊诏所得，戴屈居第二，当时颇有谓赵以贿得之者，其事甚秘，赵恐人发其事，乃特疏参戴。疏中又说"臣与名世素无嫌怨"，岂非欲盖弥彰？名世疏狂而好骂人，故亦容易得罪人。但赵之初意，未必置戴于死地，故赵刊奏议，即削参戴之疏。以上这段内幕，见于周亮贞"识语"。但赵纵无杀戴之意，用这种手段来掩护其子夺魁的隐私，终究有损于他的品德。"我虽不杀伯仁，伯仁由我而死"，申乔何以自安于清夜？

名世此书，作于南方尚在动乱中的清代初年，即使就史论史，但南宋、南明史事，最易转喉触讳，睹弓忌蛇，不论哪个文士所作，也会动辄得咎。另一方面，元、清以异族入主中国，就汉族士子来说，对南宋、南明残山剩水中的孤臣孽子，有其游离意识，也是很自然的。这些人都是拥戴新朝，并领大清俸禄，与明遗民不同，而意识惯性往往未忘情于汉官威仪与诸夏文明。

这一案件的最后处分是戴名世由凌迟而从宽改为处斩，他的家人也蒙恩免死。门人龙云鹗因刻过《南山集》也被斩。余湛病毙狱中。方孝标因已故，破棺锉尸。其弟御史咸亨，孝标子登峄、云旅，登峄子世樵等俱免死，和他们的妻子一并充军黑龙江。登峄等的死里逃生，则赖尚书韩菼、侍郎赵士麟、御史刘灏等三十二人的上疏，此与赵申乔的上疏正可对照。全祖望《江浙两大狱记》云："疏奏，圣祖恻然。"这谈不上什么人性，但谢山这六个字，确使人为之沉吟感慨。

方孝标得祸的原因，说来又很离奇：有个歙（今属安徽）人方光琛，曾从吴三桂叛清，其子侄三人也受三桂官职，最著名的为学诗、学礼。三桂事败，学诗在逃，而戴案刑部奏疏据《南山集》原文称孝标为方学士，未具名，北音"士"与"诗"同，满文又同为一字，圣祖看了满文奏疏[①]说："是非漏网之方学诗耶?"廷臣不解其意，圣祖因而告以方光琛事，又误以光琛为孝标族人（同是今安徽人），故上谕内有"案内方姓人俱系恶乱之辈"及"方孝标亦曾为吴三桂大吏"语。吴三桂谋叛时，孝标确在贵阳，至是故为佯狂削发，奔赴衡州，颇受清裕亲王（福全）之嘉奖。其次，孝标起先有论事诗，谓在出塞时，闻僧法乘言李自成杀崇祯太子等事，"朝议颇疑其为阴解之辞"（意即欲阴使清廷放心），可见清廷对他本有疑忌，但就孝标《滇黔纪闻》本身来说，并无得罪清廷之处[②]总之，此案中方氏一家受祸最烈。方苞因系孝标族人，又为《南山集》作过序，本应处死，由于他的文名很大，加上理学名臣李光地竭力关说，非但得以出狱，后又颇受圣祖礼遇。他的《狱中杂记》是

① 清初刑部狱案供词，不用汉文，只用"清文"（即满文）。康熙间，始命录供时兼用满汉文。至乾隆间，又裁满文。

② 方孝标《滇黔纪闻》有这样的话："盖永历帝之始于广东，中于广西，终于滇、黔，大约如隋清泰之在洛，唐昭宣之在汴，宋帝昺之在厓州，其朝未可谓之伪朝，而其官则为伪官、封则伪封也。"（引自陈登原《国史旧闻》第三分册）

一篇名文，揭露了当时执法部门黑暗酷虐的内幕，倒真说得上从生活中来。他对杨千木（三炯）之收戴名世尸一事，又以表扬口气写在《杨千木墓志》中，这些都现出望溪的风义。

戴名世为文，崇尚“淡焉泊焉”（《与刘言洁书》），死却死得如此惨酷，他以为生在“方宽文字之禁”时代，到了五十七岁还要去考进士，六十一岁就殒命于文祸中了。

（原载《土中录》，上海书店出版社 1999 年版）

戴诗存疑录

《戴名世集》中附录了两组诗，一组是《古史诗鍼》，多至一百一十篇。从诗的语言风格看，就绝非清初人之作，如《自戕同尽》的“闯王善杀汉家王，一见胡儿便败亡”，即其一例。而且戴氏只是对当时现实不满，对清廷并无仇视之意，否则，何必到五十七岁再去考进士？又如《椒山弃市》的“十罪五奸容致仕，后人犹唱《打严嵩》”，也是京剧《打严嵩》流行以后才写的。名世果真写过那末多的诗，为什么戴集中就收不到一首呢？王树民先生已经指出，这是后人假戴氏之名，以抒发其反清思想的。这里不再多说了。

另一组最初见于陈衍《石遗室诗话》卷十一，我早就看到，已有怀疑。诗的语言风格要比上述《诗鍼》高古些，兹先录《诗话》原文：

> 康熙间，桐城戴名世《南山集》之狱，论者冤之。（中略）然余尝为马通伯跋名世墨迹诗册，乃送其师张相国（英）予告归里者，五言古八章，所言亦太无顾忌矣。首章有云：“一朝远引去，谁得系鳞羽？万族纷皇皇，怅然恤宗主。飘然不回顾，意还旧居处。”隐言其去之得计，不必枉己济物也。三章有云：“疏逖万里身，清切千门地。譬陟嵩华地，跬步虞失坠。洪涛履忠信，浮云视名利。息机任其真，当轴奚所累。”明言不

> 去危地必将得祸，弃不义之富贵，则履险如夷。四章有云：“不知恩宠专，岂无台衡贵。正延东阁宾，忽入东门画。”言见机而作，不俟终日，恩宠虽专，鄙夷不屑，故方登台衡即求去也。五章有云：“苍发初未改，玉颜况无衰。縶维亦奚为，公去久克期。五年遂前请，放骋如脱羁。”明言致仕并不因衰老，直不屑而已，虽縶维何用哉？律以曾静、胡中藻之狱，即此已足供锻炼矣。

王氏按语云：“而未说明诗册来源，亦未引原诗。”很对。所谓墨迹云云，本来是含糊的话。我们再从张英（张廷玉之父）的生平来考察，也与诗意不相符合。据《清史稿》，张英为人谨慎和易，仕途也很通顺，没有经过重大的挫折，深为圣祖优遇。他的拜文华殿大学士，在康熙三十八年（1699 年），致仕在四十年（1701 年）。

如果诗确是名世所作，则作诗时他应当在京师，故曰“送”，而据王树民订补的戴氏年谱，康熙四十年至四十一年，名世在浙江和江宁，至四十一年冬才由江宁归居南山，即使与张英相见，已不能说“送”了。

张英中进士在康熙六年（1667 年），至乞休时必已超过六十岁，乞休的原因由于衰病，与诗中的“苍发初未改，玉颜况无衰”也不相应。圣祖两次南巡，张英两次接驾，这哪里像个“息机任其真，当轴奚所累”的高士？戴名世当然知道张英是个小心的人，怎么会用这样的诗送他，岂非使老师徒增惊恐？

这几首诗也是假戴氏之名而作，实际是在代他发泄郁勃不平之气，邓之诚《清诗纪事初编》未收戴诗，是邓氏谨慎处。

《戴名世集·游烂柯山纪》末有两首七绝：

> 采樵偶向洞天行，一局中间世已更。不看仙人贪看弈，模糊仍复觅

前生。

谪向尘寰病未瘥，同班仙侣近如何。语君弈罢朝天去，为谢狂生罚已多。

这才是戴氏的真诗，徐世昌《晚晴簃诗话》所谓“可见其郁郁不平之气”。

历代流传的假托诗文，作伪者的动机不尽相同，上述两组诗，却是出于对戴氏的同情哀怜。由此还想说一点，戴氏的集子，在道光时已有刻本了。在换朝不换代的道光时，尽管文网已疏，但对戴集的整理与刻印，未始不冒点风险。为他写传记、题识的人也很多，文中说到戴氏被杀，有的用了“伏法”、“获罪”字样，即承认当初朝廷对他的处分是正确的应当的，但通读全文，却有着鲜明的倾向性，使人感到死者是委屈无辜的，因而值得同情的，可见在权力之前，还是有正义的力量在交错着伸展着。这也不仅仅限于戴案，从几件残杀、株连的大狱看，都可以看得出这种倾向性。

（原载《土中录》，上海书店出版社1999年版）

年羹尧与汪景祺

年羹尧是清世宗时一位权贵，一度气焰熏天，最后又从琼楼玉宇的高处跌了下来。由于他的生平富含传奇性，树敌又多，所以也成为民间传说和小说、戏剧人物。道光时旗人文康作《儿女英雄传》，写侠女何玉凤（京剧中的十三妹）之父为仇人纪献唐所害，玉凤欲伺间报仇，因而被称为“首善京都一桩公案”。这个纪献唐便是影射年羹尧。《儒林外史》中的平少保也是指他。晚清还有《年公平西纪事》，又是沿袭《儿女英雄传》的。

雍正元年（1723年）五月，上谕西北军事俱交年羹尧办理，实是令他总揽西北军政大权。朝廷考试庶吉士时，世宗将试卷秘密送给他阅视，并在朱谕中写道：“不可令都中人知发来你看之处。”这时羹尧在西北，又非积学文臣，试卷原用不着给他看，朱谕又写得那样诡秘。举此一例，说明两人之间的关系特别密切。他对世宗夺位的机密，也是参预过的。

然而这样一位受殊宠的勋臣，最后却成为罪人而处死，距世宗即位才三年，原因究竟为什么呢？

史学界有两种说法：一种是世宗乃雄猜的枭主，年羹尧、隆科多等都曾为他夺位出过力，既登大宝，他们已成功狗，生怕泄露当初的隐私，自非清洗不可。一种是年羹尧的被诛，全由于自己骄妄专擅，使世宗不能容忍。这是立足于世宗承统为圣祖生前原定意图的基点上，所以年之被杀，实与承统无关。

我们姑且做一个调和派，认为年羹尧之死，实系“合并症”，即烹功狗与诛权臣相结合，而羹尧的威福自专，也是世宗起先过分宠任的后果，正用得上孟子所谓“赵孟之所贵，赵孟能贱之”这两句名言，也用得上“养鸡纵鸡食，鸡肥乃食之”两句诗。

这样一个庞然大物的功狗之获罪，必然会有不少刍狗牵连进去。

有一个钱塘籍的举人汪景祺，因仕途不得意，于雍正二年（1724 年）初，由京城往西安投布政使胡期恒，因得上书年羹尧求见，盛称羹尧是“宇宙第一伟人”，连名将郭子仪、裴度的功绩，“较之阁下威名，不啻萤光之于日月，勺水之于沧溟。盖自有天地以来，制敌之奇、奏功之速，宁有盛于今日之大将军哉”。这样的话，即使年羹尧平安无事，也是大忌大讳的。在同年五月前还作成《读书西征堂随笔》，中有咏杜诏献诗被赐以御书事云：“皇帝挥毫不值钱，献诗杜诏赐绫笺。千家诗句从头写，云淡风轻近午天。”此为打油诗中上乘之作，杜诏曾受知于圣祖，故诗中这样说①，然而足够杀头了。

《随笔》前有自序云：“余今年五十有三矣。青春背我，黄卷笑人。意绪如此其荒芜，病躯如此其委顿，间关历数千里，贫困饥驱，自问平生都无是处。”下又叙其性格如灌夫、祢衡。这段自我表白倒很老实。从全书看，景祺

① 黄裳先生《笔祸史谈丛·汪景祺遗诗》篇，记他曾得旧写本《读书堂诗集》中录景祺《舟次虞山过牧斋先生故居》三首，其一云：“影堂深树两萧萧，若闭重门久寂寥。管领眼前新俎豆，不堪回首望南朝。”其二云：“廷野争传谢傅名，出山可是为苍生。疏桐叶落空阶月，疑是尚书旧履声。”其三云：“燕许文章屈宋才，岂无麦秀黍离才。余生且缓须臾死，为录成仁事实来。”此为《随笔》所未载，景祺固不失为一才人，惜哉！

为人狂放自负，为文尚有识见与才气，但常多卑陋芜秽之作，他自己也说“其或情牵脂粉，语涉狭斜”，那篇上抚远大将军年羹尧书及投赠之诗，尤为猥琐肉麻，穷极无聊。自序中又说：“其有不可存者，悉毁弃之，名曰《西征随笔》。”可见原书中尚多忌讳的文字。他评索额图门客江黄云：“以奇男子自居，所谓小有才适足以杀其躯者。”恰好借过来用在他本人身上。

通观全书，除《功臣不可为》（另详下篇）外，其他几篇，在笔祸纷起的时代，也可以构成大祸，如《西安吏治》云：“吏治之坏，莫甚于陕西。数十年来，督抚藩臬皆以满洲人为之，目不知书，凡案牍批评，第责之幕官，官方贤否，第委之堂官，虽判日亦假手于人，吏治民生皆不过而问焉。”这无异向满洲君臣挑衅，稍经周纳，便是祸根，然而大胆率直，却亦可佩。

这本《随笔》最后又是怎样被世宗看到的呢？

年羹尧下狱后，浙江巡抚福敏、杭州将军鄂达在年家抄家时（年羹尧是汉军旗人，在杭州旗下有家宅），搜得此书，便向世宗呈奏，于是成为年羹尧九十二条罪名中五大逆罪之一①。

1936年，故宫博物院曾经印行此书，卷首尚有世宗当时的御题云：“悖谬狂乱，至于此极，惜见此之晚，留以待他日，弗使此种得漏网也。”犹可见其咬牙切齿之状，我们也有“幸”而得睹世宗的笔迹。谈雍正朝大狱者无不知有汪景祺其人，套用一句熟话，也是用生命写成的书。清代自然列为重点禁书，故原书藏于懋勤殿禁锢箱中，三十年代时，我曾购得故宫的那一本，大

① 据萧奭《永宪录》卷三，首发此狱者为钱塘令杨梦琰，后累迁至河东转运使。乾隆初，大学士福敏荐其才，以取怨当轴，托病告归，遂昏迷失智而殁。又云：“景祺之妻，巨室女也（一云大学士徐本妹）。遣发时，家人设危跳，欲其清波自尽，乃盘躃匍匐而渡，见者伤之。”

为欣喜。有的禁书阅后深为失望，这一本倒是名副其实，可是六十年代抄家时被掠了，至八十年代又由上海书店重印，虽仅薄薄的一本，却是更可感谢与珍惜的了。

（原载《土中录》，上海书店出版社 1999 年版）

《功臣不可为》

一九三六年，故宫博物院曾印过汪景祺的《读书西征堂随笔》，略加翻阅，印象最深的是这篇《功臣不可为》。这次因撰《清代笔祸录》，盱衡旧事，重加阅览，尤觉是一篇上乘的政论文。功高震主，原非好事。汪氏那个时代，本无所谓心理学，但此文的特色，却能从君主心理过程分析功臣为什么不能善终，而很有逻辑性和说服力。

汪景祺，浙江钱塘人，康熙时举人。原书本藏于清宫懋勤殿禁锢箱中，民国后乃重入人间，卷首有清世宗御题云："悖谬狂乱，至于此极，惜见此之晚，留以待他日，弗使此种得漏网也。"犹可见其咬牙切齿之状，我们也有幸而得睹世宗的手迹。

《随笔》前有自序云："余今年五十又三矣。青春背我，黄卷笑人。意绪如此其荒芜，病躯如此其委顿，间关历数千里，贫困饥驱，自问平生都无是处。"这段自我表白倒很老实，从全书看，他为人狂放自负，也颇热衷，为文尚有识见与才气，但常多卑陋芜秽之作，那篇上抚远将军年羹尧书及投赠之诗，尤为肉麻无聊。自序中又说："其有不可存者，悉毁弃之。"可见原书尚多遭忌讳文字。

雍正三年（1725 年），年羹尧获罪，浙江巡抚福敏，杭州将军鄂弥达于年家搜得《随笔》，便向世宗呈奏，于是也成羹尧九十二条罪名中五大逆罪之一。

除《功臣不可为》，其他几篇，在笔祸纷起时代，也可遭忌的，如《西安吏治》云："吏治之坏，莫甚于陕西。数十年来，督抚藩臬皆以满洲人为之，目不知书，凡案牍批评，第责之幕官，官方贤否，但委之堂官，虽判日亦假手于人，吏治民生，皆不过而问焉。"说的原是官场实况。当时汉族人数有八千余万，满洲族人口只有三百余万，完全以少数控制多数，也显示对汉人的不信任，但这样的话，岂非在向满清君臣挑衅？

然而最有刺激性的自然是这篇《功臣不可为》。

越王勾践破吴之后范蠡感于鸟尽弓藏，兔死狗烹的下场，鉴于勾践为人，"可与同患（难），难与处安（乐）"的特点，便离越渡海。汪氏此文，实承其命意，却说得具体而有层次。通过君主的疑、畏、怒、厌四种心理转变，终于得出功臣不可为的爆炸性结论。

文章先假别人的口气说起：有人说，历史上那些鸟尽弓藏的悲剧，都是由于挟震主之威的功臣不能善自韬晦所促成。汪氏认为不对。接着便分析产生矛盾的主客观原因：彼夫猜忌之主，其才本庸，其意复怯。当贼寇猖狂时，忽有奇才异能之臣，起而平定群凶。捷书一奏，当然厚加礼遇。日子一久，君主想到敌人如此强横，兵事如此复杂，这个大臣竟然能够制服，万一他和我作对时，还有谁能抵御呢？"于是而疑心生焉"。又看看纪功册上记载的杀敌拓地、招抚虏获的重大数字，不禁心惊魂荡，"于是而畏心生焉"，即把对方看作威胁力量了。这时候，内外臣工因功臣的位高权重而来敬奉他，谄佞小人乘机趋媚他，争宠的人则中伤他，这种种因素使君主处处感到他的专擅、诈伪、隐匿，“于是而怒心生焉”。功臣自以为受恩既深，以忠诚报国，但奸邪不能遽除，忠言不能入耳，君主反而觉得他无礼于君，恃功骄横，“于是而厌心生焉”。以疑、畏、怒、厌待功臣，“有不凶终而隙末者乎”？下面又举了些历史上的故事：唐僖宗节度使刘巨容追黄巢即将擒获时，又放了他逃去，说：“国家喜负人，不如留之以为富贵之资①，而唐社遂屋。虽由臣节之未纯，亦猜暴之主有以致之也。”又说：“洪武僇开国诸臣如屠羊豕，靖难兵起，而金川不守。”末了则以“可胜慨哉，可胜慨哉”二叠语作结。

庶吉士杜诏曾受知于圣祖，景祺乃咏杜诏献诗，赐以御书事云：“皇帝挥毫不值钱，献诗杜诏赐绫笺。千家诗名从头写，云淡风轻近午天。”就诗论诗，不失为打油诗中的隽品，也见其人之狂。

最后，上谕以汪景祺“作诗讥讪圣祖仁皇帝，大逆不道，应当处以极刑，今大臣等定拟立斩具奏，姑从其请”。极刑今指死刑，古代指最惨重的刑罚。司马迁《报任安书》的“是以就极刑而无愠色”，指宫刑，这里指凌迟，即剐刑，俗称鱼鳞剐，为最残酷的死刑。清代凡凌迟改为斩首的，都算是加恩从宽，其实杀头也是够残酷了。

他的妻、子发遣黑龙江给与穷披甲之人为奴。他的期服（着一年丧服的）的亲兄弟、亲侄一齐充军宁古塔，五服以内的族人，现任、候选、候补的查出后一齐革职，交地方官管束，不许出境。所谓五服以内，那就不论房族的亲疏，只要和汪景祺有血统上一丝半毫牵连的，就不放过。汪景祺本人，即使果真罪大恶极，何至于要迫使一大批无辜者跟着他受罪？这是一人做事十人当、百人当的时代，幸而这个时代已经消失了。

---

① 《新唐书·刘巨容传》还有这两句话：“有危难不惜官赏，事平即忘之。”

世宗为人，阴鸷残忍，也是清主中一把刀子。他的帝位，即是在骨肉相残中取得，年羹尧、隆科多、岳钟琪原皆他的股肱之臣，颇受厚遇。羹尧为汉军旗人，以军功晋一等公，加其父遐龄为太傅。但宠之愈甚，疑之愈深，所谓赵孟之所贵，赵孟能贱之。隆科多以元舅之亲，圣祖疾笃时，独受顾命于御榻前。世宗即位，称舅舅而不名。世传隆抹去掌中之“皇十四子”的“十”字之说，虽不足信，也见隆参预密勿，深知宫闱隐秘，但后被永远禁锢的关键也在这里。因这时政敌阿其那（允禩）、塞思黑（允禟）已死，就要收拾功狗。隆案狱词中有“妄拟诸葛亮，奏称白帝城受命之日，即是死期已至之时”语，尤使人有匣剑帷灯之感。岳钟琪是告发曾静案的人，世宗朱批中的“朕之嘉悦之怀，笔难宣谕”语，后晋为少保，但因此也留下世宗猜忌之根，于雍正十年冬被革职拘禁，距曾静案不过三年。汪景祺《随笔》作于雍正二年，《功臣》或更早些，故未必针对世宗，却很有预见性。

雍正四年，又相继发生钱名世与查嗣庭案。钱为侍讲，因作诗投赠年羹尧，称其功业，这时乃被世宗贬为“名教罪人”，制匾挂于钱之居宅，使之与众共弃，永远孤立。查嗣庭为礼部侍郎，曾主考江西，因依附隆科多，考试时所出题目心怀怨望，讥刺时事，其日记之语，又与汪景祺相为表里，大干法纪，被革职拿问。后嗣庭在狱病故，仍戮尸示众。

由于汪、查是浙江的钱塘人和海宁人，同以文字获罪，世宗对浙江人便特别痛恨，将浙江看作“风俗浇漓”地方，竟因此而停浙江的乡会试。疑忌由于心理失去平衡，故必多迁怒，但小民心理失去平衡，关系尚小，临到君主，就影响到臣民存亡，国运盛衰了。

由汪景祺《功臣》篇，又想到宋明两件故事。

清昭梿《啸亭续录》卷五《宋人伐辽》云：“宋人伐辽之役，人皆怪曹、潘二公，当时宿将，何以愦军至此，不知二人固有所避忌也。”因太宗性猜忌，曹彬、潘美咸太祖时旧臣，若使进克幽州，必招太宗之忌，“鸟尽弓藏之感，良有以也”。二将颇识其意，乃反退雄州就食。潘美之不救杨业，初非误听王侁之语，也因有避忌之故。

张献忠为明将左良玉所追，遣其党操重宝啗良玉曰：“献忠在，故公见重；公所部多杀掠，而阁部（史可法）猜且专，无献忠，即公灭不久矣。”良玉心动，纵之去。此虽非见忌于君主，但因将帅猜忌而予强敌以可逸之隙，事固有类似者。

无敌即无我。当功臣把战场上的敌人消灭以后，矛盾随即转化，他自己就要被君主看作政治上的劲敌。汪氏此文要阐述的便是这一意思。

（原载《伸脚录》，辽宁教育出版社 1996 年 1 月版）

《河清颂》颂错了

雍正五年（1727 年）正月，河南巡抚田文镜等相继奏报，黄河自河南陕州至江南桃源县的二千里间，水色澄清，并无沙滓，实亘古以来未有之祥瑞。这时太常寺卿邹汝鲁忽进了一篇《河清颂》，文中有“旧染维新，风移俗易”两语，这本来也是颂词中的滥调。不想世宗阅后，大为不悦，传谕阁臣云：“朕御极以来，用人行政之事，皆效法皇考。凡朕所行政务皆皇考已行之旧章，所颁谕旨皆皇考已颁之宝训，初未尝少有增损更张也。……今邹汝鲁所云‘旧染维新，风移俗易’，不知其出自何心，亦不知其何所指。且《书经》成语‘旧染污俗，咸与维新’，此处岂可引用耶？”并以为“显系讥讪，甚属可恶”。

刑部尚书励廷仪等，便向邹汝鲁审问，汝鲁供称：“汝鲁因幼小时作时文，皆以文武成康，重熙累洽，风移俗易，为清之极盛，故信手写了这一句。伏念圣祖仁皇帝久道化成，皇上率由旧章，化行俗美，更有何待移易处？总是汝鲁荒疏久了，不通文理，是实。”这说得非常老实，八股文是无时无地不在害人的，但这两句话本身并没有错，何至使天子恼怒，大臣审讯？

励廷仪等又问：“今河清之瑞，皇上并未谕令臣工陈献诗文，你借端进呈册页，故用‘旧染维新，风移俗易’字样，妄行讥讪，这明明是你因纵容家人生事，被参革职（按，邹曾任御史与奉天府尹），心怀怨望，所以你册页中写出这样悖谬的话来。”前段说皇上并没有教臣工陈献诗文，说得很对，但也只能说是邹汝鲁是自讨没趣，下面“心怀怨望”云云，便是深文周纳了。邹汝鲁曾辩解说：被参革职，蒙恩宽宥，皇上天恩，实出格外，“汝鲁岂有狗彘不如，反行怨望讥讪之理？且蝼蚁亦知自爱其生，汝鲁岂敢萌此念头，自取万死”。仍然是老实人的老实话。

刑部一定要他说出“所移者何风，所易者何俗，旧染者何事，维新者何政？”邹汝鲁急了，说了一段很妙的答词：“汝鲁读的书少，又荒疏日久，伏见皇上明德新民，止于至善。黄河旧系浊流，一旦澄清，因记得幼时所读《大学》章‘在新民’注有‘去其旧染之污’一语，因是解释新民道理，故信手写了‘旧染维新’字样。汝鲁原习《易经》，不曾读过《尚书》，若知道是《书经》成语，汝鲁虽下贱至愚，亦不致悖谬到这田地。实非有心引用，实无所指。大人要刑讯，就夹死我，也是这话。我信手草率，文理不通，是我该死，有何辩处！”

邹汝鲁是康熙三十年（1691 年）二甲进士，曾任御史与府尹，进《河清颂》时，估计亦已五十岁以上，却连《尚书》都未看过，清之官员学养略可见之。

既然皇帝认为“显系讥讪，甚属可恶”，刑部照诽谤朝廷律，拟为绞立决也不算错（比起斩立决来，尸首可以保全完整）。不想上谕却是：“邹汝鲁着革职，从宽免死，发往荆州府沿江堤岸工程效力。”又来了一个大转弯，却也是很有趣的：由于颂河清而获咎，到头来仍归宿到江滨水际。

大家知道，世宗的帝位是在骨肉相残的斗争中取得的，这时政敌虽已收拾，但他不能不提防别人会说他毁弃先帝的旧章成法的坏话，因而务必使人感到他是如何忠实于皇考的遗训，邹汝鲁却说些“风移俗易”的话，又是杜撰的，不就是说新君在移易圣祖的旧章么？

这是当时的历史背景，也是世宗的心理背景。理解了这一点，就觉得邹汝鲁的获罪，似乎也是罪有应得的了。

我们不妨作一有趣的探索：

邹汝鲁的原文是经过世宗亲自阅览的。“旧染维新，风移俗易”这两句门面话，别人看了，绝不会有过敏之感。

皇帝的话句句都有千钧之力，既然觉得“甚属可恶”，廷臣自然希旨而拟为绞立决。

世宗也是明白人，他心里明白，这两句话其实没有什么错，要说错，错在邹汝鲁之不读书，只是这两句话容易产生坏影响，给坏人说短道长，因而不能不立威，给邹汝鲁一个“从宽免死”的下场。

雍正朝的文字狱，多了一宗宫闱政变的后遗症，邹案即其一例。

（原载《土中录》，上海书店出版社 1999 年版）

查嗣庭兄弟吞声

清圣祖仓猝逝世时，相传大臣承顾命的只有隆科多一人，又因他是佟国维之子，圣祖孝懿皇后兄弟，故称之为国舅，多所倚重，后来却遭世宗之忌而被永远禁锢。

雍正四年（1726 年），查嗣庭（字润木）以礼部侍郎主考江西乡试，首题出《论语》“君子不以言举人，不以人废言”，三题出《孟子》“山径之蹊间，介然用之而成路，为间不用，则茅塞之矣，今茅塞子之心矣”。廷旨说他有意讥刺，居心殊不可问。一说查嗣庭所出题为《大学》“维民所止”，忌之者谓“维止”二字，意在去“雍正”之首（见《清稗类钞》狱讼类），更是齐东野语，却也事出有因。嗣庭曾写过《维止录》一书，或因此而误传。事涉冤狱，死者骨化青磷之后，真相就很难明了①。嗣庭这时已六十二岁，位至正二品的侍郎，汪景祺已因笔祸而丧命，嗣庭何至于甘为扑灯之蛾呢?

这年九月，上谕内阁九卿等，一开头便是赫然二语：“查嗣庭向来趋附隆

---

① 商衍鎏《清代科举考试述录》第八章，记浙东诸桥镇有关庙，某撰一联云：“荒村古庙犹留汉，野店浮桥独姓朱。”诸和朱同音，为查嗣庭采入《维止录》中。查狱起，乃置撰联之某于法。恐也是附会之说。

科多，隆科多又复荐举。”这是此狱一大关键。接着说：“今岁乡试，朕以江西大省，用伊为正考官，今阅江西试录所出题目，显露心怀怨望讥刺时事之意。”题目的具体内容未举，也见出题获罪说不为无据。下面列举“大肆讪谤”的罪名，末条说：“热河偶然发水，则书淹死官员八百余人，其余不计其数，又书雨中飞蝗蔽天（意为幸灾乐祸)。”说的或许有些过头，却是在他出考题之前就写的。这类文字，没事时便没事，有事时就成为罗织的好材料了①。

又如隆科多是天子近臣，国之勋戚，极受世宗信重，查嗣庭去“趋附”他有什么错呢？当时官场风气就是这样。如果说是有罪，那末，首先罪在世宗本人。“趋附”是一句坏话，那是在隆、查成为罪人后故意这样说的，原来只是和隆科多相接近，常去拜访他，就像皇帝常常召见隆科多，密谈国家大事一样。

世宗又转过弯说：“今若但就科场题目，加以处分，则天下必谓查嗣庭出于无心，偶因文字获罪，今种种实迹现在，尚有何辞以为之解免乎？查嗣庭着革职拿问，交三法司严审定议。”事已至此，最后一句便成为官样文章了。

内阁等议奏的处分是：查嗣庭照大逆律凌迟处死，今已在监病故（够受罪、够可怜了!)，还应戮尸枭示。查嗣庭兄查慎行、查嗣瑮，子查沄，侄查克念、查基斩决。嗣庭次子、侄共五人，因年在十五以下，给功臣家为奴。得旨：“查沄改斩监候，慎行父子释放回籍，嗣瑮、基免死，流三千里。”几条命总算保全下来了，当时的圣旨其实起着今天最高法院判决书的作用。

查嗣庭获罪的实质性原因，还是由于他的《维止录》中多记圣祖诸子事，而他又曾“趋附”隆科多。隆科多当时的身份，自然知道圣祖逝世前后宫中许多隐秘，他最初受嗣君厚遇的原因在此，世宗不能不倚重他，后来遭忌召

---

① 详见萧奭《永宪录》卷四。

祸也在此，亦“赵孟之所贵，赵孟能贱之”。

由于汪景祺是浙江钱塘人，查嗣庭是浙江海宁人，所以世宗对浙江人特别憎恶①。故特诏停浙江乡会试，以示惩戒，并派专员整顿浙江风俗。

嗣庭之兄慎行，以诗著名，为清初一大家，因遭门户之难，全家赴诏狱，后赐放归里，未两月而卒。其《哭三弟润木》之二云：“家难同时聚，多来送汝终。吞声自兄弟，泣血到孩童。地出阴寒洞，天号惨淡风。莫嗟泉路远，父子获相逢。”此句下有注云：“上侄先一日而卒。”嗣庭之子查沄，由斩决改监候，观注文则他也是死于狱中，而且父子只差一日，追踪而赴泉路，天或有意使他去陪侍老父。慎行又有“人来绝域原拼命，事到伤心每怕真”句，恐也是遭家难后之作。

世宗因夺帝位而骨肉相残，慎行因弟祸而受累，获释后又作诗悼念，两事正可对照。

又，邓之诚《清诗纪事初编》引《海宁州志》，说是近有沈嗣叔收拾嗣庭残稿，补全集(《双遂堂遗集》) 之遗，末署乾隆辛酉（六年，1741 年）武清知县沈守敬撰。这两人当是托名而非真姓名，然则雍正时伏法的罪犯（实是政治犯），乾隆时已有人为他整理遗集，书写识语（尽管是托名的），并以怜悯口吻写上“叹为芝焚蕙死，词旨悲愤”之语（按，嗣庭诗有“蕙叹芝焚事不同，贺知章口竟无功”语）②，这与戴名世被杀后有人为他刻遗集一样，都是平生风义之举。在这些行动中，总觉得儒家的精神传统在起良性作用。

（原载《土中录》，上海书店出版社 1999 年版）

① 有人作过统计，据谭正璧《中国文学家大辞典》，自东周至近代，姓名见于《文苑传》、《艺文志》和《四库全书》录入的文学家，共计六千八百五十一人，浙江作家有一千七百人左右，约占全国六分之一。见 1988 年第八期《群言》杂志。

② 按，陆机《叹逝赋》有“信松茂而柏悦，嗟芝焚而蕙叹”语，贺知章诗无此语，不知与知章何关？

“名教罪人”钱名世

世宗即位后，在处置文字犯的方式上，最有独创性的是钱名世一案。手段并不残酷，无损于钱名世的皮肉，方式的奇特，却是历来刑法史所未载的。

钱名世，字亮工，江南武进人，官翰林院侍讲，曾纂修《子史精华》与《骈字类编》，与年羹尧为南北乡试同年。雍正二年（1724 年）钱赠年诗，有“分陕旌旗周召伯，从天鼓角汉将军”及“钟鼎名勒山河誓，番藏宜刊第二碑”之句。下二句指年以平藏之功，应立一碑于圣祖平藏碑之后。羹尧事败，金刚倒地一堆泥，他自然获罪。

那末，清廷又是怎样惩罚他的呢？

王氏《东华录》（雍正四年三月）录上谕云：“伊既以文词谄媚奸恶，为名教所不容，朕即以文词为国法，示人臣之炯戒，着将钱名世革去职衔，发回原籍，朕书‘名教罪人’四字，命该地方官制造匾额，张挂钱名世所居之宅。……可令在京现任官员由举人、进士出身者，仿诗人刺恶之意，各为诗文，纪其劣迹，以儆顽邪，并使天下读书人知所激劝。其所为诗文，一并汇齐缮写进呈，俟朕览过，给付钱名世。”就是说，发动在京有功名有学问的官员，大家都写成诗文痛骂名教罪人钱名世。

第一名正詹事陈万策诗云："名世已同名世罪，亮工不异亮工奸。"第一句的"名世罪"指戴名世，前面已有专文说过了，下一句"亮工奸"指周亮工。周亮工，号栎园，河南祥符人。明御史，降清，官户部侍郎，曾被参下狱，名入《贰臣传》，其著作如《书影》等，清代列为禁书，故云"亮工奸"①。

还有侍读吴孝登以骂钱诗作的谬妄，却被发遣宁古塔，处分竟超过钱名世。侍读学士陈邦彦、陈邦直亦以乖误而革职（萧奭《永宪录》卷四），可见要天下读书人"知所激劝"也并不容易。

邓之诚《清诗纪事初编》云："雍正中，尝颁《大义觉迷录》于学宫，颁《拣魔辨异录》于寺庙，皆欲以理取胜，又刻《名教罪人》，则谑兮已虐，不测意旨安在，今三书皆不易见。"上述名世之诗，只是投赠权贵，对清室对世宗并没有什么悖逆之处，所以严格说来，钱案并不能算文字狱。

刘禺生《世载堂杂忆》称："鹤亭官京师时，曾见一殿本，雕写极工，宣纸印题曰'御制钱名世'。……（世宗）又御书'名教罪人'四字制匾，命名世奉归，悬之厅事。每月朔望，常州知府、武进知县亲往审视，如不悬挂者，白督抚奏明治罪，真喜怒以为儿戏也。'御制钱名世'书在北京遍访不得，藏书家亦鲜知者。"刘氏说的"喜怒以为儿戏"，更中世宗之病。就在赐匾额的同月，世宗以大学士揆叙、尚书阿灵阿生前曾朋比允禩（阿其那），特命于其墓所各树一碑，揆叙的叫"阴险柔佞"，阿灵阿的叫"不忠不孝"，说一句不怕得罪皇帝的话，这些都是很无聊的事。

钱名世果真有罪，尽可以用国法来制裁，怎么可以用这种办法，又置天

① 周亮工的《读画录》诗中有"人皆汉魏上，花亦义熙余"句，"语涉违碍"，遂被禁毁。详见本书《清初不书年号案》篇。

子的体统于何地？揣世宗的用意，无非对钱名世施以精神虐待，而使自己发泄一时的意气。清之诸帝中，世宗的性格和心理是很值得研究与解剖的，不妨名为“雍正学”，这也确实是一门学问呢！

抗战前，故宫博物院曾排印过《名教罪人》，售价至多一元，极易购得，当时出于好奇，随意得之，不知其前身是否即“御制钱名世”，这都是中国文化史上很独特而又易被忽视的资料。

雍正七年（1729 年），四川学政宋在诗出题“子欲居九夷，或曰：‘陋，如之何?’子曰：‘君子居之，何陋之有?’”（典出《论语·子罕》）成都知府王游以宋在诗所出试题，罔顾忌讳，“其题面固斥言龙兴之地，其题义则自居于君子而寓讥刺之意，不敬实甚”。世宗朱批云：“似此者何妨乎，有何可避讳？此乃王游多事也。”宋在诗遂以此而免祸。

按照当时文字狱的惯例，宋在诗试题中的“九夷”字样，确是犯忌的。王游倒并非“多事苛求”，而是从已往的案例中引起了敏感与戒心。他不“多事”，万一世宗恼怒，王游自己也要吃苦头的。他说的“龙兴之地”，实指清人入关前的建州，这倒真的“多事”了，为什么偏要将“九夷”点破落实呢?幸而朱批未斥责。总之，帝王的喜怒莫测，恩威无常，也是天下多灾多难一个重要根源。

（原载《土中录》，上海书店出版社 1999 年版）

名教罪人与风雅魔道

清世宗在位十三年，文字狱约有十起，其中有两件却是惊世骇俗的创举，一为《大义觉迷录》案，一为《名教罪人》案。两案皆辑成专集，降谕颁行。前者为蠢事，高宗即位后即被禁毁，可谓智过其父；后者是奇事，真正说得上史无前例，也反映了他的性格，即冲动性特别强烈，心理时常失控。他在颁行《名教罪人》的上谕中说："如谓朕于负罪之人，不加诛戮，尚赐以匾额，且令在廷赋诗与之，视黜恶之典，有同儿戏，则大非朕激劝风励之深心矣。"他倒已有预感，会被人讥为儿戏的。

刘成禺《世载堂杂忆》："鹤亭官京师时，曾见一殿本，雕写极工，宣纸印题曰'御制钱名世'。其第一名诗有云：'名世竟同名世罪，亮工不减亮工奸。'……'御制钱名世'书在北京遍访不得，藏书家亦鲜知者。"

此书正式名称就叫《名教罪人》，民国时曾由故宫博物院印行。线装铅排，售价似不到一元，得之甚易，我曾经收藏过，却未及细阅。

故宫博物院曾印行《清代文字狱档》九册，未录钱名世案，此案最初见于《文献丛书》第二种，后来又单独印行，现在上海书店出版社准备重印，也是读书界的好消息，让读者开一开眼界，金良年先生要我写一篇文章，谈一谈《名教罪人》中那些诗的艺术水平，这却是苦差使。

这一奇特的案件是由皇帝亲自发动的，参加写诗的大小臣工多至三百八十五人，每人一首（?），在那么多诗篇中写上几千字，应该不患无辞。我还将这些诗从头到尾都看过，临到执笔，却不知从何说起，因为这连骂人的艺术都谈不到。

王士禛曾写过《戏仿元遗山论诗绝句》，其中有论严嵩的：

十载钤山冰雪情，青词百媚可怜生。
彦回不作中书死，更遣匆匆唱《渭城》。

王氏自注："分宜早年诗有王维之风，贵后皆应制腐恶之作耳。"彦回为褚渊之字，渊初在刘宋任中书侍郎，后入齐为司徒，从弟褚炤叹道："使彦回作中书郎而死，不当是一名士?"（《南史·褚炤传》）

王诗是讽刺严嵩的，也确实写得好，因而我也记牢。可是《名教罪人》中诸诗，没有一篇不是破笔大骂，什么粗俗恶毒的语言都有，例如摇尾乞怜之类的话，就屡见于诗中，工科掌印给事中阎圻诗中就有"马蹄已逐尘颜老，狗窦还寻捷径斜"的话，这是说钱名世是在钻狗洞。翰林院检讨卫昌绩的诗，先说"卖尔一肩鬼，博渠三日神"，用的是志怪小说中"定伯卖鬼"的典故，后又说："岂有窥窬客，堪为翰黑臣。"那就是把钱名世比作伺隙而动的盗匪歹徒，爱怎么骂，就怎么骂。

钱名世的品格差一些，但究不同于巨奸大恶。他为什么沦为"名教罪人"?因为他写了八首诗谀颂权贵年羹尧。可是年羹尧的权是谁给他的?贵是谁促成的?羹尧气焰盛时，入京陛见，九卿督抚皆跪迎于道旁，名世以诗谀颂，固然是趋附，但在当时官场中，也是很普通的风气。羹尧本是世宗功臣，后因功高震主而被赐死，亦赵孟之所贵，赵孟能贱之，于是名世遂遭株连，诸诗中最集中的一点就是八首诗，骂为党恶朋奸。翰林院侍讲学士张照诗：“朱草尧阶瑞彩重，共驩何事结朋从。”顺天府尹余甸诗：“共驩到底难逃罪，鹰犬前时枉费功。”刑部主事李五福诗：“其罪为比周，岂在工兜后。”都是以传说中的共工、驩兜比喻钱名世，其实是抬高了他。

钱名世既然这样罪大恶极，为什么不干脆将他正法，是不是法外施仁？不是的，而是要他活着一天受一天耻辱，一种无期性的人格折磨和精神惩罚，将他骂倒骂臭，彻底孤立。

工部员外岳礼诗：“圣主恩容归故里，千秋劣迹永难更。”

宗人府主事耿之昌诗：“此去江东无面目，好乘五夜入乡关。”吏部额外主事康忱诗：“虽蒙圣主宽刑网，问尔身名毁裂无。”户部主事王璋诗：“谅应无面目，重见旧交亲。”内阁中书马进泰诗：“归欤佞骨堪湔濯，四海儿童羞比邻。”这是说，连全国的儿童都不会理睬钱名世了，也说明圣主恩容，饶他一命的真正用意。

太常寺博士姚培和诗：“仕宦羞同列，亲朋耻并肩。”光禄寺署丞常禄诗：“鹓鹭羞同列，衣冠耻共亲。”中书科中书舍人程鹏诗：“纵读秘书忘大义，还家谁共尔为俦。”也是同样意思：活着是为了让他承受耻辱。姚培和等的官职、名望，本来低于钱名世，这时却一荣一辱，大相悬殊，因为可以列名于这本钦定的《名教罪人》中赋诗咒骂，就是最大的光荣。

以上只是摘句，下面再抄几首完整的：

虚声盗窃志卑污，又向私门事谄谀。但识媚人工颂祷，不知行已荡廉隅。士林耻与衣冠共，宸翰严于斧钺诛。更许作诗昭讽刺，鉴观从此化顽愚。（大学士张廷玉）

名教从来重立身，负涂一豕玷儒绅。矇瞍空号文章士，贪慕终成谄佞人。明镜当空呈丑态，恩纶宽宥愧齐民。不加斧钺题诗赠，笑骂流传遍九垠。（礼部尚书陈元龙）

羞恶廉隅了不明，读书堪笑负平生。昧心语已颜忘赧，悖理词尤恶贯盈。一网开恩宽斧锧，百年遗臭辱簪缨。从今负罪归乡里，掩口人惭道姓名。（礼部左侍郎查嗣庭）

江东归去黯诗魂，不死全叨圣主恩。岂有端人工颂祷，须知大义炳乾坤。郑碑纵瘗韩园土，求鼓还鸣孔氏门。自古奸庾终败露，曾将青史细评论。（翰林院检讨谢济世）

名教贻羞世共嗤，此生空负圣明时。行邪惯履欹危径，记丑偏工谀佞词。宵枕惭多唯梦觉，夏畦劳甚独心知。人间无地堪容立，老去翻然悔已迟。（武英殿纂修原进士方苞）

这些都是著名文士，方苞还是文学家，（其中查嗣庭、谢济世、方苞先后都成为文字狱中人物）但大家看看，哪一首像样子的，看一首与看一百首有什么两样？清诗在中国诗歌中还是有它的特色的，这里却是被糟蹋了。

诗有几种写法：抒情、写景、叙事、说理。抒情和写景，在这里是用不上的。叙事就是那末一回事，留下来的是说理，却是用辱骂来代替。凡是能够表现诗的艺术特色的手段，全无用武之地。

这些作者，有的为了取宠于皇帝，看作登龙的捷径，有的为了表白自己与罪人势不两立，罪人是反名教的，自己是扶持名教的。但从绝大部分作者的创作心理说，都是由于上谕的压力之故，例如方苞，他是从“天牢”里放出来的人，这时已成为朝士，怎么能够不写呢？当时翰林院侍读吴孝登，因作诗“谬妄”而充军宁古塔，还有侍读陈邦彦、陈邦直兄弟也因作诗不称上意而被革职，可见即使是这样的诗，也是不容易写的。本书中有顺天府儒学教谕阎九畴一诗，颈联说：“文名山斗重，气节污泥沉”，这岂不是说钱名世的文名与泰山北斗一样重么？如果有人挑剔，也会大祸临头，在他的潜意识里，对钱名世的文才一定很钦佩的。所以，其中必有许多身不由己的违心之人，今天已无法起地下而问之，我们不如存一分体谅与宽厚。“国人皆曰杀，吾意独怜才”那种精神，在文网森严的雍正朝是不可能重现的，何况钱名世也不能与李白相比。

其次，上述《世载堂杂忆》中说的“名世竟同名世罪，亮工不减亮工奸”一联，上一句的“名世”指戴名世，下一句的“亮工”一说指周亮工，他是降清的贰臣，其所著书曾遭禁毁；一说年羹尧字亮工，指羹尧。其实这两句也是舞智弄巧，只是比起其他人的诗来有些小聪明。但这两联，在今传的《名教罪人》中却未见收录。

另外还有一点使我们感到兴趣的。

乾隆时沈德潜的《国朝诗别裁集》卷十九，收有钱名世诗二首，注云：“因未见稿本，故所收独略。”那意思是说，如果看到稿本，还想多收几首，沈德潜明知道钱名世是雍正朝的“名教罪人”，所以，后来因此而受高宗斥责。

钱氏的两首诗，一为五古的《春霁山行》：

孟春值阴雨，经旬闭柴荆。晨兴理短策，试向前山行。始霁群卉坼，稍暄百鸟鸣。攀跻纡石磴，迢递延葱菁。谷幽岚正合，路转湖偏明。松风有时歇，悠然闻水声。即此惬吾虑，绵邈生遥情。

一为七律的《题延陵季子庙碑后》：

避位曾传泰伯风，那言高义子臧同。史书未改仍公子，人物无凭只上中。地僻似村烟月白，庙闲如社野花红。伤心窟室铍交后，断送亡王泣甬东。（原注：“班史列季子为上中人物。”）

徐世昌《晚晴簃诗汇》选录钱诗四首，并云：“遗集无传，仅见《江左十五子诗选》中。”邓之诚《清诗纪事初编》，选录钱诗一首，小传中说：“雍正中，尝颁《大义觉迷录》于学宫，颁《拣魔辨异录》于寺庙，皆欲以理取胜。又刻《名教罪人》，则谑兮已虐，不测意旨安在，今三书皆不易见。”钱仲联《清诗纪事》选钱诗一首，并摘赠年羹尧一联云：“分陕旌旗周召伯，从天鼓角汉将军。”这一联确也高华雄健。

可见真正有才情的作品，还是骂不倒的，后人还是要将它入选，而沈德潜尤有胆识。艺术有它自己的生命，不因帝王之雷霆而掩没，反之，《名教罪人》中这些诗，自必为世宗所赏玩，在后人只能看作风雅魔道。

（原载《一盏录》，山西古籍出版社 1998 年 3 月版）

御制书成为禁书

清代禁书中，最最奇怪的是《大义觉迷录》。最先由内府刻板刊行，等于御制书，事前确经过世宗精心布置，“命令各贮一册于学宫之中，使将来后学新进之士，人人观览知悉”，就像善男信女之印宝卷，希望能收劝人为善之效。但世宗的儿子高宗（弘历）即位不久，此书便被收禁，成为子禁父书的奇谈，怎不令人惊异？到了光绪末年，革命党人又重新印行，由香港仁社书局铅印出版①，作为反清的资料，目的是要出满清之丑。这部御制书的经历居然如此曲折，但民国时人要看这部书也不容易。1983 年，中华书局出版的《清史资料》第四辑中收有《大义觉迷录》，售价只有八角四分，我辈虽非迷途中人，还是值得一读。

此书的主角是湖南永兴人曾静。他遣门徒张熙至吕留良（另详下篇）儿子吕葆中处访得吕留良诗文，内有夷夏之防等论说，张熙又访得留良门徒严鸿逵、鸿逵门徒沈在宽等。当时正值世宗剪除兄弟、严惩功臣之际，外间物议纷起，曾静以为有机可乘，便于雍正六年（1728 年）九月，由张熙在西安

① 清末有些禁书不能在内地出版的，常在香港出版。也有用香港版名义实为上海等地出版的，如石印本的《金瓶梅》。

托名投书进说川陕总督岳钟琪，历举世宗害父、逼母、弑兄、屠弟等九大罪状，并劝其拥兵反清。他之看中岳钟琪，有这样三点依据：一是钟琪原为年羹尧部将，羹尧被诛，钟琪必有怨意；二是钟琪远祖岳飞，于金为世仇，清为金之后裔，一度自称“后金”；三是听说钟琪向世宗再请陛见，不蒙允许。

钟琪看了所投之书大惊，乃佯为赞同，且密结盟誓，诱询其划策之人，张熙告诉他是曾静，于是将曾、张拘押至京，由世宗亲自审问定案，雍正因之对钟琪大为嘉奖，朱批中即称“朕之嘉悦之怀，笔难宣喻”，甚至还有“朕唯朝夕焚香对天祖叩头，祝愿祈我良佐多福多寿多男子耳”之语。但大家也可料到，像世宗这样的雄猜之主，不可能对岳钟琪放心的，后来就被削公爵，革宫保，戴罪立功。袁枚《随园诗话》卷五，曾录钟琪起用后《过邯郸题壁》云：“只因未了尘寰事，又作封侯梦一场。”感慨系之矣。

投书案发时留良、葆中、鸿逵已死，乃下诏戮尸枭示，留良次子毅中及沈在宽皆被杀（参见本书《齐周华恶劫难逃》篇注），他们的家族和其他受株连的皆被惩处。独独张熙、曾静平安无事，真个逍遥法外，对曾静还赏以一年假期，期满后到观风整俗使李徽衙门使用。

世宗还为曾静说了许多好话，如说他与吕留良不同，曾只是得罪他本人，吕则“谤议及于皇考”（即圣祖）；曾由于误听妖言，吕则自出胸臆。总之，曾静是立功的，吕留良是罪大恶极的。爱之欲其生，恶之欲其死，死了的还要戮尸。

《大义觉迷录》末附曾静的《归仁说》，并于供词中自称“弥天犯”，意即犯了弥天大罪的人，对自己的冥顽无知而一朝觉迷，比作向为禽兽，今转人胎。但是否为他的由衷之言，就很难说，供词由口供转为笔录，文通理达，引经据典，在真实性上也不无疑问。

当曾、张获赦后，怡亲王（允祥）等诸大臣，曾上疏以两人“罪在十恶，乃三宥之所不及”为由①，故应“按律处决，碎尸悬首”。这意见倒是对的。世宗却以为此案是非，皆他身任之，于臣工不相关涉，故诸王大臣以后不必再陈奏了，如果还有奏请，“着通政司将本发还”②，还下谕申明“将来子孙不得追究诛戮”曾、张，即是由皇帝作了保人。

雍正八年（1730年），有个上杭县童生范世杰③，读了《觉迷录》，向福建观风整俗使刘师恕投词，斥曾静，颂世宗，说世宗“三兄有抚驭之才，钦遵父命，让弟居之，而圣君不敢自以为是，三揖三让，而后升堂践天子位焉”④。这话原出于至诚，却是虎尾春冰之词。后来果然为官府审问，问他“三兄”云云是什么意思，天真的童生，不知道这是有关世宗宫闱内幕的隐秘，一句话也不能说。经过范世杰的解释，总算从宽了结：押交地方官严加管束，每逢朔望，令其宣读《觉迷录》。此案以读《觉迷录》始而仍以读《觉迷录》作结。当时君臣，认为此书确有万能之力。

不想高宗即位之初，刀斧即紧随曾、张之后，最后终于伏法，比吕毅中等多活了二、三年，《觉迷录》也被查禁。是不是因为其中有夷夏之防等犯忌议论呢？恐这还在其次，因为这已经是明白的事实，也非雍正朝才开始，光靠一本小册子也掩盖不了，辩驳不清，最吃紧的还是当时宫闱内部的隐秘，这是高宗棋高一着之明举。

且举几个例子看：

---

① 三宥，即当时法律上可以原谅的三种情况，一曰不识，二曰过失，三曰遗忘。

② 通政司职务为收受题本，送军机处办理。

③ 应考以前的士人，不论年龄，皆称童生。

④ 见故宫博物院《文献丛编》第七辑《雍正朝文字狱》。

曾静供词中说："有太监于宁、何国柱闻八宝女人谈论，圣祖原传十四阿哥允禵天下，皇上将'十'字改为'于'字。"（按，世宗为皇四子）这是后世传说之所本，其实不可靠，学者已有辨正。虽然"于"、"於"通，但圣祖果有遗诏，诏中用的亦应是繁体字的"於"。且按清代制度，文书中应称"皇×子"，不会单云"十四子"、"四子"。所以改诏之说乃是后人凭一点小聪明想出来的附会之词。

又云："圣祖在畅春园病重，皇上进了一碗人参汤，不知如何，圣祖就崩了驾，皇上就登了位。随将允禵调回监禁，太后要见允禵，皇上大怒，太后于铁柱之上撞死。"

最妙的还有世宗自辩如何清心寡欲，"今乃谤为好色，不知所好者何色，所宠者何人？在逆贼既造流言，岂无耳目而乃信口讥评耶？"又云："朕于皇考之宫人，俱未曾有见一面者，况诸母妃辈乎？七年来如当年皇考宫中之人，即使令女子辈（供使唤的女人），若曾有一人在朕左右，朕实不对天日以君临兆庶也。"这些话出于皇帝自道，还成什么体统？世宗践位后，宫内宫外的流言蜚语，已经够多了，现在这样写，他自以为是在"大义觉迷"，但实际效果只是扬汤止沸，去火就薪，不能只怪"逆贼"了。

台湾版《续修四库全书提要》评《觉迷录》云："世宗之首欲辨明者，即在静斥其弑兄屠弟等语，弑兄诚无据，而仇视诸弟至易以阿其那（允禩）、塞思黑（允禟）之丑名，虽曲自解释，其如事实具在乎？厥后高宗嗣位，乃复其名籍，是子亦不能为之讳也。"说得极为中肯。

萧奭的《永宪录》，是考察雍正朝内幕的一本重要资料，但全书仅至雍正六年（1728 年）八月，原序以三年无改父之道为辞，然又不止三年，邓之诚氏跋云："继乃悟作者盖有深意存焉。世之罪宪帝者（世宗庙谥为宪），弑父、逼母、夺嫡、杀功臣数端，《大义觉迷录》断断剖析者，亦此数端。此书于阿、塞、年、隆诸大狱，所述綦详。……诸狱株连，大约至六年而止，故以为限断。然则‘永宪’者，永其恶也。虽未明言，而其意则可寻求，岂非信史乎。”世宗却将《觉迷录》公开传布，已非懵懂一时之误。高宗所以禁毁，正是用心良苦，地下相逢，或将许为干蛊之材乎？

（原载《土中录》，上海书店出版社 1999 年版）

吕留良的诗文

吕留良，字庄生，又字用晦，号晚村，浙江崇德人，又是一个世宗憎恶的浙江人。轻财好客，近于狂生。卒于康熙二十二年（1683 年），被戮尸时，已经是死后五十年了①。

《大义觉迷录》卷一，记奉旨官审问曾静时，曾静供云："弥天重犯僻处山谷，离城甚远，左右邻里，无读书士子、良师益友就正。因应试州城，得见吕留良所选本朝程墨及大小题房书诸评，见其论题理根本传注，文法规矩先进大家，遂据僻性服膺，妄以为此人是本朝第一等人物，举凡一切言议，皆当以他为宗。"

吕留良的学说，在清初没有多大影响，曾静看到的，又只是八股文，唯

---

① 吕留良的孙子辈充军到宁古塔，后改发黑龙江。《章太炎全集》五《书吕用晦事》，记章氏于民国元年至齐齐哈尔，闻知吕留良后裔多以塾师、医学、商贩为业（留良本人原晓医学，著有《东庄医案》，后亦列为禁书），土人称之曰老吕家。虽为台隶，求师者必于吕氏。"宁古塔人知书，由方孝标后裔谪戍者开之。齐齐哈尔人知书，由吕用晦后裔谪戍者开之。"又云：吕名留良，取子房报韩义，（按，此说当本钱谦益《吕留侯字说》："吕子之于子房，何啻长卿之慕相如而已乎？"）其诗则颇犷厉，如《人日》诗："鸡狗猪羊马又牛，看来件件压人头。"（按，此当是讽世。）

中间含有尊王攘夷之说，居然使他敢冒身家性命的危险，去闯石破天惊的大祸，也是很奇怪的事情。

下又云："唯到雍正五年，有学徒张熙到浙江购书，到吕家传得吕留良《题如此江山图》及《钱墓松歌》诗。彼时闻之，不觉惊异，不敢信以为然，随复得谣言叠叠惑乱，遂疑他的话是实，且妄悔当身大义之不能早闻。"又卷二云："因吕留良《钱墓松歌》上有云：'其中虽有数十年，天荒地塌非人间。'彼时闻得此说，如坠深谷，语虽为元朝而发，而引例未尝不通于本朝。"

吕留良的《题如此江山图》诗意以为，元遗民学宋遗民是未明大义。这话是对的，就像清遗老以明遗老自况，实在很可笑。顾炎武的亡国与亡天下之分，大概也是这个意思。

留良这两首诗全是议论，语言粗糙，曾静是个冬烘，他本人原有潜藏的反清意识，但眼界狭窄，在穷山僻水间读了吕氏诗文，不觉引为同调。他在《觉迷录》中的供词，并非全是出于真心的忏悔话，只因畏罪，便信口把自己说成禽兽，说成弥天罪人，从旁观者来看，也是可笑的。

邓之诚《清诗纪事初编》有谈吕氏诗风云："诗学杨万里、陈师道，深情苦语，能令人感怆。如曰'甲申以后山河尽，留得江志几句诗'，曰'十年游侠千金尽，九世仇雠一剑知'，曰'空城不返青衣主，大泽犹存雪窖臣'，曰'天上几家忘主客，此身今日系存亡'，曰'但存佣保髡钳意，肯作人天鼓笛思'。"皆沉着痛快，不失为遗民诗。

吕留良的一切著作，在清代理所当然被禁毁，却也有有趣的例外。

雍正九年（1731 年），朱轼、吴襄等奏请，已将吕留良所著《四书讲义》、《语录》诸书，根究原委，逐条摘驳，因而要求世宗敕令刊布直省学宫，"俾僻远穷识之士子，不至溺于邪说"。世宗下谕说："若因其人可诛，而谓其书宜毁，毁之固未必能尽，即毁之而绝无留遗，天下后世，更何从窥见底蕴，而辨其道学之真伪乎？以故毁书之议，概未允行。……朕以逆贼所犯者，朝廷之大法也。诸臣所驳者，章句之末学也。朕唯秉至公以执法，而于著书者之为醇为疵，与驳书者之或是或非，悉听天下之公论、后世之公评，朕皆置之不问也。……朕思此请，亦属可行，姑从之，以俟天下后世之读书者。”这才叫做“大哉王言”，其雅量远识，实出意外。他把“朝廷大法”与“章句末学”区别开来，用今天的话说，就是政治与学术的区别了。

还有一点要指出的，政治上处于优势的官方论说，如果放到天下之公论中去鉴定，未必能够以理取胜，压倒对方，世宗却无所顾忌，任凭“逆贼”论说刊布学官，也是很有胆识的，不管他的动机如何。

（原载《土中录》，上海书店出版社 1999 年版）

谢济世注经玩火

孟森《明清史讲义》下册有云："雍、乾间文字之狱，有最难解者三事。"下即举谢济世、陆生楠、尹嘉铨三案。

世宗是个枭主，田文镜非科甲出身，无朋党，一心只想报答世宗。为河南巡抚时，以严刻骄厉、待士苛虐著称，故为世宗激赏。谢济世为御史未十天，便劾田文镜营私负国、贪虐不法十罪。世宗一怒将奏折返还，济世却坚持己见，于是将他革职，下狱审问。袁枚《随园诗话》卷八云："朝廷疑有指使，交刑部（尚书励杜讷）严讯。先生称指使有人。问为谁？曰孔子、孟子。问何为指使？曰读孔孟书，便应尽忠直谏。"（按《清史稿》谢传此段，即采自《诗话》。）世宗以为济世和李绂同党，有意倾陷文镜，严审后即发往阿尔泰（在新疆境内），大将军平郡王福彭颇敬礼之，故济世得仍讲学著书。遣戍时，有《次东坡狱中寄子由韵寄从弟佩苍》之一云："严霜初陨陡回春，留得冲寒冒雪身。纶綍乍传浑似梦，亲朋相庆更为人。敢愁弓剑趋戎幕，已免银铛礼狱神。早晚扶归君莫恸，婆姗勃窣亦前因。"第七句意谓自度必死于异域，将由佩苍扶柩而归，八句指匍匐而行貌。但这尚非文字狱的范围。

雍正七年（1729 年），振武将军顺承郡王锡保奏参济世注解《大学》不从朱子《四书集注》本①，不用程子所补《格致传》，也便是蔑弃程、朱了。世宗又传谕内阁，说是济世还不止毁谤程、朱，他引《大学》“见贤而不能举”两节，“言人君用人之道，借以抒写其怨望诽谤之私也。其注有拒谏饰非，必至拂人之性，骄泰甚矣等语，观此则谢济世之存心昭然可见。”九卿承旨，拟定斩立决。九卿之拟，也是估计之中，既然皇帝震怒，自然非斩不可。

谢济世“拒谏饰非”云云，其实是老生常谈，正如孟先生所说：济世不过顺着经文疏注，“则如宋儒之说经，多涉事理者，孰非警戒人君之语，一涉笔即得死罪，程、朱皆寸磔而有余矣。”这话自然说得也对，但孟先生是民国时人，在雍、乾时代，谢公那样的注经，语涉君主，确也如同玩火。

后来另一案犯陆生楠将伏法时，济世也被缚赴刑场，世宗却给锡保一道密谕：“诛生楠，缚济世使视。”即陪斩，济世于是又活下来了。

高宗即位，赦之而任以官，他为建勋将军钦拜草奏，请责成科道（司监察之职）严不言之罚，恕妄言之罪。他还是要保持御史本色，并为自己《大学》之注作辩解。据徐世昌《晚晴簃诗话》，济世在奏疏中说：“尊朱之令，始于洪武十一年（1378 年），甲子（十七年）乡试，明祖与文公（朱熹）同乡同姓，定为此令，名虽表彰圣学，实则推崇本朝。”

这时济世的官职为江南道御史，他想到老母年已七十一，行动艰难，便上疏说：“在家不过数月，乍逢又别，既别难逢，慈母之涕泪转添，游子之方寸终乱。”乃特授湖南粮储道（济世原籍为广西全州），后调驿盐道。代理巡抚蒋溥又告发济世“离经叛道”。这种罪名最笼统、最抽象，如同橡皮筋，对

① 萧奭《永宪录》卷一，记圣祖于千叟宴时谕曰：“书生评论帝王每多苛刻，唯朱子最为公平，尝言金世宗行政果如此人言即尧舜矣。又朱子言读书不要被书欺了。此言最妙。”这也是清帝对朱熹特别崇拜的一个原因。

任何欲惩办的文臣都用得上。高宗即下谕严厉查究，但又说：“朕从不以语言文字罪人，但此事甚有关系（因涉及程、朱二子），亦不可置之不问也。”后来抄出他的有关经书的著作，全部烧毁，不准传播。他本人总算免罪。乾隆二十年（1755年），他侥幸地以善终而告别人间。十三年后，因齐周华案的牵连，从其子谢梦熊家中抄出济世的《梅庄杂著》，高宗阅后说：“使其人尚在，自当明正其罪，以昭惩创。”

济世为人刚强正直，九死一生，观上述对待老母的感情，也很令人感叹。世宗君臣对他的处分，固然并非仅仅为了《大学》，只是以此为藉口。《大学》本是启蒙之书，后来已列为经典，具有神化色彩，程、朱也成为一对偶像，都是不好惹的，对他们作品都不能有自己的创见，否则，就不能笼络群儒。所以文士注经，吉凶莫卜，历代笔祸中原不止一二起。高宗虽称赞谢济世“为人朴直，颇知自爱”，这或是济世幸而全生的重要原因，但对他注语中“有显与程、朱违悖牴牾，或标榜他人之处”，一定要查明销毁，可见不但经书本身不容侵犯，连对它的解释权也须由帝王指定授予。

文字狱档案本身没有什么文学价值，但有些档案，却很能体现人物的性格，谢公也是此中很鲜明又很可爱者之一。

谢济世虽得保首领以终，但另一个广西文士陆生楠，却因与济世同乡，在文网中不幸而丧生了。

（原载《土中录》，上海书店出版社1999年版）

陆生楠论史伏法

雍正七年（1729 年），广西举人陆生楠部选江南吴县知县，引见时改授工部主事（即擢用）①，这应当说是很受赏识的。但因他是广西人，善于猜忌的世宗，便想到“平日必有与李绂、谢济世结为党援之处”，又将他革职，发往军前效力。这真是喜怒如儿戏了。在这之前，广西学政卫昌绩已经奏陈，广西民风浇漓，因而设立观风整俗使，更增加世宗对广西人的偏见。

陆生楠到了那里后，顺承郡王锡保又奏称：“军前效力之陆生楠，细书《通鉴论》十七篇，抗愤不平之语甚多。”这使世宗又想到当初引见时，“不唯毫无敬畏，且傲慢不恭，显然逆抗，形于词色”②。既然如此，根本就不应改授工部主事。

也只怪谢、陆都是书生，积习难除，虽在戍所，还想操弄文墨，偏偏又

---

① 举人非甲科出身，会试不中后，由吏部挑选，一等的以知县试用，称“大挑”。陆生楠初授知县，后改授京官工部主事，正六品，列为六部司官，外官的知县常以内升主事为荣，故云擢用。

② 萧奭《永宪录》续编载上谕：“今日面加训诲，诸臣唯姚三辰词色神气，不以朕言为然，必系查嗣庭、汪景祺之类，……着宽免革职，令同谢济世效力军前。”姚三辰的词色神气即使有不正常处（实亦世宗疑神疑鬼），怎么就能推断“必系”逆犯查、钱之类？

碰上了这位顺承郡王锡保。

《通鉴论》的要点，大致是这样：一是论封建胜过郡县，“古圣人万世无弊之良规，废之为害，不循其制亦为害，至于今害深祸烈，不可胜言，皆郡县之故”。二是论建储，“建储不宜干预外事，且必更使通晓此等危机”，又借钩弋宫尧母门之事，讥清朝不早建储贰。三是论兵制，“府兵之制，国无养兵之费，臣无专兵之患”。四是论隋炀帝，“后之君臣，倘非天幸，其不为隋之君臣者几希”。这话尤其是冒万死的，上谕说：“意又何指也？”五是论人主，“人愈尊，权愈重，则身愈危，祸愈烈。……人虽怒之而不敢泄，欲报之而不敢轻，故其蓄必深，其发必毒”。上谕以为这是在指阿其那（允禩）等。六是论相臣，“当用首相一人，首相奸谄误国，许凡欲效忠者皆得密奏，即或不当，亦不得使相臣知之”。七是责备王安石，上谕以为“安石误国，在不引君当道”，而生楠所论则“背谬无理”。八是论无为之治，认为人主不应人人而察，事事而理，“若笾豆之事，则有司存”。

世宗以四万字的上谕逐条批驳，并作了指示性的批语：“朕意欲将陆生楠于军前正法，以为人臣怀怨诬讪者之戒。”（详见《东华录》）

孟森《明清史讲义》下册云：“夫《通鉴论》原文必甚多，世宗特挑出此八端，必以其为罪恶所在无过于此数语。今试由读史读《鉴》者平心论之，有一语可致杀身否？”又云：“温公作《通鉴》，本以为法为戒之故，分别诏人。学者能加以发挥，正是忠君爱国之真意。”孟先生是一位严谨而持平的学者，如果撇开世宗这样一个君主，这话原很中肯綮，陆生楠即使受惩，也罪不至死，但世宗则不同，这只要看看他由广西人而联想到与谢济世为一党（正如他之厌恶浙江人一样），就说明成见之深，敏感之锐。所谓傲慢，本来很抽象，陛见皇帝，敬畏还来不及，怎会傲慢？

陆生楠在戍所之撰《通鉴论》，固然并非有意毁谤世宗，也未免不识时务。他是另册中人，待罪之身，世宗为人如何，他未尝不明白，却还要高谈阔论，援引史实，甚至谈到建储、为君等事。历史是过去的现实，现实又是继承历史的。他论封建，必会刺着世宗与兄弟间一段夙怨；论兵制，也与八旗驻防之制相抵触，上谕中即强调旗兵的好处；论隋炀帝，怎不引起世宗的斥问？论无为而治，也和世宗的权谋术数不相容。

印鸾章《清鉴》论谢、陆二案云："以注经而获罪者自谢济世之狱始，以论史而获罪者自陆生楠之狱始。自兹以往，非唯时事不敢论，即陈古经世之书亦不敢读矣，此真历代文字狱所未尝有也。"但陆之论史，与谢之注经不同，谢在崎岖的世途上已摔了一跤，并非自己不小心，陆却太疏忽了。大道以多歧而亡羊，生楠何苦而这样不甘寂寞？

陆生楠是一个举人，学问并不高深，其论封建论、王安石，识见也很迂腐（很奇怪，吕留良也是反对废封建的），清代一些史传中找不到他的传记（也因他是中年即被杀的），只在《清史稿·谢济世传》中略附数语，如果不谈文字狱，不会知道他的姓名。清代因文字狱而使一些默默无闻的士人一死成名的，原不止他一人，然则士人身名的显晦固有非常理所能测知的。

（原载《土中录》，上海书店出版社 1999 年版）

明月清风的疑案

康熙中叶，满汉大臣朋党之风，颇为朝野侧目，汉大臣中则有刑部尚书徐乾学之党。乾学有弟元文（大学士）、秉义（少詹事），皆以鼎甲居高位，时号“昆山三徐”。康熙二十八年（1689年），左副都御史许三礼劾其招权纳贿，家人门客恃势横行等事件。圣祖未予追究，许其告归。三十三年（1694年），诏取徐乾学、王鸿绪、高士奇回京修史，乾学只知有使者来，而不测祸福，遂以悸而卒。

民国十九年（1930年）故宫博物院出版的《文献丛编》第四、第五两辑，中有《徐乾学等被控状》一档，前有说明云：“懋勤殿洪字八〇八号档箱，藏有康熙二十八年至三十一年呈状多纸，皆为江南士庶控告本地巨绅者，如昆山徐乾学、徐元文，常熟翁叔元，太仓王掞，泰州宫梦仁等，以徐氏被控最多。”属于徐氏全档的长达六十余页，都是昆山当地民众控告徐氏子弟及门客、奴仆种种横行霸道的状纸，也有徐乾学亲笔书札几通，写的是行贿舞弊的内幕，末署“弟名心肃”，即是用暗号。

有一份苏州嘉定县十六都冤民秦旋状纸，内称“徐尚书一门九贵，半朝銮驾，奴仆势如狮吼，书帖遵于圣旨”。昆山贡生沈悫状纸中，则称“一门十五贵，权倾中外，富埒王侯，苞苴通四方，荼毒遍桑梓，种种凶残，罄竹难尽”。这“十五贵”都有名字有头衔，自徐乾学、徐元文至壬子夤缘举人徐世濂、现犯严甫命案武举徐锦等。

这是徐乾学告归（状纸中称为革职）后的事，最后如何处理，不得而知，亦与文字狱无关。但论明、清苏南文化豪绅的门户势力的，也必涉及华亭的董氏与昆山的徐氏，皆因犯众怒而致民变、民怨。

乾学有五子：树谷、炯、树敏、树屏、骏。骏为少子，字冠卿，康熙五十二年（1713 年）进士，选庶吉士，富有才情，著有《石帆轩集》。

在雍正八年（1730 年）十月的《东华录》上，有这样一段记载：“己亥，刑部衙门议奏：原任庶吉士徐骏，狂诞居心，背戾成性，于诗文稿内造为讥讪悖乱之言，应照大不敬律拟斩立决，将文稿尽行烧毁。从之。”

钱泳《履园丛话》卷十七，则记徐骏曾以药毒毙其师，“京师人有知其事者，题其混名曰‘药师佛’。药师佛恃才恣放，怨者颇多。雍正初年，以其诗中有‘明月有情还顾我，清风无意不留人’，怨家遂以出首。及逮讯，冠卿仰见堂上有司员胡宗琳侍立于旁，与其师周貌无异，乃大惊，误供有心诽谤，遂伏法。”怨家告他的罪名是“思念明代，无意本朝，出语诋毁，大逆不道”。案，徐骏伏法，在雍正八年而非初年，仰见其师云云，亦流于怪诞。徐骏获罪的原因，当非仅此“明月”、“清风”二语。

后阅邓之诚氏《清诗纪事初编》卷三徐骏小传，曾引徐诗多首：“续集《咏蛛网》云：‘人间除却蚕灵种，才说经论是网罗。’《题汪中允香山图》云：‘凭君孑孓伊川上，还有中原宴赏无。’《上巳日率尔成篇》云：‘一自北平开帝座，沙寒水浅集鸥凫。’语语刺讥，欲求幸免难矣。钱泳谓骏以‘明月有情还顾我，清风无意不留人’句，为怨家所告，诛死。其诗劣甚，必非骏作，盖传闻之误。”

从《初编》选录的徐骏《避吏行》、《土城》、《逃荒行》、《官伐木》诸诗看，也都在暴露清初地方的丧乱荒凉，官兵骚扰的情状，对清人自也含有怨恨情绪（骏诗确也写得好，超过其父）。徐氏兄弟结党营私，朝廷还是善其终始，徐骏为什么对朝廷这样痛愤，而且形诸笔墨？

邓氏对“明月”、“清风”两句，不信为徐骏所作，对此，钱仲联氏《清诗纪事》有辨云：“按：以诗之劣与不劣辨非骏作，其说难以征信，安见骏所为诗每首必工耶？”而且这两句也不能说“劣甚”。

（原载《土中录》，上海书店出版社1999年版）

世宗之暴崩

世宗崩于雍正十三年（1735 年）八月二十三日，地点在圆明园，年五十八。大学士张廷玉在自订年谱中曾记世宗逝世经过云：

> 八月二十日，圣躬偶而违和，犹听政如常，廷玉每日进见，未尝有间。二十二日漏将二鼓，方就寝，忽闻宣诏甚急，疾起整衣，趋至圆明园，内侍三四辈待于园之西南门，引至寝宫，始知上疾大渐，惊骇欲绝。庄亲王、果亲王，大学士鄂尔泰，公丰盛额、纳亲，内大臣海望先后至，同至御榻前请安，出，候于阶下。太医进药罔效，至二十三日子时，龙驭上宾矣。

由于他死得突然，后世的野史演义也有离奇记载，较为流行的是被侠女吕四娘刺死。

传说吕四娘是吕留良女儿（一说是孙女），曾静案发生后，全家遭祸（详见《御制书成为禁书》篇），吕四娘侥幸漏网，携老母逃亡，在江湖上学得一身武艺，潜入宫中刺死世宗。1981 年，曾发世宗地宫泰陵，未打开即作罢，外间却传说棺已打开，世宗有尸身而无头颅，可见被人所杀。

侠女复仇的故事，清代颇为流行，如小说《儿女英雄传》中的何玉凤即其一。《聊斋志异》卷二的《侠女》，也写浙江一女侠，父亲被仇人所害，籍没其家，她只得负老母出走，后来终于将仇人的头割下。当她向情人顾生告别时，“女一闪如电，瞥尔间遂不复见”。蒲松龄为康熙时人，此侠女也是浙江人，吕女刺世宗的传说，可能受这一故事的影响。

小说稗史，只能供人谈助，但史家书事，必须信而有征。上引张氏年谱，记述已很明白，另据《起居注册》，雍正十三年云：

> 八月二十一日，上不豫，仍办事如常。
>
> 二十二日，上不豫，子宝亲王、和亲王朝夕侍侧。戌时（午后七时至九时），上疾大渐，召诸王、内大臣及大学士至寝宫，接受遗诏。
>
> 二十三日子时（夜十一时至一时），龙驭上宾。大学士宣读朱笔谕旨，着宝亲王（高宗）继位。

这说明从患病至逝世，前后仅三天，但清代官书中记录皇帝逝世的情节原很简单（他们病虽很重，也不能明写病危、病笃），圣祖自畅春园卧病至驾崩也不过七天，这之前他还在出猎。又如高宗、仁宗、宣宗，自不豫至逝世也不出二日。

然而世宗之死，所以引起后人的猜疑，和他生前残忍悍鸷、树敌过多也不无关系，对他不满的人借此发泄内心的夙怨，等于一种诅咒。

世宗一死，高宗立即下谕，将原在宫中炼丹的道士驱逐回籍，“若伊等因内廷行走数年，捏称在大行皇帝御前一言一字，以及在外招摇煽惑，断无不败露之理。一经访闻，定严行拿究，立即正法，决不宽贷”。谕中又说，世宗对炼丹之术，只是当作“游戏消闲之具”，而对那些道士，“圣心视之与俳优人等耳”，“且深知其为市井无赖之徒”，但由此也向我们透露了消息：世宗生前，对这些炼丹道士是很亲昵的，当作了皇帝的“游戏消闲之具”，这也需要有特别巧妙的技艺。正因为这样，高宗就生怕他们传播世宗的生活隐私，杨启樵又结合其他资料，推断世宗是“服饵丹药中毒而亡”（见《清代帝王后妃传》）。而所谓丹药，都是有刺激性的“霸药”。

金梁《清帝外纪·世宗崩》云：“以上所述略异（指大学士鄂尔泰夜驰受伤事），仓卒传闻，不免参差，唯世宗之崩，相传修炼饵丹所致，或出有因。至传位之诏，元年密缄，曾见明谕，可无疑也。”金氏这段短文，倒很重要，向我们揭示了三要点：（一）外间对世宗死于仓卒，因而传说不一；（二）但相传为服丹药而死，该是有根据的；（三）传位于高宗之诏，不必怀疑。这三点，都是由于世宗的暴崩而引起的疑议。

（原载《土中录》，上海书店出版社 1999 年版）

十全老人琐录

清代诸帝中，享国达六十年之久的有两人，一为圣祖，一为其孙高宗。高宗终年八十九岁，比圣祖还多活二十岁。

高宗曾于晚年自号十全老人，以示他十次平定边疆的武功，黄遵宪《新嘉坡杂诗》即有“远拓东西极，论功纪十全”语。武功之外，又崇尚儒学，纂修图书，爱好诗文，常与群臣唱和。巡幸所至，到处题诗，江南名山胜迹，今天还可见到一些“御碑亭”。有一次，他在《塞中雨猎诗》里用了一个“製”字，群臣茫然，他笑着说：“卿等一代巨儒，尚未尽读《左传》耶?”原来他用《左传》哀公二十六年陈成子“衣製杖戈”典故。“製”是雨衣，哀公二十六年为《左传》最后一篇，所以说“尚未尽读”。又曾出《污卮赋》考词臣，大家误以为“窳尊”，他却检出晋傅咸的《污卮赋》来。这些都不失为好学勤读的风雅之主。他所作的诗篇数量，据《四库全书总目提要》所载，着实惊人，御制诗共四集，三万三千九百五十余首，还只到乾隆四十八年止。又据徐世昌《晚晴簃诗汇》所记，则为五集，共四万一千八百首。陆游活到八十六岁，以“六十年间万首诗”自豪（实存九千一百三十八首），高宗却超过放翁两倍多。什么叫御制诗？皇帝写的诗是也。这回答还是浮面的，潜在的意义就是好到不能再好的诗。《提要》就如此说："是以圣学通微，睿思契妙，天机所到，造化生心，如云霞之丽天，变化不穷，而形容意态，无一相复。"下面并以北宋几个皇帝之诗来比，岂如高宗御制诸诗，"为有目所共睹也哉"？可谓力尽百媚，意寓三跪。古人有"穷而后工"之说，临到皇帝，便成为贵而后工了。

那末，他的御制诗水平又怎样呢？现在《四库全书》已有重印本，这里就不再举例，反正也是"有目所共睹"的。但作为史料看，也还有其意义，如他《东甘涧》中所说："拈吟终日不涉景，七字聊当注起居。"

皇帝赋诗，本多拘牵，真情实感，颇难直抒。这一点，自应体谅。不管怎样，他能写出大量诗篇，毕竟读了许多汉人著作。高宗之诗，其中也有人给他代笔的，但绝大部分还是自己所作，这从现存诗中不难分晓，倘全是沈德潜之类捉刀，不应如此滑稽。

也因为读了汉人诗文，深悉其中三昧，对汉人的疑忌因而更为深固，所谓蠹生于木，还食其木，乾隆一朝笔祸之特别繁促，此亦因素之一。官文书中虽一再强调消除满、汉的歧视对立，如说古北口一带提总副参游守官，所以兼用满洲者，实因骑射之功比汉人纯熟，宜于控制之故。其实谁也明白，只是饰词。

乾隆八年，杭世骏以进士应御史试[①]，在陈时务策中便说："意见（指成见）不可先谈，畛域不可太分。满洲才贤虽多，较之汉人，仅什之三四。天下巡抚，尚满、汉参半，总督则汉人无一焉，何内满而外汉也。"下又举浙江人才集中，可是十年不调，"岂非有意见畛域"。他的道理就胜过官样文章。

① 《清史列传》曾收杭世骏，《清史稿》却未收，当非有意删削，却是极大疏忽。

又因高宗好南巡，世骏便说："巡幸所至，有司一意奉承，其流弊及于百姓。"这自然引起高宗大怒，欲处以重刑，后赖侍郎观保力谏，才得获赦归田。

乾隆之下江南，今天民间犹多传说，当时臣下已曾讽谏，如引对顾栋高时，高宗对他说："汝年迈，是以准令回籍颐养，将来朕巡幸江南，尚可见汝。"这已说得十分婉转客气（栋高原籍为无锡），不料他竟回答说："皇上还要南巡么？"高宗为之默然。尹会一视学江苏，还京后奏道（约在乾隆十三年）："上两次南巡，民间疾苦，怨声载道。"高宗责问道："汝谓民间疾苦，试指出何人疾苦？怨声载道，试指出何人怨言？"责问结果，自必获谴，此则非笔祸而为口祸。但后来高宗也省悟六次南巡，实为无益有害，所以曾对军机章京吴熊光说：将来如他儿子（仁宗）南巡，吴熊光不阻止，"必无以对朕"。这说明当皇帝有兴趣时，臣下万不能有异议，只有待他自己省悟时，这兴趣才能消释。

杭世骏因陈时务而得罪，尚非典型的文字狱，有关乾隆朝几场大狱的具体情节，已在拙著《土中录》有专文叙述。十全老人的文治武功，未始没有可以称道之处，另一方面，又有多少十年窗下的文士，或毕命于刑场，或老死于绝域，每次读到这类狱档，耳边仿佛听到喊救命之声，尽管我的耳朵已经半聪。"人生识字忧患始"，等到一入公堂，连悔恨也是多余了。所谓乾嘉之学的果实，一半是在多灾多难的大地上结成的。尽管朝廷没有强迫那些文士去从事考据之学，但文士们不会经商，不会做工，不会务农，他们的唯一本领，就是使白纸变成黑字。他们所以始终不肯扔掉笔杆，也并非全为了名利，只因心头还有一种愿望，总想把自己皓首穷经之所得，托纸墨而通辞。一旦身入冥府，还对得起孔夫子。文同七绝《夜学》有云："文字一床灯一盏，只应前世是深仇。"两语颇有幽默感，道尽文人与文字的欢喜冤家关系。

文同是苏氏兄弟的至亲，后来苏轼为蜀党之首，文同的家属生怕受累，便将文同诗中的苏子瞻改为苏子平（见家诚之《丹渊集拾遗卷跋》），如《夜寄苏子平》等。苏氏家属这种畏祸之情，又岂限北宋一代？

乾嘉学者中，全祖望是侥幸的一位，《鲒埼亭集》中对南明孤臣孽子的表彰，他是卓著的一个，他的《皇雅颂》，有“试观诸甲申，明烈帝，非荒君，十七载，何忧勤”等语，忌者摘其诗语，谓不忘有明，有煽惑人民不忘故主之意。“为我讨贼清乾坤”句，竟敢冠“贼”字于“清”字之上（见徐珂《清稗类钞》）。后经李绂解释，始免于祸。

谢国桢《晚明史籍考》卷二十：“谢山《鲒埼亭集》史梦蛟刊本，当时怵于文字之祸，中多墨钉及阙文”，也有全篇缺失的。“凡涉禁忌者，多列为外编”。全氏年谱记四十一岁时，有人“以细事罗织先生，力求抚院兴狱”而未果，当指上述诗句事。谢山生于康熙四十四年，而从他好些文章看，就像出于明遗民之手。

孟森《明清史讲义》下册第三章，评高宗功过云：“自三代以来，帝王之尊荣安富，享国久长，未有盛于此时者。而乃盈满骄侈，斩刈士夫，造就奴虏，至亡国无死节之臣，呜呼！”末句指辛亥革命后清代大臣懦怯贪生现象，湖广总督瑞澂（正黄旗人，清之宗室）的弃城逃跑即一显著例子。清主对汉人的防忌唯恐不密，但清亡后殉节的汉人却占多数，遗老中忠于清的又以汉人为多。历史老人之善于嘲弄如此。

（原载《一盏录》，山西古籍出版社 1998 年 3 月版）

一士谔谔曹先生

高宗即位后，对过去世宗处分的若干案件，也作了一些纠正，如汪景祺的《读书堂西征随笔》，本是在出游秦中所作，与其在浙江故里钱塘的族属无关，故将他们从宁古塔放回。汪景祺等六人悬于京师菜市口达十年之久的首级，也因御史孙国玺的奏请而“掣竿掩埋”。查嗣庭正法已十年，也将他的拘禁于配所子侄释回，但对曾静、张熙，不管世宗有诺在先，还是凌迟处死。

乾隆《上海县志》曹一士传云：“曹一士慷慨敢言，高宗即位，言奸人挟仇告讦，指谪诗文字句，诬为大逆，株连罗织，宜悉禁绝。”但语焉不详，全祖望《鲒埼亭集》卷二十五，有记曹氏生平及其奏疏内容。

一士原籍上海，为诸生时，“海内穷乡下里，兔园学究，正以是靡不知有曹先生者”。后任编修，曾得世宗召见，充文颖馆纂修官。高宗嗣位，诏群臣轮班奏对，一士乃首上言：

以武健严酷，不恤人言而谓之能，则劳于抚字，拙于锻炼者谓之钓名沽誉，才力不及而摭拾细故以罢黜之矣。（中略）若夫赋诗作文，语涉疑似，如陈鹏年任苏州府知府游虎丘作诗，有密奏其大逆不道者，圣祖明示九卿，以为古来诬陷善类，大率如此①。……比年以来，小人不识两朝所以诛殛大憝之故，往往挟睚眦之怨，借影响之词，攻讦诗书，指摘字句，有司见事生风，多方穷鞫，或致波累师生，株连亲故，破家亡命，甚可悯也。臣愚以为，井田封建，不过迂儒之常谈，不可以为生今反古。述怀咏史，不过词人之习态，不可以为援古刺今。即有序跋，偶遗纪年，亦或草莽一时失检，非必果怀悖逆，敢于明布篇章。使以此类悉皆比附妖言，罪当不赦，将使天下告讦不休，士子以文为戒。……嗣后凡有举首文字者，苟无的确踪迹，以所告本人之罪，依律反坐②，以为挟仇诬告者戒。庶文字之累可捐，告讦之风可息矣。

萧奭《永宪录》卷四亦云："风闻言事始于唐武后之残害忠良，宋人遂援为故事，失平明之政，此圣主所深恶也。"听到三言两语，就此举报，即使圣主深恶，而此风终难根绝。

史称"千士诺诺，不如一士谔谔"，故曹先生字谔庭。从这一奏疏看，倒也名副其实，但毕竟是虎口拔牙，要冒一些风险的。

曹先生此疏，亦见《清史稿》·本传，传又记一士上诸疏后，"皆下部议行，一士病哽噎，即以是年（乾隆元年，1736 年）卒。一士晚达在言官（由御史迁给事中），未一岁而所建白皆有益于民生世道，朝野传诵，闻其卒，皆重惜之"。我们谈清代上海掌故的，就不要忘记这位梗直仗义的曹先生，也要

① 陈诗"代谢已怜金气尽"及"一任鸥盟数往还"，前者被密奏为"金"字暗指入关前之后金，后者被指为与台湾郑经私通，圣祖以"诗人讽咏，各有寄托，岂可有意罗织以入人命"而释其事。密奏者为江南总督噶礼（见钱泳《履园丛话》卷一）。

② 诬告他人为谋逆者，查明后即以谋逆罪处分诬告人。《三国志·魏志·文帝纪》："初令谋反大逆乃得相告，其余皆勿听治，敢妄相告，以其罪罪之。"

钦仰高宗践位之初善纳谠言的宏度，使一士得以一再倾其衷情而皆上达帝座，并使其奏疏得以流传于世。

沈德潜《国朝诗别裁集》云："谔廷（庭）诸生时名满大江南北。既为黄门（给事中），所条封事皆去积弊、培元气、利国家者。艺林吐气，赖有斯人，奏疏可覆按也。"

曹氏又能诗，有《四焉斋诗集》。袁枚《随园诗话》，记曹夫人陆氏，奁具之旁皆文史，尤爱楚辞，针线之暇，必朗诵之，侍婢私语曰："夫人所诵，与在家时何异?"一士乃作诗曰："幽意闲情不自知，碧窗吟遍楚人词。添香侍女听来惯，笑说书声似旧时。"

其次，一士奏疏中说的"比附"，即由此及彼的类推，这也是造成用刑枉滥的一个恶端。《晋书·刑法志》曾载刘颂上疏云："又律法断罪，皆当以法律令正文，若无正文，依附名例（总则）断之，其正文名例所不及，皆勿论。"但明、清时，比附断狱之风泛滥，如清律公开主张"若断罪无正条者引律比附"，即以律无正条之行为而以比附致人于罪，就像赌博有胜负，弈棋也有胜负，就可使弈棋者比附于博徒，结果必造成大量的冤案。清末法学家沈家本对此曾作了警辟的论断，并以为戴名世《南山集》之狱，株连无辜，骇人听闻，就因"漫为比附"之故①。清代文字狱中，以比附而受祸的，乾隆朝为数极多，所以曹先生这一奏疏，也只是书生发抒意气而已。

（原载《土中录》，上海书店出版社 1999 年版）

① 见 1996 年 12 月 18 日《团结报》的崔永东文。

《京报》传抄伪稿案

清代每日上谕，由军机处承旨，下达内阁。内外陈奏事件，则有折奏，有题本[①]。下达后，谕旨及奏折传知各衙门抄录遵行，题本由六科转抄。此为当时朝廷传布消息之概况。

清初有南纸铺名荣禄堂者，因与内府有关系，得获《缙绅录》及《京报》发售。时有山东登州府所属之人，负贩于西北各省，携往销行，有利可图，乃在北京正阳门外设立报房，发行《京报》，略如南方之信局。《京报》所载，皆内阁发抄之宫门抄、上谕、奏折，自五、六页至十余页，每册取费十文。有老于刻字者，不必书写，即可刻于石膏类之泥板上，俗称“豆腐干儿板”，以火微烙之，则立坚，用煤屑和水印之，故墨色甚暗淡，此亦中国报纸沿革上的重要史料，故戈公振《中国报学史》曾记其事。

乾隆十四年（1749 年）十月，高宗打算南巡，两江总督黄廷桂，以江南士绅共望临幸入告，深得高宗欢心。廷桂事先即安排周到，而对承办人员督责过严，属吏颇以为苦。次年七月，抚州卫千总卢鲁生，鉴于办差亏累，希

① 凡兵刑钱粮，地方民务所关的奏疏，称题本。

图停止巡幸，便商同南昌卫守备刘时达缮写奏稿，有五不解、十大过名目。又因吏部尚书孙嘉淦胆大敢言，允禩、允禟得罪世宗时，他竟上疏请“亲骨肉”，一时目为狂生。卢鲁生便伪以孙嘉淦名义上疏谏阻南巡。稿达万言，指斥乘舆，遍劾大臣鄂尔泰、张廷玉等，交各提塘（投递本省与在京各衙门文报之武官）传抄，印入《京报》，传播远近。十六年（1751 年）一月，仅四川一省传抄的即有二百八十余人。同年八月，为云贵总督硕色发觉奏闻，即谕令各地密访严拿。在查办过程中，有挟仇诬报者，有受嘱开脱者，有畏刑妄承者，有株连受祸者。如大臣吴进义，年已衰老，承审官逼令画供，遂成冤狱（后得昭雪）。陈公寿、史祖贤等，套夹时只得认罪，松刑则又呼冤。这里只举两例，记述得也很简单，但已向我们露了一露中国法制史的狞态。肉体上的刑罚使人诬服，因为实在忍受不了痛苦，精神上的刑罚往往使人自杀。

最后，卢鲁生凌迟处死，刘时达、卢鲁生之子卢锡荣均斩监候①。

但自十五年春至十六年春，高宗巡幸即有三次。他渡江至苏州，见灵岩梅可合抱，极为叹赏。这时内大臣博尔奔侍侧，拔出佩刀，作砍树状。高宗惊问，对曰：“怪其不生于圆明园，而使上有跋涉江湖之险也。”高宗知其讽己，不悦者久之。这位内大臣倒也是一位有胆量的硬汉。

千总职位次于守备，守备职务为统率运军领运漕粮，他们对巡幸时地方负担之苦自很明了，上疏谏阻，未可厚非，要说有罪便是不该假托孙嘉淦之名。但高宗对孙嘉淦却一无所问，嘉淦惶恐不自安，对人说：“先帝及今上尝戒我好名，今独假我名，殆生平好名之累未尽有以致之。”从此益自敛密。

这是本书中写到的除曾静旧案以外，乾隆朝第一件文字狱，卢鲁生其实

① 雍正四年（1726 年），何遇恩、邵南山也因捏写报房小抄被判为斩监候。

并非由于文字悖逆之故。但由此而使文武官吏获罪的几及千人，蔓延至于七、八省。所以，曹一士的谏疏，其实也没有多大实际用处。

（原载《土中录》，上海书店出版社 1999 年版）

疯人也难逃文网

这是乾隆朝笔祸中一个插曲，死的只有一个人，案件本身十分清楚，处分的手段、定罪的理由却令人惊奇。

乾隆十六年（1751 年）八月初九日下午，有一个流寓山西介休县的王肇基，忽然来到同知衙门，呈献恭颂万寿诗联，“后载语句，错杂无伦，且有毁谤圣贤、狂妄悖逆之处，佯作似癫非癫之状”。这是山西巡抚阿思哈奏折中的话，末一句是说，王肇基的疯癫是假装的。

阿思哈就此看作了重大案件，又在奏折中加重语气说：“臣查借名献颂，妄肆狂言，大干法纪，未便以佯作疯癫少为轻纵。”又恐府县查办不力，乃密嘱按察使唐绥祖饬令汾州府将王肇基押解赴省，以便与藩臬两司亲自追究来历。

准备怎样追究呢？一、王肇基有无党羽？二、密令介休知县亲赴王家搜查，有无其他字迹或违禁器物？三、与王同居一起的有无父母伯叔兄弟妻子，平日交结的是哪些人？王的祖籍是直隶省，又是哪个县？（经查问为平乡县。）

到了初十日，忽又得到另一新的情报：据安顺提塘吴士周密报[①]，有一赴

① 安顺府在贵州，清代与普定县同城。提塘，参见本书《〈京报〉传抄伪稿案》篇。

滇过普客人，抄播妄诞不经之词，上谕要地方大员密加缉访。阿思哈在奏折中推测说，这一过普之人，“或系另案匪徒，或即系彼案党羽，均未可定，但事适相值，迹有可疑。”措词原很闪烁，却已确定其为匪徒，实亦刀笔吏之惯技。

不久，王肇基被押解至省，由阿思哈亲自提审，据王肇基供认：“我献诗恭祝皇太后万寿，不过尽我小民之心，欲求皇上喜欢的意思，并无别事。”又说：“如今是尧舜之世，我何敢有一字讪谤？实系我一腔忠心，要求皇上用我，故此将心里想着的事，写成一篇来呈献的。至于论那孔孟、程朱的话，亦不过要显我才学的意思。”但官府认为其中有“妄议国家大事，指斥文武大臣”的“狂吠悖谬”之处。又诘问其所指满、汉大臣各事从何得来？他答道：“在各处当长随时，有从《京报》上看来的，有说闲话听来的，只求代我进了此书，我就有官做了。”长随即听差、仆役，王肇基的流品于此可见。阿思哈听了口供，先在奏折中说：“似属病患疯癫之人。”这“似”字虽含不肯定之意，其实他心里已很明白王是疯人。可是接下来又说：王肇基“自幼读书不成，四处游荡，行踪无定”，所以还要追查严审。

皇太后和皇帝都是至高无上的，凡是理智清明的人士，绝不敢跑到同知衙门，自呈诗文涉及两宫，所以，只要用普通的情理来判断，就很明白，高宗和军机大臣同样明白，在朱批中就说：“知道了，竟是疯人而已。”并知与滇省伪造奏稿一案并无关涉。那末，王肇基应该可以释放，至多杖责一番罢了，可是军机大臣等却又引申说：“但此等匪徒，无知妄作，毁谤圣贤，编捏时事，病废之时，尚复如此行为，其平昔之不安本分、作奸犯科，已可概见，岂可复容于光天化日之下？”这是连“比附”也谈不上，好多冤狱即由此罗织而成；罗织就是将所有不成立的罪恶，罗列一起，密织成狱。接下去是煌煌上谕："着传谕该抚阿思哈，将该犯立毙杖下，俾愚众知所炯戒。"阿思哈自然奉命唯谨，至九月初三日，"将该犯王肇基押赴省城内通衢市曹，当众杖毙"。

杖毙就是活活打死，地点在闹市，被活活打死的即是皇帝与大臣都承认的疯人，而主要是高宗本人，这从他对其他疯人案中也可明白。

疯人本来够可怜的，他们只有生命的躯壳，这时却连这个躯壳也不让他保存。王肇基的母、妻都在山西，也要阿思哈严加审问，"是否知情"？究竟还要审问什么情呢？她们所知之情，无非王肇基是一个疯人而已，因为无情可知，所以要将母、妻押到原籍，交地方官安插。

天灾是不可抗的，人患疯病也是不可抗的，皇帝要降灾祸于小民时，同样是不可抗的。

（原载《土中录》，上海书店出版社 1999 年版）

大冤与小冤

继山西的王肇基案之后，又有山东的丁文彬案。

丁文彬原系浙江上虞人，自小穷苦无聊，受人雇佣，稍知文义，所以摆过测字摊，在苏州写对联送给店家，讨几文钱。后随其族叔祖到过曲阜，见过老衍圣公孔广棨。乾隆十八年（1753年）五月二十八日，他跑到衍圣公孔昭焕府前，声称要见见面。守门人见其行动诡异，未予通报，他却咆哮不去。经过搜查，行李中有《文武记》，旁书“洪范春秋”，“内多大逆不道之言”。孔昭焕便将丁文彬与挑行李的姓田的人拿下，并向兖州府申报。在《洪范春秋》中，有这样一些话：孔广棨“曾许其二女为配，传以尧舜之道”。广棨卒后，文彬“即自以为承其统绪，即位为王，国号大夏，年号天元，擅加封赠，并封其兄丁文耀为夏文公，族叔丁左白封为太宰”（此引官府奏折中语）。

这自然是大逆不道，后来便由山东巡抚杨应琚处理此案。下面略摘丁文彬的若干供词。

官府问他：“看你现在形如乞丐，当年衍圣公怎肯与你结亲？况结亲从无两女同许一人之理，又并无媒妁。”

丁供道：“小子结亲是奉上帝命，何须媒妁呢。那一夫二妇，乃尧舜之道，舜妻尧之二女，班班可考。当年老衍圣公守先王之道，实应称帝，看小子讲道论德，与舜无异，故传位与小子，以二女妻之，这都蒙上帝启迪所成。”

官府问他：“你既敢著作逆书，一定有主谋的人和党羽。”

丁供道：“小子原不愿做这事，实是上帝之命，无奈何，并没有什么主谋的人，哪里还有党羽？现在衣食不充，百分穷苦，哪里还有人帮助，叫小子从何处供出呢？”

官府问他：“据你说上帝命你，如何命你，敢是另有一人暗中挑唆？”

丁供道：“上帝是上天，如何有人？小子实是蒙上帝时时启迪，常在身旁说话，人不能听闻的。”又供道：“小子并没有主谋党羽，不能供出，实是上帝之命，如今受刑，亦是上帝带累的。”又供道：“那董氏是松江人，他（她）父亲叫董恒山，开茶馆的。小子没饭吃，帮他扇过半年风箱。见他女儿年方十五，生得好，小子心里想，就把他封了妃，记载在书上的。”

《清代文字狱档》第一辑，记录丁文彬的供词很详尽，这里不必多抄了，因为单从上引这些供词看，已经十分清楚，丁文彬是否是一个精神正常的人？他说的想的全是真实的，可以相信的，然而是一个疯人的真实，官府就以此作为定罪的依据。

杨应琚鉴于丁文彬“气体素弱”，主张“亟宜早正典型”，可是圣旨却不允许，“此等大逆之犯，岂可使其逃于显戮”？故而要杨应琚等待刑部公文到达后再正法，如果实在等不及，就照杨折所拟，“先行凌迟示众，勿任瘐毙狱中，致奸慝罔知惩戒也”。杨得旨后，“验看该犯语言气短，面带死色，不便久候部文”，便于六月十四日午时将丁文彬凌迟示众，并亲自监决。总计丁案的处理，前后仅半个月。

文彬之兄文耀，原在松江面铺帮工，素不识字，口供时唯有哭泣叩头。侄士贤、士麟均系卖饼营生，但因“伊家生此丧心贼子，不能觉察出首”，故也判斩立决（后改为斩监候）。文耀尚有年十五以下之子，入官为奴。看过逆书的王素行，既不首告，杖一百，流三千里。蔡颖达、徐旭初混看丁之邪书，虽在乾隆十五年（1750 年）添改逆语以前，亦难辞咎，“应照不应为事理重者杖八十律”。这是说，尽管他们看到的是在“添改逆语”以前，还是要照做了不应做的严重事件的律例处分。可是什么又叫“混看”呢？还有族叔丁佐白已经身故了，也就算了。

这里还要提一提江苏巡抚庄有恭。

乾隆十四年春，庄有恭按试松江，下车之日，途中听到有喃喃之声，即被左右斥去，问是何人？左右说是疯子。庄氏患近视，便戴上眼镜，隔着轿窗看去，只见其人衣服褴褛，龌龊不堪。到了城里，见有跪舆献书者，左右又说是疯子，庄氏便随手翻阅其书，见有“丁子曰”字样，以为是妄人，“何高自称许乃尔”，就将此书掷去，已记不得其中说些什么了（祥见奏折）。

当时庄有恭一看丁文彬其人其书，就知道是个疯子，这并非他眼力特别敏锐，旁人也已经在喧叫了。对疯子，自然不能认真，不必理睬。庄有恭这样做完全正确。

想不到隔了四年，疯子成为千刀万剐的逆犯，胡言乱语的小册子成为逆书。杨应琚在审问丁文彬时就问到：“你与庄抚院可是平素认识，才送书与他看的么？”丁回答说：“小子平日并不认识。”幸而这时他还清醒，杨应琚却是别有用心。上谕说：“庄有恭既经接收，何以并不具折奏闻，又不即将该犯拿究？”如果确定丁文彬是丧心悖逆的罪犯，庄有恭自然难辞其责，可是上谕既然这样责问，这时只得自认有罪，请求交部严加惩，“是臣昏愦纵逆，罪无可逃，抚膺顾影，觍然天地”。幸亏皇上还算宽宏体惜，“着照伊学政任内所得俸禄养廉数目加罚十倍，交江南总督请旨以为徇名利而忘大义者戒”。如果丁文彬确是逆犯，庄有恭的罪名岂止是“徇名利而忘大义”呢？上述蔡颖达、徐旭初也不过是混看邪书而已。

疯子成为逆案的主犯，原来明白事理的庄有恭反而变成忘大义者。丁是冤之大者，庄是冤之小者。

这样的结果，无异向地方大员作出了指示：越是疯得厉害，越要办得严厉。

（原载《土中录》，上海书店出版社 1999 年版）

刘震宇献策丧生

乾隆十八年（1753 年）十月初十日，署理湖南巡抚范时绶（范文程之孙）会同提臣，考试武闱，忽然有一个江西金溪生员刘震宇来到布政使周人骥的考棚中，自称有缉捕逆匪马朝柱之法①，并送上自作《佐理万世治平新策》一部，恳求进呈。范时绶闻报后，即将刘震宇饬发长沙、善化二县审讯，又往其寓所搜查，除经书时文外，“并无另藏别项悖逆书籍”。

据刘震宇供称，他年已七十，教书度日，屡次考试，都未中第。这部《新策》，还呈送过前任江西巡抚塞楞额，要求进呈，塞没有答应，但曾嘉奖，刘只得印刷出卖。九月间，刘在长沙见缉拿马朝柱告示，想到自己书内有清户口、限归期诸条，“若照此缉拿，逆犯自难漏网”。将书进呈的动机，只是为了“不致湮没一生著书苦心”。范时绶检阅其书，“皆系陈腐套袭之言，迂阔难行之事，其中有言朱注错谬、请贬关圣封号祀典及更易衣服制度等条，尤为不经。虽各条内感颂圣明，尚无悖逆诽谤之语，而妄生议论，实属狂诞。查律载生员不许一言建白，违者黜革，以违制论”。便将刘震宇革去生员资

① 马朝柱，湖北罗田人，曾假捏神符，散札招军，党羽散布江南、河南等处。

格，杖一百。又鉴于刘“迹类疯狂”（范时绶已经看出来了），仅予责革，犹恐滋事，故而再予严密查究，结果仍无所得，乃交地方官永远禁锢。刘的已卖出之书，并无买主姓名，“难以查追，致滋扰累”，也就算了。

以上是范时绶奏折中陈述的刘案概略，我们已可得到这样的两点认识：一是刘震宇其实是一个中了科举毒的书呆子，这些人以治国安民自居，想在功名上有所表现，这一欲望始终受到现实的压制，到七十岁还是落魄穷途，住的房屋只有两间，精神上便有病态的分裂性的因素。许多笔祸中人，心理状态都是幻妄的、游离的，只是或隐或显。刘书中陈腐套袭之言，原是意料之中，但其中说朱注错谬、关羽封号祀典应贬抑、衣服制度要改变诸点，倒又像很有见识有头脑的人。二是范时绶既承认“迹类疯狂”，却还将这个老疯汉打一百下板子，固然有些忍心，但在二、三百年前的官场中也无足深怪，衙门中的棍子，有一半是打在无辜者身上的。范巡抚不想追查买主下落，免得“扰累”市井，把事态扩大，我们于此犹钦其高风。

不料高宗御批却如是云云：“知道了。及观其书，乃知汝所办不知大义，另有旨将汝议处。”

事情仍然闹大了，江西巡抚王兴吾又派要员到金溪县刘家搜查，把刘震宇的十八岁儿子刘家隆解到省里，又传集书铺，详细根究，还叫“刷匠纸行，召保候讯”。对刘震宇生平，则令抚州府“再行确查”，就是要彻底清查，实际上已足说明刘一身再没有什么可查究的，一个年老家贫的疯子还有什么难以查究的隐私呢？

十一月十二日，圣旨下降：即行处斩！罪名是，刘震宇自其祖父以来，“受本朝教养恩泽已百余年，且身列黉序，尤非无知愚民，乃敢逞其狂诞，妄訾国家定制，居心实为悖逆”。由此看来，自清人入主后，刘家已做了三代顺民，到了刘震宇，却做了最愚蠢的事。他的《新策》，自然已经销毁，估计对满人的服饰，或有非议之处，这就牵及满、汉的民族界限，怎么不大祸临头呢？此外还要处分两个大臣：塞楞额身为封疆大吏，乃反批示嘉奖，若此时尚在，必当治其党逆之罪而明正典型①。实则塞之嘉奖并没有错，错在没有辨识刘是疯子。范时绶仅将该犯轻拟褫杖，着交部议处。

接下来，范时绶便以“惶悚战栗，实无地以自容”的负罪之情，向朝廷申报刘震宇已于十一月二十九日在湖南省城斩首。冤哉枉也！为捉不到马朝柱而日夜愧恨的湖广提督哈攀龙，却捉到一个面生乞食之人，因其“形迹闪烁可疑”，便即拿下交与蓝山县。经过察看，这人的身材、牙眼、手指、须辫的特征都很像马朝柱，供称时又说在霍山县曾经行劫，又说是乞食为生，问他马朝柱的下落，又说他就是马朝柱。“行说行改，一味乱供”，便派令弁兵严押北省质审。结果如何，档案没有提到。反正捉比不捉省事稳妥，如同瞥见一只昆虫，不管是否苍蝇、蚊子，只要会飞的就用拍子打下。

顺治、康熙、雍正三朝，文网虽严，尚无疯人因文字而被杀事②，至乾隆朝乃开其例。

（原载《土中录》，上海书店出版社 1999 年版）

---

① 塞楞额死于刘案之前，但系因故赐死。

② 雍正八年（1730 年），广西有疯犯刘芳杰持红帖至巡抚衙门求见，巡抚金以“疯犯于他事可恕，光天化日之下，岂宜怪诞至此”，因而奏请处死。朱批云：“若实系疯病，何必至于处死？但朕未见真情，总在汝合情理而为也。”则世宗也认为疯人不应处死，末句的“合情理而为”，仍有许其活命之意，非若高宗降谕之必欲毙疯也。

无独有偶的两案

山西兴县人刘裕后，素业行医。其父刘永俭、弟刘发后，在黄河运放木筏营生。乾隆三年（1738 年）九月，两人运筏至山西保德州，因遇大水汹涌，木筏冲散，永俭落水淹毙，裕后打捞无获，昼夜哭泣，感成疯迷，时发时愈，遂在家中著书或出外行医。十余年间，撰成《大江滂》十六本，取父亲身沉大江、涕泗滂沱之意。

到了乾隆二十年（1755 年）五月，见学政蒋元益在考试生童，便拿《大江滂》要求呈送学政。估计他这时的年龄，也已在三十以上了。

这样的士人，在“百行孝为先”的宗法社会里，应该看作孝子来嘉勉，可是官府却用这样的手段来对付他：

一、先将刘裕后拘留。二、检阅其书，“不但语多不解，且有狂悖之处”。这意思是说，有的地方看不懂，看得懂的便是“狂悖之处”。因为这样，便被推断：十余年来，“家中必有底稿，且恐另藏悖逆书籍，皆未可定”。三、于是委同知杨籀往刘家搜查，并侦察“平日有无行踪诡秘之处”，搜查结果，“并无悖逆字迹”。又向乡邻、族长、家属严审，都说素患疯迷。刘裕后本人没有功名，故曾冒充堂弟监生刘立后之名。

案情到这里应该明白了，要办也只是冒充监生这一项，虽然这罪名也是可大可小的。可是官府的重心却不在这里，而是在书中摘出“其悖谬尤甚者一百二十六条”，再加推问，“该犯形神恍惚，语无伦次，逐条供答，率多强解，甚有不能自解者，一加声斥其罪，亦知俯首伏辜”。从他的情节看，当是藉献书而“希冀得赏”。官府这推测倒也对，但接下来却是：“查该犯虽因父死非命，悲伤成疾，妄作狂悖不经之书，自行呈献，供非出自有心，但书内或自比圣贤仙佛，或称颂伊之父祖，僭拟帝王，甚至有讥刺朝廷之语，悖逆猖狂，不法已极，实难容于光天化日之下，未便因其素有疯疾，稍为宽纵。”再接下来是：“刘裕后一犯，相应请旨，即于市曹杖毙，以申国宪。”

我们在王肇基一案中已经看过了：“岂可复容于光天化日之下”，“将该犯立毙杖下。”仿佛这已成为大清皇朝对付疯犯的习惯法了。

刘裕后父亲淹毙于乾隆三年，他到学院献书在二十年五月，被活活打死约在同年六、七月间，何等迅速利落。严格说来，刘案也够不上文字狱资格，因为它没有一丝半毫的种族上、政治上的岔子可找。

法律应该首先假定被告无罪。在“十全老人”时代，谁要是被拘押到衙门，谁就是“该犯”，犯就是有罪之人，就是命悬生死边缘。

刘案并非个别例子，在撰写这类案件时，心里往往感到苦恼，我们这个古国的蛮性之遗留竟是这样根深柢固，枝盛叶茂。《周礼·秋官·司刺》中有三赦之法，第三赦曰“蠢愚”。照郑玄的解释，指“生而痴呆童昏者”，即先天性精神失控的人。刘裕后虽是后天性的，也罪不至死。官府在公文上一再说他疯迷。他活着时，本来已经胡里胡涂、支离破碎地在过日子，死后连灵魂也是分裂的。山西巡抚的奏折中说：“一加声斥其罪，亦知俯首伏辜。”二百余年后，人们仿佛还可窥见这个疯犯在森严的公堂上，在巡抚大人的喝叱、皂隶的助威下，那种又像清醒又像迷蒙的惊惶而凄惨的神情。死神并不会来召唤疯人，大人的棍棒却不让他留下这条疯命。

无独有偶，在乾隆三十三年（1768年）时，有一个四十七岁的江苏山阳县船工柴世进，妻亡之后，留下一子长龄，于八年前落河淹死，显然这与柴世进的职业也有关系。他因想念儿子，患上疯病，“有时明白，有时胡涂”，这正是精神病患者的普遍现象。正月初三日，当大家欢度新春时，他突然来到盐运使衙门，“口出狂悖之语”，手执红封，内装红帖三个、白字纸九张。官府便认为造写逆词，又传讯其弟世禄，世禄供词中有这样几句话：“这实是他因疯发做出来的事，若是明白，还敢执持逆帖闯入衙门投死么?”说得对极了，今天的律师辩护时，也不过这样说，但官府不仅要对柴世进凌迟处死，还要按缘坐律例[①]，对世禄斩立决，甚至对世禄未足岁的儿子也给付功臣之家为奴。等到上谕下来，先说柴世进“乃系疯狂丧心，多剿引小说家谬诞不根之语，不值交法司覆谳”，接下来却加但书：“但此等怙病妄行，实足诬民惑世，其人究不可留，着该抚（江苏巡抚明德）将该犯柴世进即行杖毙，（又是杖毙！）以示惩戒。”对于应行缘坐各条，总算“概予宽免”。

刘裕后因怀念父亲淹毙而成疯，柴世进因怀念儿子落河而成疯，这两人实在称得上孝子慈父，论理应如何怜悯表彰，结果都惨遭杖毙[②]。我记起鲁迅《狂人日记》第三节的话：“况且他们一翻脸，便说人是恶人。”

因痛悼十岁的儿子夭折，由此成为疯人，又由此成为妄布邪言的逆犯而被凌迟的，尚有乾隆二十一年（1756年）福建南平县民刘朝干一案，这里不

① 缘坐，即连坐、从坐。

② 乾隆二十一年四月，曾下谕说：对这类疯颠的大逆不道的罪犯，不得仅以杖毙从宽结案，而应按法定拟，明正典型，妻子也应缘坐。

再详叙，只觉得人性尚在疯人身上闪光，蛮性却在他们脖子上开刀了。

在看了庄廷鑨、戴名世、谢济世等大案之后，再来看看这些无名屈死者的案件，也许更能看到环绕在皇权周围的可怕的魅影。

（原载《土中录》，上海书店出版社 1999 年版）

杖责与杖毙

乾隆二十年（1755 年）十二月初七日，山东学政谢溶生上了一折，先说东省士习强悍，所以抵任时就宣布圣谕，勉以读书守分，务化粗暴习气，下说东平州有展姓一家，兄弟互相攻讦倾陷，接下来方转入本题：他回省之日，德州知州宫懋让告诉他，有一个生员杨淮震，献了一本《霹雳神策》，讲的是制造炮火之事，经宫懋让当面审讯后，“该生言语颠狂，有类疯癫”，又问杨淮震的亲属，都说确患疯症。“查阅书内，尚无他语”。遂将书烧毁。谢溶生听了后，因书中涉及炮火，“不胜骇然”，因而还要查一查是否真的疯癫，其家有无别本存留，绝不能任其讳捏。末了说，“况臣一介寒微，仰荷皇上特达之知，不次拔擢，……断不忍稍有隐饰，自欺以欺君议”。

这是一篇八股模式的奏折，起承转合，皆寓文中，文长七八百字，真正需要呈奏的不过二百字光景。谢公既是学政，自亦此中高手。

到了十五日，山东巡抚白钟山也赶快上了一折，谢溶生一再说明杨淮震确患疯症，白钟山却只字不提；谢折说“查阅书内，尚无他语”，白钟山却把破旧的原书由德州调至省里，看到中间“有不经之语”，于是饬令布、按两司飞提杨淮震至省。

对白钟山这一奏折，高宗作了一个英名而有趣的朱批："览此，系因谢溶生奏过而始奏，可谓取巧，以后不可。钦此。"可见这样的奏折，高宗都是亲自审阅的，也见其精力之充沛。我对全案文字最欣赏的，还是这几句御批。

次年正月十九日，白、谢联名上了一折：杨淮震因乡试不中，懊悔成痴，乡党呼为疯子，不与往来。乾隆七、八年间，从旧书贩子中看到这一抄本，见上有炮火诸方，自以为罕见奇书，便用货物抵换此书，希图"献书录功，得有寸进"，后被其父斥责，便恳求知州烧毁此书。奏折中说："虽间有不经之谈，尚无悖逆之语。"这也等于给杨案作出结论了。

那末，杨淮震应该平安归来，不受任何处分了。不是的！"杖一百，折责四十板"，还要革去生员资格，因为"生员不许一言建白"，这是拟照"纵横之徒，假以上书，巧言令色，希求进用者"律例处分的。这种律例本身，倒是尽其巧言令色之能事。

然而比起前述杖毙闹市的刘裕后、柴世进等人来，杨淮震还是幸运的。同样是疯子，还有一个运气问题。

（原载《土中录》，上海书店出版社 1999 年版）

《坚磨生诗钞》

《清代文字狱档》中所收诸案，对于案犯的获罪情节，大多数只是笼统地加些“悖逆”、“妄诞”、“不法”之类词眼，很少转引案犯的原有诗文，但在第一辑的《胡中藻坚磨生诗钞案》中，却引用不少胡氏原诗（虽然也是片段的），所以也可看作“诗话”的一种别格。由于胡案发生后，《诗钞》即被销毁，所以在《清代禁毁书目》和孙殿起《清代禁书知见录》及《中国禁书大观》中都未载录。

胡中藻，江西新建人①，进士出身，曾入翰林，督学陕西、广西，累官内阁学士。他是清室亲贵军机大臣鄂尔泰（旗人，姓西林觉罗氏）门生，鄂与另一军机大臣汉人张廷玉有嫌隙，朝臣中便各依门户互相攻击。鄂尔泰死后，张廷玉也请求退休，可是两人门下还在倾轧，形成满党与汉党的嫌隙，深为高宗厌恶，便借胡案杀一儆百。主办这一案件的有江西巡抚胡宝瑔等。

胡中藻著有《坚磨生诗钞》。“坚磨”一词，原出《论语·阳货》：“不曰坚乎，磨而不磷；不曰白乎，涅而不缁。”意为坚硬的东西，虽经磨折仍不会

---

① 商务印书馆的《中国人名大辞典》误作广西人。

薄损；洁白的东西，虽经污染仍不会变黑。上谕便问，胡中藻以“坚磨生”自号，“是诚何心”？问得并非全无道理。所以，单就他诗集题名来看，罪名也就够受的。

再看他的诗句，有“一世无日月”和“又降一世夏秋冬”的话，也是悖逆之证。因为自清朝定鼎以来，太平景象远远超过汉、唐、宋、明，胡诗却说“又降一世”，“是尚有人心者乎”？又如“一把心肠论浊清”，将“浊”字加于清朝国号之上，“是何肺腑”？但胡诗原意，无非因为“清”字是韵脚，“浊”字是仄声，只好颠倒一下，这在诗词中原很习见。不过，他如果谨慎一些，这样的造句总得避免为妙。但如必欲周纳，“清”字下紧接“浊”字，也是不安全的。又如“斯文欲被蛮”和“与一世争在丑夷”等句，胆子实在太大了。“蛮夷”、“夷狄”、“虏”等字，清人最为敏感，胡中藻未始不明白，怎么会胡涂到这个地步？顾炎武《日知录》卷六的“素夷狄行乎夷狄”条，就是有目无文，能够存目还是宽容的。

清人为了消除汉人的夷夏之见，引经据典，强作辩解，在驳斥胡诗的上谕中就说：“满洲俗称汉人曰‘蛮子’，汉人亦俗称满洲曰‘达子’，此不过如乡籍而言，即《孟子》所谓东夷、西夷是也。”按，这是袭用《大义觉迷录》卷一中的世宗上谕：“舜为东夷之人，文王为西夷之人，曾何损于圣德乎？”① 但《孟子》中所谓东夷、西夷，实是说东方、西方，与后世含有鄙视之意的夷狄之夷不同，历来文士从没有把舜与文王看作夷狄的祖先的。

总之，清人对汉人用夷狄等词眼，一向深怀戒心，就是“南”、“北”两字，也不能任意并提，如胡诗中“南斗送我南，北斗送我北。南北斗中间，

① 《觉迷录》的曾静供词中，也有“孟子既称大舜、文王为东西夷所生”语，可见曾静的供词实经朝廷粉饰。

不能一黍阔"，"再泛潇湘朝北海，细看来历是如何"，"掇云揭北斗，怒窍生南风"。上谕就责问道："两两以南北分提，重言反复，意何所指?"胡中藻是南人，这里可能有所指，但由于南明在清初曾和朝廷对抗，故而又引起高宗的另一种猜忌。

最有趣的，还有这样的句子："老佛如今无病病[①]，朝门闻说不开开。"上谕先说"尤为奇诞"，这倒也对，接着责问道："朕每日听政，召见臣工，何乃有朝门不开之语?"胡诗的原意，当是颂扬皇上身心健康，垂拱而治。又如"昊所照临皆日月，地无道里计西东。诸公五岳诸侯渎，一百年来俯首同"，原是说普天之下，无不俯首臣服之意。上谕却说："盖谓岳渎蒙羞，俯首无奈而已，谤讪显然。"又如颂扬捐免中有"那是偏灾今降雨，况如平日佛然灯"句，上句指恩泽如甘霖，下句的"佛然灯"，用燃灯佛"生时一切身边如灯"的典故，也即圣明普及之意，上谕又以为是在讥讽："朕一闻灾歉，立加赈恤，何乃谓如佛灯之难觏耶?"

胡中藻以翰林而提督学政，俗称"大宗师"，原为钦命之官，而所作之诗却如此怪僻鄙俚，也是对当时开科取士的最现成的讽刺，也因为怪僻，又易引起疑忌。

在哀悼高宗孝贤皇后之丧中，竟会作出这样的诗："其夫我父属，妻皆母道之。女君君一体，焉得漠然为?"第一句实寓君父之意，第二句是说孝贤皇后可以母仪天下。三四两句是说皇后与皇帝原为一体，所以对她之丧不能漠然对待。孝贤皇后为高宗第一个皇后，颇受尊重，御制《述悲赋》中有"纵糟糠之未历，实同甘而共辛"语，胡诗原意则纯出谀颂。上谕责问道："夫

① 慈禧太后有"老佛爷"之称，从胡诗看，以"老佛"称皇帝，乾隆时已有之。

'君父'人之通称，君应冠于父上，曰'父君'尚不可，而不过谓其父之类而已，可乎？帝后也而直斥曰'其夫'、曰'妻'。丧心病狂，一至于此，是岂复载所可容者乎?"（这一句等于宣判胡中藻的死刑）胡诗也实在太无体统，特别是"其夫"、"妻"云云，用在一些大臣夫人身上也是不像话的。这在当时，原是尽人皆知，而他又是文学侍从之臣，竟会这样写着，实在令人吃惊。他任学政时，还出过"鸟兽不可与同群"、"狗彘食人食"以及"牝鸡无晨"之类怪题目，上谕中说："若谓出题欲避熟，经书不乏闲冷题目，乃必检此等语句，意何所指?"这责问也是对的。

从上谕中所引的胡中藻的诗来看（可惜仍嫌稀少），说他奇险怪诞，也是事实，有些诗确含牢骚，如"世事于今怕捉风"和"谗舌青蝇"等，当是出于门户之见而攻击张廷玉的，但他对清廷实并无"悖逆"意图，即使有违碍处，何至身首异处。昭梿《啸亭杂录》卷一《不喜朋党》云："胡阁学中藻为西林得意士，性多狂悖，以张党为寇仇，语多讥刺。上正其罪诛之，盖深恶党援，非以语言文字责也。"两家积怨，一命断送，实为此案内幕，而中藻偏又是一个狂士。

鄂尔泰与张廷玉于世宗病重时，同受顾命，后两人捧御笔密诏，立高宗为皇太子。乾隆七年（1742年），又命同纂《国朝宫史》，死后同配享太庙。但鄂尔泰身后因胡案而追咎，撤出贤良祠，廷玉则仍受厚遇，清代汉人中配享太庙的只有张廷玉一人，后人也有目为巧宦的。

鄂尔泰有侄鄂昌，官甘肃巡抚，因与中藻唱和，被逮至京师，又在其家抄得所著《塞上吟》，有怨恨语；鄂尔泰子鄂容安从军时，鄂昌又说"奈何奈何"。高宗以"负恩党逆，罪当肆市"，从宽令自尽。查办鄂昌一案的是协办陕甘总督刘统勋，上谕曾有嘉勉："汝如此不瞻顾直奏，何愁不永受朕恩耶？

勉之!”

胡中藻的儿子和媳妇，都死在中藻伏法之前，嫡属仅存的只有八十岁老母夏氏、十四岁的女儿和三岁的孙子，皆从宽免予缘坐。

胡案也是当时兴师动众的大狱，牵连面极广，档案记录的长达二万余字。这时协办大学士梁诗正告归在乡（钱塘），高宗以告归非诗正本意，在乡谅有怨言，便命满大臣浙江按察使富勒浑前往探访，富便故意以胡案诱问，梁说了一番很有意思的话：“一切字迹，最关紧要，史中堂在朝最久，竟以其子之事，妄托他人，致招罪戾，最不可解。因自言向在内廷之时，唯与刘统勋二人，从不以字迹与人交往，即偶有无用稿纸，亦必焚毁。”富勒浑便将这话奏报高宗，但为他说了好话，说是梁很慎密，还想做官。但梁诗正上面这些话，其实还是不够小心的。

（原载《土中录》，上海书店出版社 1999 年版）

从索诈到诬陷

康熙六年（1667年）四月，御史田六善疏言："近见奸民捏词诈害，在南方不曰'通海'则曰'逆书'，在北方不曰'于七贼党'则曰'逃人'，谓非此不足以上耸天听，下怖小民。请饬督抚，即于审理情实者据实奏闻，情虚者依律反坐。如不候督抚审结径来叩阍者，依光棍（指流氓、无赖）例治罪。"（见《东华录》）这虽然并非单指文字狱，文字狱却是一个重心。"通海"指通海岛的郑氏，于七是山东栖霞人，于顺治年间据锯齿山反清（一度降清），在清廷自视为大逆。

这说明当时诈害事件已经很多，诈词内容又必使对方死无葬身之地，非家破人亡不足以使挟嫌者称快。本书中说的《沈天甫伪书案》即发生于同年同月，田六善的奏疏也有其现实意义。到了乾隆朝，笔祸数量上升，诬告诈陷之风也遍及南北，而心术愈益卑劣。

乾隆二十年（1755年），有个直隶（今河北）人赵永德到山阳县（今江苏淮安）衙门，告发原任刑部郎中程鍪所作《秋水诗钞》，内有《避世吟》、《过高邮诗》、《大人先生歌》、《解嘲诗》、《古钗叹》等，词句"诽谤悖逆"，并将赵的抄本缴上，官府即到程家抄出诗本刻板，却与赵永德所抄诗句不符，便又问赵，赵说了一句神秘性的话："现有刻本俟通详（"详"为下级对上级的尊称）发审再呈。"又据程鏊呈禀："赵永德更易诗题，改换字句，构造挟诈，并同王序东先后拜望，连次吓诈。"程鏊家境优裕，这时又为盐商退居乡里，故而成为目标。

山阳县禀告江南河道总督富勒赫，富勒赫觉得事关悖逆重情，但程鏊优游盛世，理当感激皇恩，因而拿不准谁虚谁实，只好奏明天子，这也还是谨慎的做法。

接着，江苏巡抚庄有恭要赵永德缴出程鏊的刻本，赵又支吾不肯缴出。据程鏊供称："原诗止有《去去吟》，并无《避世吟》，亦无《大人先生歌》，系永德割截字句，诬注诽谤。"有恭以此案"是非尚难悬定"，又向皇帝呈奏。

高宗对此案作了三次关键性的批谕，不可不抄。一次是九月二十八日："此系赵永德讹诈无疑，已有旨谕汝（庄有恭），应严审重处，并究其系何旗，何以得至彼（处）？据实速奏。"这已经给此案作出结论，天子一言，力逾九鼎。赵永德自称旗人，后来知道是宛平人，家在北京，以卖古董字画为业。

一次是十月初八日的上谕：

> 朕阅程鏊抄刻诗册，肤浅本不成诗，但其中并无讥讪悖逆之语，而《送王大》一首，系抄袭古诗以为己作，则富商无识务名之习毕露。看来此事系赵永德索诈不遂，挟嫌诬陷，富勒赫为其所愚，据以入奏耳。从前胡中藻身为翰林，心怀怨望，竟作种种悖妄之词，刊刻分送，若不重加惩治，无以正人心而端风纪，是以不得不行办理。倘因此案动于语言文字之间，指摘苛求，则狡黠之徒，藉以行其诬诈，有司不察，辄以上闻，告讦纷繁，何所不至，迨至辩明昭雪，而贻累已甚，此等刁风，断不可长。赵永德着交该抚庄有恭严审定拟具奏。

还有是十一月初二日给庄有恭的："知道了。此必待朕谕而后敢如是办理，可谓不知朕意，亦不识大臣之体矣。可愧!"

第二批中，将此案与政治性的胡案区别，固不失为睿见，但胡案发生于当年二月，赵永德也供认是投胡案之机，甚至可以说无胡案即无赵案。

胡中藻官至翰林学士，却以伏法而死。他的《坚磨生诗钞》，富勒赫、庄有恭都没有看到过，程鍪诗本中未始没有"横看成岭侧成峰"那样可以两面看的诗句。富、庄等人心里其实也明白，这是诬告案。上谕说富勒赫为赵永德所愚，未必见得。但赵永德一口咬定，地方官怎敢轻易否决？此案距胡案只几个月，九重深远，皇帝态度又是怎样？万一以为程鍪也像胡中藻那样有天地不容之罪，或者仅次于胡案，地方官怎么受得了？胡中藻无非也是在语言文字间出了毛病，上谕说"可谓不知朕意"，这是居高临下的上风话。人家怎么想到胡中藻的下场这样凄惨，几个疯人会活活死于棍棒之下？

胡中藻虽然死了，恐怖的氛围气还是使大臣们感到窒息，使他们明知其无辜也不敢在形式上作出明确的判断，因为皇帝还没有说过话，因为上谕高于一切。到了事后，受几句"不知朕意"的训责，又有什么关系呢？

索诈不遂，挟嫌诬陷，在旧中国，从官场到市井，原是司空见惯的现象，然而高宗的二批一谕，却使人分外感到兴趣而又为之感慨的。

（原载《土中录》，上海书店出版社 1999 年版）

朱思藻盛世吊时

乾隆二十一年（1756年）秋，江苏常熟遭受风灾，秋收歉薄，使高宗南巡也只得暂时停止，忽有监生景如梓向官府告发一件重案，案情却又很离奇。

当地有一个粗知文义、贫困无聊的朱思藻，因愤于米价昂贵，便将四书语句凑集成八股文，题为《吊时》，并将草稿令邻居幼童周金宝誊清，随即把草稿焚毁。后又向亲戚张世美夸诵，世美便教其子振声代抄一纸，收带在身。

过了几天，张世美向景如梓伯母索讨欠款，因最初由如梓催租人朱励清作保，便到励清房中。无巧不成书，当张世美从身上取契约时，这张抄录的时文，居然鬼使神差地带出来了，励清拿来一看，恰巧景如梓走了进来，便将此文带回家里细看，见文中"词意狂悖，恐被传播陷累"，就向官府首告。

经过一再严审，朱思藻承认是他一人所编，并无同谋。问他用意何在，他说地方被灾，米价昂贵，地方官未必向朝廷禀详，不能邀恩赈恤，只好用这办法，"以泄伤时之意"。据两江总督尹继善奏折所陈，思藻所编文中有"暴君污吏、长君逢君"及有"王者起，犹解倒悬"等语。这些题语都出《孟子》"是故暴君污吏必慢其经界"及"长君之恶其罪小，逢君之恶其罪大"句。

朱思藻是否患疯病，档案中没有说（可能有一些）。他编写此文，主要是想发泄怨气，怨大小官员在天灾时不关心民瘼，这在当时必是普遍现象。但他偏碰上文网密布的刀口上，地方大员便目为丧心病狂，“乃生逢圣世，竟敢以‘吊时’为题”，于是请旨正法。张世美枷号两个月[①]，重责四十板，周金宝、张振声听从抄写，枷号一月，重责三十板。

这是地方大员拟请的奏折，档案记录至此而止。在前一篇《从索诈到诬陷》中，曾引过高宗上谕，说是他不赞成于语言文字之间策动刑案，所以，他最后是否同意奏折所拟，将朱思藻当真正法，就不清楚了。

（原载《土中录》，上海书店出版社 1999 年版）

① 枷号，即将犯人罪状写在木枷上示众。

彭家屏言灾成灾

在上一篇《朱世藻盛世吊时》中，曾说高宗本欲南巡，因南方水灾而中止。至次年（二十二年）春，乃又奉皇太后南巡。

彭家屏是河南夏邑人，曾任江西、江苏布政使，后以病乞罢。这时便前往迎谒，并面奏夏邑等四县水灾严重情状。高宗以家屏语问河南巡抚图尔炳阿，图却说水未为灾。又问河东道张师载，师载答语如同家屏。高宗以师载笃实，责令图尔炳阿秉公勘奏，后又发往远地效力赎罪。这是做得很英明的。

后来驾从徐州出发，有个夏邑民张钦，遮道投诉县吏隐讳灾情。到了邹县，又有个夏邑民刘元德投诉县吏赈灾不实。高宗不高兴了，以为元德是乡愚，便问谁主使他来告的，元德便举了夏邑生员段昌绪，即命侍卫成林到夏邑查办其事。

成林与知县孙默去召段昌绪，昌绪拒而不至，遂往其家搜捕，于卧室中搜得传抄之吴三桂檄文，这檄文是吴三桂反清时流传的，段昌绪还加上浓圈密点和赞语。

高宗以夏邑既有这些檄文，难保家屏家没有收藏，乃派清河道方观承查办。又谕令图尔炳阿不必革职，仍留任河南巡抚，因为“缉邪之功大，讳灾之罪小”。

接着，将彭家屏召至京师，再三诘问，只说“有明末野史等类存留未烧，实不曾看”。上谕说：“既云未看，何以即知其不当存留，天下岂有止见一书之名目，而遂晓然其为何等书者乎?”故以为家屏是遁辞。

昌绪之吴檄，得自司氏兄弟。家屏之书，得自徐乾学家，其中有《豫变纪略》、《日本乞师》、《酌中志》、《南迁录》等。据谢国桢《晚明史籍考》所记，《豫变纪略》为清商邱郑兼撰，由彭家屏作序；《日本乞师》为《行朝录》之残卷，记南明史事。这一来，高宗对家屏自然疑愤更大，还涉及了他个人的种种品行，如说“乃李卫门下一走狗耳，其性情阴鸷，恩怨最为分明”（意为气量狭小），又说“心怀缺望，托病旷官”，那是越拔越高了。

但家屏在序文中明说：“叹当时之丧乱，幸今日之太平，可以动君子之鉴观，戢觇细民之匪辟，是有功于世道，非仅以博旧闻也。”序作于乾隆八年(1743年)，对清朝的态度十分鲜明，只是这时容不得他说了。

上谕对此案的原先处分是：彭家屏本应斩决，从宽改为斩监候，段昌绪从宽改为斩决。对彭家屏，还是留他一命。

可是后来据图尔炳阿呈奏：彭家屏所刻族谱，取名《大彭统纪》，甚属狂妄。因为大彭得姓之始，本于黄帝、昌意、颛顼。自居帝王苗裔，其意何居?上谕又说：“其谱刻于乾隆甲子年（九年，1744年），而凡遇明神宗年号（万历）、于朕御名（弘历），皆不缺笔，……足见目无君上，为人类中所不可容。”因而赐令自尽。

彭家屏刻族谱在乾隆甲子年，但当初编修年谱时，高宗或尚未登位。当然，后来没有改为缺笔，是一大疏忽。《大彭统纪》之名，未必是家屏个人所取，也许在明代或清初就已取了。

彭家屏一案的概况，大家已经看到了，那末，他获罪的原因究竟为了什么？

《清史稿》论曰：“鄂昌以门户生恩怨，家屏以缙绅言利病，皆足以掇祸。罗织文字，其借焉者也。……论者以为冤，事或然欤？”这是说得最有骨子的。明末野史之类[①]，不过借一个因头而已，偏偏张钦、刘元德、段昌绪都是夏邑人，而且敢于向皇帝投诉，怎不引起高宗的疑忌？后来图尔炳阿等的复职，又增加了家屏仇人的播弄，更其在劫难逃了。

黄庭坚在《赠送张叔和》诗中说：“百战百胜，不如一忍。万言万当，不如一默。”可惜山谷自己没有做到，最后还是死在上雨旁风的戍楼上。

（原载《土中录》，上海书店出版社 1999 年版）

① 据《东华录》，乾隆二十三年十二月，御史汤先甲疏奏，中有内外问刑衙门，遇有造作妖言，收藏野史之类，多丽逆案（彭家屏的几本明末野史上谕就径称为“逆书”），宜坐以所犯罪名，不必视为大案，极意搜罗等语。此或为彭案而发，也说得很有道理。但为上谕驳斥，并将奏折“掷还”（表示愤恨之意）。

恩威全由睿鉴

清代文字狱中，有好多起都富于戏剧色彩，究竟是悲剧还是喜剧，后人很难识别。

吴三桂于兵败后身死湖南长沙，时为康熙十七年（1678年）。到了乾隆二十二年（1757年）十一月十六日，湖南巡抚富勒浑奏呈，湖南民间尚存吴三桂伪号契及护僧榜文，又因境内每多狂妄之徒，簧惑愚民，故令各属留心。现有长沙知府刘尚质据茶陵知州吴世贤禀称，该州有生员陈安兆，性情乖僻，著有《大学疑断》等书，妄辟朱注，尚恐有不经之事，曾亲到陈家细查，又查得《中庸理事断》和《痴情拾余》诗稿各一部。经过共同翻阅，“各书内虽俱无悖逆之处，然理解荒谬，言词俚鄙，且敢评驳朱注，更多尊崇谢济世之语，其为狂妄诡僻，已无疑义。唯是《大学疑断》、《中庸理事断》二书，尚属浅而易见，至于《痴情拾余》，皆陈安兆自作之诗文，其中有无暗藏狂悖之言，奴才于诗文一道实未谙悉，诚恐一时不能指出”，故须等学使毛辉祖回省后，两人再予细看，“如果别无悖逆之处，再当会同督臣，酌量情罪，定议具奏”。

读者看到这里，已很明白，富勒浑等其实已经明确，陈安兆在政治上并无“悖逆”罪情，原是上上大吉，不料他生活在长沙府茶陵县，性情怪僻，妄辟朱注，由于这些民风、性格、学问上的因素，还是要“酌量情罪”，即要负相应的刑事责任。到底怎样怪僻？如何荒谬？只好全凭官府说了。富勒浑是蒙古旗人（清代旗人近臣对皇帝称“奴才”），举人出身，对诗文外行，非学优而仕者，这倒说得很老实，但也可见他的文化素质，所以能为封疆大吏，大概因是旗人之故。再从此折全文看，又看得出倾向性很鲜明：这个生员陈安兆决非善类。

十二月初二日的奏折上，富勒浑又将毛辉祖审查的结语写了上去。辉祖也认为诗稿中“虽无大逆不道之语”，但因词句狂放疵谬颇多，“尤恐有隐含谤讪之意”，因而“自应严讯实情”。

什么叫“尤恐有”？什么叫“隐含”？怎样才算是“实情”？毛辉祖是汉人，是学使，他亲自看过诗稿，心里原已清楚，却还要用上这些迷离惝恍之词，目的就是为了如下文所说，卸脱自己的干系，当时的学风士气即不难想见。不仅如此，由于地方上的学正、府学教授、训导等或替陈书作序赞扬，或留其书籍，故而“罪实难逭，应行参革审拟”。先把经过奏上，“伏乞皇上睿鉴”。

这些学正、教授们，平日生活很清苦，大多胆小怕事，而又喜舞文弄墨，如果陈安兆的诗文，真的荒谬到“隐含谤讪”的地步，他们还敢作序或受书么？

不想皇上的谕旨是：做得过分了。接着说：“此事在富勒浑于文义本不甚深，更未免新进有意从严①，一闻事关悖逆，辄欲从重惩治。而毛辉祖又因所

① 《清史稿》记富勒浑出任地方官开始于乾隆二十八年（1763年），《清代献征类编》录富于乾隆二十二年九月任湖南巡抚，十一月便折奏陈案，故上谕中称为“新进”。

属生员经巡抚举发，恐稍涉狗庇形迹，遂亦从而附和，是以该抚遽有此奏。”可谓大哉王言，富巡抚、毛学使的灵魂全被他摄透了。至于陈著二书，“虽不无违背朱注，支离荒谬，要不过村学究识解肤浅，妄矜著作，即诗稿中间有牢骚词语，亦浅学人掉弄笔墨陋习，其实非谤讪国家，肆诋朝政。……况陈安兆所作，并不足称为著述，于此加以吹求，转无以服其心，且恐开告讦之渐，无知者遂谓无所措手足。”对富、毛还作了申饬的处分。

这篇上谕说得警辟极了，精彩极了，句句是至理名言，句句值得浓圈密点。陈安兆的诗文，自然谈不上什么学术，但高宗此谕的精义，用现代话来说，就是要把学术问题与政治问题区别开来。对富、毛的告诫也很痛快，真像老吏断狱，对封疆大吏谆谆谕以“识大体”。如在现代，这两人就不止是受受申饬算了。

这样的案件自然并非一二起，然而使人感慨的正在这里。奏折中说，“俱无悖逆之处”，“虽无大逆不道之语”，但“悖逆”的涵义究竟如何落实，不就像吹泡泡那样的能大能小，随风高下么？例如朱熹在经学上文学上每多创见，也有非正统的观点，但可辟之处也很多，可是自从朱注经过钦定，又被尊称为“朱子”后，就不能“妄辟”了。谢济世经注中因与程、朱有违异处，高宗即传谕要查明销毁，现在富勒浑奏折中既有“妄辟朱注”，又有“尊崇谢济世”之语①，倘加罗织，该当何罪？

谢济世是翰林，也是理学家，在他获谴以前，秀才们看了他的注文，有些尊崇的话，本是很平常的事情，如被责问时，也应该可以据实说明，“这是某某年代的事情”，可是在另一种局面，另一种压力下，本来完全可以说得清

---

① 参见本书《谢济世注经玩火》篇。

楚的事情，就百喙难辩了。又如诗词总是要用些典故文藻，夸饰渲染之词，因而在陈安兆的诗稿中，存心找些“隐含谤讪之意”的三言两语，也是不患无词的。

尽管乾隆一朝是文网密织时期，多少孤儿寡妇落入死生茫茫的悲惨境遇，但在这一案件上，确无负于皇上的睿鉴。

然而恩威宽严、雷霆雨露全由个人睿见，关系臣民身家性命的解释权只取决于帝王的一念之间，喜怒顷刻，生杀随之，凡是上谕中批示的或杀或赦的理由，就从不引用国家的具体律例，又不能不使人感到人治的悲剧色彩。

（原载《土中录》，上海书店出版社 1999 年版）

案外有案诬告成风

浙江归安县武举汤御龙，家世习医，居住离城三十里的新兴港。家有自置的乌篷船，停泊河下，雇了工人崔唯千卧守。乾隆二十四年（1759 年）闰六月二十一日晚上，正在下雨，忽然有人来到船旁，说是请汤御龙入城看病，说着便将一本封好的书投进船内，又叮嘱次日一早转交汤御龙。

第二天清晨，汤从崔手中接到书本，拆阅之下，又惊又疑，随即赴乌程县将书本呈缴县署，知县潘炯看到“内多悖逆不道，并有招引为非之言”，便驰赴巡抚庄有恭处禀报。庄推测可能有人陷害汤御龙，便会同臬司密查，从平素与汤往来而又有嫌隙的几个人中，查出了有个归安人沈大章，善于雕刻，一闻府县查访，就此避匿，形迹可疑，遂往沈家搜抄，抄出刻字刀、扫帚、墨盆和削平的坚硬豆腐干等。又将送书的王安民、同行的叶国凡一并拿获。

沈大章平日教书为生，和汤御龙有宿怨。什么样的宿怨呢？上一年春间，他经过汤家门口，汤不与施礼，反加斥辱，自此怀恨在心，一直想报复。假令这是事实，汤对沈不过是斥辱一下，沈却要以造作逆词罪置汤于死地。沈用什么办法来陷害？拿来杨木板片，编造逆词，有空就刻，并不起稿，随编随刻，随刻随毁，一共刻了二十块。后尾半张，因无木板，就将坚硬的豆腐干拼凑而成。每页用面糊粘裱，造成旧色。书印好后，便携至叶国凡家商量，后又往王安民处授计，由王摇船至新兴港附近作案。次日，沈又与叶国凡同往庙中商量，等到四五日后，如无动静，即纠人赴汤御龙书室，将书搜出，可以肆行吓诈。不想汤拆阅书本后，已向县署禀告。沈大章原以为“人鬼不知，故此乱写，今唯自恨自咎，实是该死，还有何辩”？

最后的处分是：沈大章这一案情并非谋逆，但他企图以谋逆罪陷害汤御龙，故应比照谋反及大逆律凌迟处死，真个是该死的了。人们如果还有怜悯同情的话，那就是他的妻子周氏及未经许配的第三个女儿，两人为此而给功臣家为奴。

事有凑巧，案外生案。在官府密查沈大章案件时（同年七月初十日），又于归安县双林镇守备署前，拾得无名的呈状一纸，状纸内说：“双林镇妖贼屠雍若，心性奸宄，无端造祸，暗布谣言，煽惑军民，实为蠹国，于七月初五夜二更，魆贴妖诗，身当目见，疑粘招纸。”妖诗的六句起首一字，按匿“屠雍若等通同”字样：“屠人手内刀，雍康篡吾朝。若问行兵日，等动兑方刀。通滔易水发，同听马令调。李蕊今时放，江浙血成潮。”于是先将屠雍若拘拿到案，审问后，他供称有个宿仇鲍体权。

鲍体权年已七十，也是教馆为生。继室林氏，女儿十七岁，尚未出嫁，儿子十四岁。据鲍供称，屠雍若为人凶恶，平日舞拳弄棍，欺侮良善，常至鲍家调戏其女儿、妻子，全无忌惮。有一天，鲍撞见屠又在门前窥看，骂了几声，反遭屠殴打，“小的年老子幼，只得忍着凭他叫骂去了”。他想向官府告屠，又恐连累女儿，出乖露丑，“一时老年昏愦，忿甘同毙”。这时闻得汤御龙案件，便写了一诗，也用杨木板在书房中雕刻，印成一纸后，便将木板劈碎煎茶。将所印之纸贴在双林镇戏台墙上，后因被人揭去，不见动静，怕人看不出是藏头诗句，所以又写一呈纸，封抛守备署前街上，目的要官府追究屠雍若。

鲍体权捏造的妖诗又是怎样用意呢？第一句“屠人手内刀”，只是凑合“屠”字。屠雍若名永康，他是个百姓，敢把我朝年号分开做他的名字（指康熙、雍正），这就是他不法处，故说他要“篡吾朝”。第三、第四两句“若问行兵日，等动兑方刀”，是“装点行兵家样，凑合若、等二字，并无解说”。第五句“通滔易水发”，因汤御龙家事情发生后，鲍想把屠牵连进逆案，故以“易”、“水”暗寓“汤”字。第六、第七句“同听马令调，李蕊今时放”，是因见了各寺院有缉拿马朝柱告示，并记起从前查拿李开花的事，所以又牵连叙入。第八句“江浙血成潮”，是说通同马、李，若不究治，恐有此患。“小的实是恨他，要想除害，故着此凶险说话，并无别情”。

鲍体权是一个七旬老儿，他的妻女被地痞屠雍若调戏，因而心怀愤恨，固有可以体谅之处，却是个蠢才，也许有疯病，这个老儿能够施展的阴谋也仅止于此。庄有恭以照“妄布邪言，书写张贴，煽惑人心”律例处斩鲍体权，以生事行凶例将屠雍若发往边远地方严行管束奏请批谕，结果如何，不得而知。

这两起案件本身并非文字狱，而是想以文字狱的手段置对方于死地，因为一经成为文字狱中的主犯后，刀斧手就会来猎取他们。可是沈大章和鲍体权却又做得如此之蠢，五尺之童也知道这是很容易被识破的。也因为乾隆朝是笔祸高潮，诬告之风遍吹上下，诬告案中难保没有成功者与胜利者，所以诬告也有它的投机性格，它的历史原因。

旧中国的文盲多如牛毛，好容易读上几年书，识了一堆字，有的人不幸因文字而招祸，有的人却想藉文字而陷人于祸。沈、鲍之流，其实连半缸醋也不够格，偏巧又会刻字，便也想吹一吹诬告风了。

（原载《土中录》，上海书店出版社 1999 年版）

沛县阎氏祖孙案

沛县（属徐州）阎尔梅，号白耷山人，又号古古，与铜山万寿祺（字年少）世称“徐州二遗民”。崇祯十七年（1644 年）二月，清人以胡谦光摄沛县令，胡与阎有旧交，以书招阎，阎作《绝贼臣胡谦光》五古以明志。明亡后，屡以奇计说史可法，不被纳用，他的《惜扬州》，即惜可法不从其西征、北征之计，只以退保扬州为上策。其自序有云：“盖公左右用事诸人，家悉在南中故也。未几而扬州破矣，公之死与不死固未可知，扬州之惨则深有可惜者。”又作《庐州见传奇有〈史阁部勤王〉一阕，感而志之》：“元戎亲帅五诸侯，不肯西征据上游。今夜庐州灯下见，还疑公未死扬州。”

尔梅在顺治时曾系狱济南，脱走还乡，次年携子出亡。亡命之先，弟、侄皆被捕下江宁狱，妻、妾自缢，又恐发祖先墓，乃预先刨平。他曾献诗吴三桂：“力穷楚覆求秦救，心冷韩亡受汉封。”后被人告发。圣祖怜其才，龚鼎孳亦为之疏通，始得宽解。他有《别柏乡魏相公裔介、合肥龚尚书》句云：“君相从来能造命，湖山此去好容身。”亦落落大方，委婉得体。

此狱详情未知，黄宗羲谓以诗祸亡命，尔梅亦有“贾祸诗文尽数删”句，康熙十八年（1679 年）卒于沛县，年七十四(《清史稿》作七十七)。《古古诗》

有康熙刻本，后被禁，也是不可能不禁的。

尔梅有孙大镛，乾隆时曾抗粮拒差，诬官逃走，后被拿获未曾结案。乾隆二十六年（1761年），江苏学臣刘墉，查出阎尔梅、阎圻稿本及尔梅犯罪时档案[①]，在奏折中有“并查该犯家内，无伊诗稿存留，揆其情形，必系悖逆之词，曾经销毁”等语，上谕说：“阎大镛以监生抗粮拒差，情属可恶，治以应得罪名，已无可宽贷。至查出稿本各条，以朕观之，不过愚贱无知，尚无悖逆之语，若牵引伊祖、伯等诗文，遽以悖逆定谳，而先置本案为轻罪，又不切究其烧毁灭迹之由，既不足以服本犯之心，而议者或转以为刻核，非朕用法平允、务得实情之意，且销毁之语，亦属揣度之词。”说得通情达理。阎大镛所犯的罪是抗粮拒差，那就按照这一罪名处分，若说其烧毁灭迹，那也得要有证据，不能单凭猜度。但上谕还是要地方官对吃紧关键详细研审，“若实有悖逆本朝形迹，即应严处”，留下一条尾巴，却也对的。此为五月二十九日之谕。

后由官府审问，阎大镛供称：三十三岁时刻有《俣俣集》，内有《沛县志记》一篇。因他母亲于二十四岁时守节，未经列入节孝之门，有些不应列入者反而列入，所以“心中不平，文内讥刺记载不公”。大镛说的当是事实，说明当时连道德上的表彰也要走门路。因为家有节妇，不但一门光彩，说不定还能分得实利。

但此事经原任知县李棠审理后，即将阎大镛拘唤训饬，并将书板和诗集追缴销毁了事。后来两江总督高晋想到阎大镛平日既惯作诗，又经刊刻印刷，若只为讥刺县志记载不公，亦不过追销一篇，何至知县将诗文全行追缴销毁？“焉知非该犯别有悖谬之词，藉此将全集自行销毁灭迹”。于是重新审理此案，

① 阎圻，刘墉奏折以为大镛之伯，恐非，应是与大镛同辈。

逐一检查，“其中或讥刺官吏，或愤激不平，甚至不避庙讳，更有狂悖不经语句，推求其意，悖逆显然”。高宗于“甚至不避庙讳”句下注云：“如此可恶，当引吕留良之例严办矣。”这是雷霆万钧般的两句话。推想起来，阎大镛诗文的讥刺官吏、愤激不平的原因，就由于其母未列入节孝之内的缘故，至于“狂悖不经”云云，那是顺水推舟的罗织之词了。

对阎大镛最后如何处分，档案没有记载，高晋只说“按律定拟，以肃刑章”，但从朱批的两句话来看，不会办得轻的。邓之诚《清诗纪事初编》说，清初对阎尔梅诗很推崇，“吕留良睥睨一世，闻人誉之半似阎古古而喜”。想不到古古之孙的罪情，要引吕留良之例来严办了。

还有那位沛县知县李棠，干系本不轻。上谕说：“身令一县，遇此等藐法劣监（生），正当严行究治，何得曲意调停如和事老人之为者？即讯此县记一文，该犯自干横议，其情已属可恶，李棠不唯置之不论，且将伊全集尽行追毁，欲使恶迹消灭无遗，其代为掩覆，非预于逆恶之甚者乎？”就是说，李棠不仅包庇了阎大镛，而且是参预逆恶的有力者。可是李棠已于一年前病故，“身后是非谁管得”，他反正已经长眠了。活受罪是很难忍受的。李棠有子李承庚，李棠离任时承庚尚未成丁，“据供年幼不知”，可见承庚也经过审问，也“供”过了。朱批云：“其子本无罪也。”英明之至。

李棠对此案的审理其实是正确的，并非想做和事老人。他看了《俣俣集》，觉得没有什么悖逆之处，但有些愤激之言，便以销毁了结，也是正常的结案惯例，上谕原来也不想扩大，后来所以成为“悖逆显然”的重案，起决定作用的是高晋，高宗后来所以变脸，也只是看了高晋奏折之故。

（原载《土中录》，上海书店出版社 1999 年版）

一场诗案四名角色

江西武宁人余腾蛟，出身进士，曾任刑部主事，因扣同官苏灏俸银抵债，致使苏灏自杀，腾蛟也革职还乡。后因高宗南巡，腾蛟迎谒于清江浦，又照原衔加一级，赏给顶戴①。他的族人余豹明，因与余廷桢争田而发生纠纷。另一族人余文璧依仗举人身份，袒护余豹明，余腾蛟则依仗进士身份，且曾任职官，袒护余廷桢。后因豹明理屈，经亲族调处，田归廷桢。豹明和文璧心知是腾蛟在暗中出力，故而甚为怨恨。后来文璧患病，便密告豹明，腾蛟平日所作诗句颇为险怪，并由文璧自己曲为注解，唆使豹明告发。未及实行，文璧病故。可是豹明隐恨未消，蓄意要将腾蛟陷害致死，便于乾隆二十六年（1761年）八月，到省城南昌出首控告。

余豹明控告余腾蛟的诗共五首，都有余文璧注解。

《字云巢与盛仲子夜歌》："南山兴云北山苦，雨中路回徨不知。"文璧注文指控说："太平盛世，荡荡平平，谁为逼仄，作此无处安身之语？"

《龙潭石》："巨灵劈山骨，倒落神龙渊。明月堕寒影，留客听清猿。"指

① 主事，官阶正六品，明、清为各部司官中最低一级。顶戴，清代官员帽子上表示官阶的顶子与翎毛。

控说："龙潭距县数十步，两岸平壤，并无遮蔽，何言'明月堕'？人烟挤密，行人辐辏，何言'听清猿'？明月堕影，猿声悲切，与题不肖，意果何指？"

《溪园》："小筑临寒渚，抱瓮待时清。只今溪园内，常闻秋水声。"指控说："既曰'寒渚'，又曰'秋水'，则无不清矣，又云'抱瓮待时清'何耶？意谓筑室以待时清，只今时势尚属秋水声，一派萧条愁惨之象耳。"

《枫桥诗》："村烟绕青枫，寒流下赤鲤。为问虬髯翁，年年钓绿水。"指控说："虬翁隋之剑侠，乘隋乱，志意欲有为，见唐太宗而止。腾蛟引此为句，意实何指？"

《舟中感怀》："寂寞向古人，谁是同心者？范蠡与张良，空行若天马。天地一江河，终古自倾泻。出世不须臾，咄嗟辨王霸。"指控说："古人多矣，必引张良、范蠡为同心何也？岂以张良复韩、范蠡复越乎？且天地唯愿平成，而腾蛟谓'自倾泻'，是何肺肠？"

如果余豹明指控的确是有张良复韩、范蠡复越的"肺肠"，余腾蛟自然罪该万死，天地不容，可是当巡抚胡宝瑔密审余豹明时，不料却这样答供："但小的只读得熟，不会讲，也只有五首诗，此外也不知有无。小的是乡愚，不晓得诗，也不晓得如何叫做悖逆，总求严审余腾蛟就明白了。"

于是便将余腾蛟监禁省城，胡宝瑔又亲带南昌知府李缙赶到武宁乡间余腾蛟家里搜查，抄得已刻诗稿一本、杂稿一本，"狂肆鄙琐，多不可辨，二诸诗中，纵恣怪诞之句，亦甚隐僻"。胡宝瑔的话，似乎也自相矛盾：既云"狂肆鄙琐"，怎么又说"多不可辨"？但如以上举五诗为例，胡宝瑔的官话倒也有道理：从字面看，余诗确也"狂肆鄙琐"，但他到底在说什么，实在难以理解。

随即审问余腾蛟，腾蛟说：这五首诗都是咏怀古迹，第一首的"字云巢"

是他亲家盛仲子书屋名，这首诗是与仲子雨夜闲话仿古乐府而作。武宁山在万山之中，“南山”、“北山”是信手写来，就像杜甫的“舍南舍北皆春水”一样，并无所指。第二首的“龙潭”是武宁西关外一景，潭石上有盘石。因谢灵运诗有“乘月听清猿”句，因想到清月寒潭，静闻山响，如听清影。第三首的“溪园”是武宁古迹，南宋周应合所筑。抱瓮灌园是说他当日隐居，即景兴怀，古人已不可见，唯闻秋水之声而已，“只求细绎字面就明白了”。第四首“虬髯”二字，原是对有紫髯的人通用字面，如杜甫诗中便有“虬髯”二字，说的是李琎（汝阳王），“如何说得讥讪?”第五首是说古人中谁是同心的人，想到天地如江河一般，顷刻不停，“就是范、张二人出世，佐成王霸，亦只须臾事耳”。

其次，搜查到的刻本诗集中诸诗，也别无他意，如“天上之人骇且逃”，是记那一年大风陡起，将牧童飘去至半天堕下，空中盘旋，所以有“骇且逃”之句。第八首“空山夜静”四句，因在长墅时，听人说黑槽内有老狐狸领小狐狸于星月之下，“头顶天灵盖拜月”，因只耳闻未曾目睹，故托梦境以拟形状。第九首“乘云天上”四句，是写偶于秋深夜坐，仰见天空云薄，忽作幻想，以为若有仙人行走，当闻步履之声。长歌一章内“白日鬼啸”句，是记早年将苏灏领俸，同张半仙转付与苏灏，及苏灏自缢，“而怀中忽出一状，似乎有鬼使神差之意，所以有此一语”。这些也就是胡宝瑔所谓“狂肆鄙琐”的根由了。

审讯结果，胡宝瑔一面承认余豹明“所摘之句，尚无显然讥讪之迹”，一面结合余腾蛟在乡间的专横行为，及刻本中“所作之诗，语含讥讪，狂悖不经”各节，奏请“速行诛殛”，也即符合了死的余文璧、活的余豹明的愿望。如果说，他们两人要置余腾蛟于死地，尚有一个发泄私怨的动机可说，那末，胡宝瑔身为疆吏，掌握生杀大权，为了邀功（见后），就用“狂悖不经”和“罪大恶极”一类混话，就此草菅人命，更难原谅了。

幸而天王圣明，在上谕中说：余腾蛟诸诗“虽蹈袭旧人恶调，语句踳驳(这两句也批评得很中肯)，不得谓之悖逆”，并指出胡宝瑔或许由于前次胡中藻之案，以为既经人告发，不得不严行处治，且入告稍迟，就要为别人先得居奇。但胡案与余案不同，“若摭拾诗句，吹毛求疵，置之重辟，不独无以服其心，即凡为诗者必不敢措一语矣”。余腾蛟这条老命（年六十一，母年八十七）总算保全下来。又因这时胡宝瑔已调至河南，所以还要将此谕向他传示。

此案的最后处分是：余腾蛟的诗句确无丝毫怨诽之意，但他在地方上种种依势横行、好斗生事、武断乡曲的行为却不能宽恕，应发往西南烟瘴稍轻地方交与官府管束。余豹明告发余腾蛟的罪名，如果坐实，余腾蛟就应斩首，现在却是挟仇陷害。诗注虽是已故余文璧所作，出首的却是余豹明，所以“应照诬告死罪未决（未遂）律”反坐，打板子一百，充军到三千里远地方，再加服劳役三年。

余腾蛟是一个进士，进士是明、清科第中最高一级（中央级），而学问、品格和见识如此。余文璧是举人（省级），举人也称孝廉，而行为却同讼棍(从前乡间举人为讼棍的很多)。他一见余腾蛟诗中有虬髯翁、范蠡、张良，便以为借古喻今，欲藉此行反清的逆谋，如果有人问他：你怎么看到这些古人名字，就会有此敏感、引起联想，莫非你自己早已有此用心？他将如何回答？

出首告发的余豹明是个“乡愚”，是个“小的”，连什么叫悖逆也不知道。还有一个以别人性命作自己抢先邀功筹码的胡大人。这场戏剧性的文字狱，就是由这四个角色凑成的。

据陈浩、王昶、袁枚所作的胡宝瑔墓志铭，乾隆十六年（1751 年），宝瑔随驾南巡河南，偃师民傅毓俊以私憾控张某谋逆，拘囚累百余人。高宗命宝瑔前往审理，乃得其实，一讯而服，只杀傅毓俊一人，余皆释放，而在余案的审理上，同一个胡大人，为了邀功却如此草菅周纳。

（原载《土中录》，上海书店出版社 1999 年版）

向人道开刀

清代文字狱中，疯子占了相当大的比例，前面已经说了几件，这里只就乾隆二十六年（1761 年）来说，见于记录的，五月至十月的半年间，就有林志功、李雍和与王寂元三案。前者总算保全了七十岁的老命，另见本书《诸葛亮与文字狱》篇。

约在乾隆十七年（1752 年），江西泰和县童生李雍和（又名李必亨），因为二仆逃往四川，特地亲往寻觅，却被奴党串通折磨（也因他是疯人），以致受尽饥寒，又遭官府拘押拷打，说他是发疯，他却不承认（疯人都不承认自己有疯病），还要用自己的言行文字为证，因而感到有冤难伸，便写了禀词冤单向官府泣告，但无人理睬。自此漂流川中，算命营生，后又行乞，地方官看到他“语类疯癫，给与盘费递解回籍”。可见地方官已看出他的病情。疯病本来很难痊愈，李雍和又是孑然一身，满腔冤屈，沦为乞丐，自然只会使病情加重。

到了乾隆二十六年，学政谢溶生至署理江西巡抚汤聘衙门面告，李雍和尚有“逆词”一纸。汤问他“如何悖逆”，谢说“逆词内第一条怨天，第二条怨孔子，第三条怨乘舆（指出巡的皇帝），此外尚有种种不经之处”。汤便向谢取阅，谢却这样说："现欲具奏，原词亦须进呈，未便给看。"汤即将李雍和提解至省，命李将"冤单词语据实默写，当下写出三条，并无悖逆语句"。次日，谢溶生和吉安知府、南昌知府密审时，拿出逆词一纸，知府看了，却是"情词悖逆，与该犯默写者迥不相符"。这就怪了！谢向李逐条审问，李又"直认不讳"。等到巡抚汤聘向李审问，李说："学政处原递冤单，委系亲笔，一时胡涂乱写，罪该万死。"

从这些情节看，即使李雍和不是疯人，此案也很支离蹊跷。可是汤聘却就此定谳呈奏说："臣与按察使石嘉礼虽不得亲见，但该（南昌）府李缙等既经目击，又据该犯供认不讳，情罪显然无疑。且经臣等初次讯问，该犯并不据实供吐，又复捏写词单，避重就轻，居心狡狯，亦非疯癫可比。似此大逆之犯，断难一日姑容于人世。"这里有几点可以注意：汤说他"不得亲见"，意即对谢溶生不满，下句是说只有李缙等在场，汤是巡抚，却不在场，这等于是在告御状。又说"亦非疯癫可比"，心中其实明白李是疯癫。据知府说，逆词第三条有"上干君父，直称尔、汝"（即所谓"指斥乘舆"）之语，如果是真的，恰恰说明李雍和疯病之严重。一个正常的人，即使满怀狂悖，会这样明目张胆地写出来么？但当疯病发作时，什么事情都会做出来的，以现代医疗水平来说，中国和外国就常有疯子杀人的事件。但汤聘却说："即实系疯癫，胆敢肆其狂悖，造作逆词，臣受恩深重，具有人心，亦不敢稍为宽纵，匿不上闻，自取罪戾。"这是说，即使确是疯子，还是要结果他的性命，这才算得"具有人心"，那就没得什么可说的了。末了两句，其实是在影射谢溶生。

汤聘是在要求疯人不准胡言乱语，一切语言行为都和正常人一样。但这样说，还是浅视了这位汤大人。

最后是除了李雍和凌迟枭示以外，其弟李大有亦拟斩决，后来上谕改为斩监候，因为他是“大逆正犯”之兄弟。雍和之妻胡氏及未及岁之子、大有之幼子应给付功臣之家为奴。文字狱的档案中，绝少提到妇女的，如果提到，就是丈夫或父亲被杀时，给付功臣之家为奴时那种场合了。李雍和的家产，变卖入官，可怜他家还有多少可以变卖的家产呢?

此外，汤聘的御状倒也告准了。谢溶生受到上谕申饬，交部议处，说是出事后不与抚臣会审合奏，却“据为己有”，可见其“居心行事，任私谬戾”。这确是直诛其心，也反映了当时的官风，老爷们其实是在抢人头居奇邀功，抢的却是疯子的人头。

每写到文字狱中被杀的疯人，总感到这仿佛在向人道开了一刀，虽然在乾隆大帝时代，根本无所谓人道观念。

（原载《土中录》，上海书店出版社 1999 年版）

王寂元因疯投书

乾隆二十六年（1761 年）七月初九日点灯时分，陕西学政钟兰枝于甘肃阶州考试完毕，行至成县小川子地方，将到公馆，忽觉轿中掷下一物，正在摸取间，轿已进入他的公馆，连忙持灯观看，原来是一封书帖。拆开一看，投帖人法名王寂元，而“悖逆之词，不可枚举”，使他大为惊异，当下即命知县木金泰密行速访，不得稍延顷刻。到了三更，尚无踪迹，立即备文给总督、巡抚，一面具折奏闻。由于此书帖“悖逆已极”，使他不敢另行缮写，所以未送督、抚二臣。

到了二十八日，在成县柴家坝，查得一个形迹可疑的王献璧，当下拿住，又搜获戒单一纸，内写“王献璧，法名寂元”字样，审问时也直认曾经投书。

王寂元是何等样人呢？他幼从贡生武秉仁读书未成，自看医书，为人治病。乾隆十九年（1754 年），患了疯病，服药无效，曾请应付（赴）僧赵廷佐念经三天，旋值病愈（实是假象），以为念经有效，就此吃斋念佛，拜赵为师。因王寂元家计贫穷，便随同僧人拜忏糊口。后又发病，行事颠倒，人人厌恶，再也无人请他念经治病，生计更加艰困，便捏造仙佛下界，诓骗银钱，人家却不相信，王寂元乃向钟学政暗投书帖。官府用刑严审，询问：“有无同恶党羽，曾否招集何人?”他供道：“小的书写逆词投递，彼时实系发病胡涂，不由自主，至今回想，小的不能自解。若是明白，岂肯将自己法名写入帖内?总由小的丧心病狂，造作逆词，天理不容，神差鬼使，自取败露，罪该万死。此系小的自己编造，并无同恶党羽，亦无招集之人。”

疯人并不是一天到晚神智昏乱，经过神经上的猛烈震动之后（如用严刑夹讯），有时会表现得非常清醒，和常人一样。王寂元在具供时，思维能力就很正常。他说的“不由自主”、“不能自解”这些话，其实很可怜，就像被猎人击伤的野兽的哀鸣。现代医学上的强迫性神经官能症，其特征便是明知不合理不正确，却又无法解脱死结似的被某些观念和行为强迫驱使，在病人原是十分痛苦，倒真的说得上是在“头走路”了。

这样一个人物，官府却如临大敌地出动了督、抚等大员来对付，他们明知王寂元受人厌恶，无人往来，却还要严刑审问他有无同伙。

此案的收场，王寂元的死路一条（凌迟）是预料之中的，因为他有大量的“悖逆之词”。另外还有一批家族：长子、次子“虽未识字，并未同为逆帖”，亲侄两名虽未同居，但谁叫他们不来首告？所以也应缘坐，拟斩立决。就是说，儿子也应该把患疯病的父亲当作逆犯来告发才对。未成年的第四子、第五子和王妻、长媳、次媳以及未成年的孙子、孙女一古脑儿给功臣家为奴。这样的例子，在今天来看，是很使人惊异的，但在清代文字狱中却很平常，就像扫掉门前的垃圾一样，官府一支笔，如同一把铁扫帚。

我们很难想象，杀了一个精神病人还不够，还要他的稚弱的孙子、孙女也做奴隶，他们都是无自主能力的弱者，说他们是政治难民也不真切，因为王寂元本人并无进行任何政治性的叛逆活动，更不必说孙子辈了。

《清代文字狱档》中只录陕甘总督杨应琚所拟的处分办法，最后的上谕如何批示未见记载。王案的子侄即使从宽改为不杀，也是要永远背上逆犯家族的包袱，而且永远要感激天高地厚的浩荡皇恩。

精神病现象是一个社会问题，应当由全社会关心监护。实际上，精神病人总是受到社会的歧视与凌侮，等于被排除在社会之外，成为多余的人。这种情况在今天仍然存在，然而接二连三地被当作政治上的逆犯处分，斩首示众，却是在《清代文字狱档》里才看到的。我所亲眼目睹的，是把精神病人说成装疯卖傻而批斗，那是离开乾隆时代已经有二百年了。

（原载《土中录》，上海书店出版社1999年版）

诸葛亮与文字狱

乾隆二十六年（1761 年）四月，江西玉山知县铙晋钧轿内，忽然投来一件文书，经过查访，才知是浙江常山县人林志功所投，文书内抄有诸葛碑文。

雍正十三年（1735 年）时，林志功二十八岁，其妻及三子相继病亡，因而昼夜啼哭，感患疯疾，曾对人说：“如此忠孝行善，竟无人保荐做官。”乾隆二十一年（1756 年），他又到至知府林明伦官署，妄认同宗，被掌责解回安插，由其叔林鸿儒锁在空房中。后因其母怜念，予以放松。三月间，闻高宗南巡将至浙江，想往杭州呈词求取官职，为林鸿儒制止。四月间，托词往玉山岳父家去，遂将诸葛碑文投进知县轿中。林志功被捕归案后，官府恐其藉疯掩饰，乃严加刑夹，林志功坚称是三茅君口授，自比关王（即关公）。以其情类妖言，本应发往黑龙江处给披甲人为奴，又恐在外地生事，故将他留在浙江严行监察。

妻丧子亡，垂老疯癫，刑讯之后又受监管，无罪之人几同囚犯，他的遭遇极可哀怜。但像林志功这样疯人，在当时不知有多多少少，只因投文县太爷轿中，致使疆吏惊动，上奏天子，而且得到朱批：“该部核拟具奏。”真是说得上日理万机，也未免小题大做。说来说去，还是“恐有隐藏悖逆情由”

而影响社会稳定。这是地方官心中一块石头，一直作为风吹草动之警。

乾隆三十三年（1768年）八月，浙江瑞安县缉获闽县人李浩背卖漳浦县逆犯卢茂等结盟各图一案，并在李浩钱褡内搜到印成的惩匪安良图一束、孔明碑记一束、小铜锣一面。

李浩本是抬轿为生，抬到泉州，曾买下结盟图、安良图。在闽县，听王三哥传说广东石城东山寺内二日间狂风暴雨，现出一块石碑，上有红字，下写孔明碑记，抄有新闻纸，其中所记五句，皆系隐语妖言，孔明诗句有“两两相争不见天”语。李浩即取了一纸，带至铜山，雇人排刻，并添了碑式人样，携至瑞安，即被盘问截获。印卖原因只是为了图利。结盟图载有晓谕守法文檄，安良图亦系劝人不可胡行妄作。

经过调查，石城并无出现石碑之事，王三哥也未向李浩说过。此外，闽县、侯官也有李清、李义父子散卖安良图三百余张，每张钱一文。有人用一文钱要买二张，李义不肯，被打哭回。其母林氏便埋怨李清，将木板劈碎。

这一案件，牵及的人事很复杂，但都是无知之徒，主犯李浩就是一个轿夫，上谕却一再要“从重定拟，不可姑息”。到同年十二月，已拘获的有李浩、李朝彬、李清、关七等七人，并解往福建督臣衙门。最后如何处理，不详。

林志功是个疯人，李浩等胆大妄为，一半是图利（因这类“隐语妖言”也易为人爱看），一半是无知，也反映了当时社会上迷信风气之严重，迷信的魔力是会使人疯迷的，直到现在仍是这样。由于小说、戏曲的传播，诸葛亮成了民间的神化人物，连东风也会借了，看看他祭坛时的服饰与动作，和茅山道士又有多大差别？其实，历史上的诸葛亮倒是与道教毫无干涉的政治家，这时却被平白无故地卷进了文网中，为疯人、轿夫所牵攀，果真像个妖道了。

（原载《土中录》，上海书店出版社1999年版）

蔡显因自首而斩首

乾隆二十二年（1757 年），原任刑部郎中程鍌，因著《秋水诗钞》被人挟嫌诬告，上谕中除指令江苏巡抚庄有功必须严审诬告人外①，还在朱批中对庄有恭严词斥责："此必待朕谕而后敢如是办理，可谓不知朕意，不识大臣之体。可愧！"（参见本书《从索诈到诬陷》篇）意思是，这种案件本来很清楚，何必要等我降谕才敢办理，太丢脸了。从程鍌案情节看，这批语还是英明的。

隔了十年，有一个七十一岁的华亭举人蔡显（号闲渔），拿了自著《闲渔闲闲录》，到松江府自首，呈文中说："此书于本年三月内刻成，并无不法语句，而其本地乡人妄生议论，谓其怨望讪谤，投贴无名氏帖，欲行公举。"蔡显因畏惧故而呈书自首。

知府钟光豫即令华亭、娄县二县将蔡家查抄，又抄得蔡著《宵行杂识》等书。因为要追究党羽，便将蔡书所开载的门人刘朝栋、吴永芳等及作序的

---

① 《儒林外史》中的严贡生，据说即以庄有恭为原型。平步青《霞外捃屑》卷九："庄某殆指有恭，以其为粤东人而不甚通文理也。《啸亭杂录》'瞿圃状元'条即指庄。"庄为殿撰，因曾将孔子射于矍相圃之"矍"误为"瞿"，故有此称。

闻人倓、胡鸣玉一并解获到案①。

蔡显自称："草野无知，原有寓意，今天夺其魄，自行败露，罪该万死。"这些话是在官府"严加鞫讯"后供认的。

刘朝栋等供称："蔡显造作逆书，不唯并不知情，亦未见过。平日向蔡显所言，系一时见闻所及，偶然谈论，皆系毫无关系之事，不想伊即刻入书内。"这供词应该是可信的。

闻人倓曾得蔡显赠书一部，见书中语多狂悖，即行送还，并劝其将板销毁。

胡鸣玉年已八十三岁，蔡著《宵行杂识》的序文，是蔡自己所作，借胡鸣玉之名刊刻。胡著有《订讹杂录》，博洽能诗，故蔡借其名②。

再审蔡显，他说："平日高自位置，著作各诗，原欲自成野史，不屑与人商谈，众人实不知情。"又问他既不知情，为什么列其姓名？他说："原欲自夸及门之盛。"其中有的已身故，有的以名字、别号混写列入，又举例说："即如书内列有子侄字样，而伊子大者年甫十七，并未行文；一弟早殁，并无子嗣，此系人所共知。可见书中所写，原不足凭。现在自己身犯重罪，岂肯开脱别人?"

蔡显在刻书时这些做法是大错，但他在公堂上据实陈词，不肯胡扯妄攀，却是值得称赞。

蔡显曾经将刻成的书赠送黄锦堂等十三人，书由航船上的朱驼子寄递，

---

① 闻人（复姓）倓，松江人，曾以二十余年之力，据王士禛《古诗选》作了笺注，名为《古诗笺》，初刻于乾隆三十一年，次年即发生蔡案。

② 胡鸣玉后获释。徐珂《清稗类钞·蔡显以诗句论斩》记云："邑宰褚启宗见蔡曰：'尊集序文刊名为胡某，察笔意，似出先生手。'蔡悟曰：'然。'褚曰：'如此，当不必累胡。'蔡颔之。褚即嘱胡坚辞不承。及案狱，蔡矢口自认，胡遂得释归。"

这些人因而也被查拿。

这时两江总督高晋、江苏巡抚明德已对此案拟了处分条例：蔡显凌迟，十七岁儿子蔡必照斩立决，次子、三子及妾朱氏、未出嫁的三个女儿皆给功臣之家为奴。闻人倓杖一百，流三千里。刘朝栋等因不知情，应请免议。

上谕改蔡显斩决、蔡必照斩监候，算是从宽的。但上谕又摘录了《闲闲录》中几项罪状："如称戴名世以《南山集》弃市，钱名世以年案得罪，又'风雨从所好，南北杳难分'，及《题友袈裟照》有'莫教行化乌肠国，风雨龙王欲怒嗔'等句，则是有心隐跃其词，甘与恶逆之人为伍，实为该犯罪案所系。"上谕之意，对戴名世应写作"伏法"，钱名世是世宗所定"名教罪人"，并非仅因年羹尧案而得罪，南北不是地理上的区别而是政治上的界限，故颇为清人所忌，在其他文字狱中也当作罪状来引证。乌肠国的出典不详①，但这两句诗很怪僻，因而也可看作"隐跃其词"。

蔡显的罪恶既如此重大，高晋等却对为逆犯作序、甘为附和的闻人倓只处杖流，对刘朝栋等还拟免议，这就使龙心大怒，在上谕中用了四百余字，予以声色俱厉的斥责，概括起来，即是"以略摭无关紧要之文巧为塞责，而于吃紧关键不肯复加指摘。高晋等使若辈得售其术，朕则岂能依样葫芦，漫然不为省视乎？……何竟意存姑息，仍不免大事化小、小事化无之陋习"，闻人倓岂是杖流"可蔽厥辜"？故改充军伊犁。刘朝栋等也须逐一严加根究，吴姓书贾为逆书印刷，难道是无心传布？

这一来，高晋等照例是痛自谴责，"仰恳圣恩将臣等交部严加议处"，一面将蔡案有关人犯，无论与蔡显"平日不甚往来"，无论"不通文义"，都照

① 乌肠国，疑为乌仗国、乌苌国的别称，即北天竺，佛所到之国。龙王典出佛经。蔡诗为友人题袈裟照，故用佛教典故。

“知情不首”办理，杖打之外，还要流放。

蔡的门人徐介堂只有十八岁，后又患弱症，不能读书；吴西序是个布贩；闻声远、马刻匠不通文义，“风雨从所好，南北杳难分”这样“隐跃其词”的诗句，他们怎能辨识？但因和蔡显有一丝半毫的瓜葛，就像和魔鬼打过交道一样，也要受处分。

蔡显是自首，“首”的原义为伏罪，却还要成为刀下之鬼。他之所以自首，自然是因为当时压力太大之故。闻人倓等看了逆书不去告发，因而吃了苦头，这就无异鼓动大家要大兴告发之风。

（原载《土中录》，上海书店出版社 1999 年版）

蔡案余话

凡是谈清代文字狱的，无不知有“夺朱非正色，异种亦（尽）称王”两句诗，但作者究竟是谁，则言人人殊，柴萼《梵天庐丛录》卷十二以为是徐述夔诗，也有以为是戴名世《南山集》中语，皆不确。

孟森《明清史论著集刊》记蔡显《闲闲录》案，引许嗣茅《绪南笔谈》云：“《闲闲录》者，举人蔡显作也。诗中多雌黄处，郡人恶之，摘其引古人紫牡丹诗句，以为狂悖，遂弃市。”则此原为古人诗，不一定是讽刺入主的清人，告发的人便曲意附会。

孟氏文中，又谈到他曾见过“申报馆丛刊”中的蔡显《笠夫杂录》。显字景真，号闲渔，与笠夫也相应。

《杂录》前有蔡显门人华亭陆明睿序，中有云：“乾隆丁亥，先生归道山，时年七十有一。其子必昭有隽才，客于外，以是著作皆不传。（中略）先生弟子闻人卓三倓、吴秋渔光裕等，皆工诗，其不遇几与先生同。文人多穷，不独为吾乡二陆慨也。”序中说的蔡显归道山，必昭客于外，闻人倓、吴光裕不遇与蔡显相同，自是讳饰之词，故末引华亭二陆故事。陆机、陆云并非穷而不遇，而是被杀，这是陆序的苦用曲笔。

但这时清尚未亡，而序文中却对师门眷怀尤殷，故孟氏云：“《笔谈》记蔡之门人罹祸者二十四人，而此藏《笠夫杂录》之姜孺山、序《笠夫杂录》之陆明睿，亦皆蔡之门下。于文网稠密之中不忘师友之谊，当时风俗之厚，与蔡氏取友之端，俱可尚矣。”

据《杂录》所记，蔡氏著作尚有《红蕉诗话》、《翳如录》、《宵行杂志》三种，其中所以没有《闲闲录》，也是因忌讳而为门人删去之故，因为蔡氏之招祸，正是由于《闲闲录》之故。

《闲闲录》之外，就《杂录》中所记人事而言，有些其实也可能招祸的，如云：“赵双白《哀漳城》注：‘壬辰自春徂冬，围始解，城中饥死者百万。’壬辰，顺治九年（1652 年）也。诗云：‘城里无烟白日荒，北军搜尽万家粮。戈船蔽海天常黑，铁骑飞沙雾转黄。一郡饥魂秋哭雨，千山战骨夜埋霜。我生不尽哀时感，衰草寒原几断肠。’”此诗当是咏清兵与郑成功交战于漳州事，而贬斥清兵暴行之意极为鲜明，蔡显收录于《杂录》中，用意也可概见，正如孟氏所说：“此诗‘北军搜尽万家粮’等语，在当时推广文字之祸，亦可谓之诋毁王师，大逆不道。虽系前人之作，而称引者可以蒙其罪矣。”他如引二十年前之龚晖吉遗本中“目下虽有丰亨豫大之形，而实为民穷财尽之日”语，也是大忌。

蔡显因称戴名世为“弃市”、钱名世为“得罪”，被高宗上谕严词斥责，孟氏云：“夫戴、钱之弃市、得罪，正因《南山集》及年案，何曾有误？但帝意不欲有人提及，提及便为罪耳。”从几件大狱来看，正是这样，除了皇帝自己提到的以外，别人就不能再提了。

民国时期，刘翰怡藏有《闲闲录》抄本，共九卷，后曾刻印，送了孟氏一部，实即《笠夫杂录》。但当蔡显被杀后，其门人已不计祸福，冒险刊刻，故孟氏一再表彰蔡氏门人之高风，并称此案为冤且滥，末又云："又据狱档，蔡氏因所著各书刊行，嫉之者欲罗织其罪，乃奉书诣官自首，乃成此狱。然则蔡氏固自信为决不成狱也，岂知不然！"心史先生的全文至此而止，结语仅此四字，而读者则遐想无际。

（原载《土中录》，上海书店出版社1999年版）

齐周华恶劫难逃

雍正七年（1729年），即曾静投书岳钟琪之次年，福建有一个诸葛际盛，写了一篇《讨吕（留良）檄文》，目的为了逢迎时君，乘此幸进。绍兴府人唐孙（复性）镐，见而大为不平，也写了一篇《讨诸葛际盛檄》，斥际盛为闽奸，文中先引唐虞之盛治，接下来说："今也不然，皇上曰可，臣亦曰可；皇上曰否，臣亦曰否。"又说："与无耻之诸葛际盛并生阳世，曷若与儒雅吕氏父子同归阴府也。"檄发后，镐作书别家人亲友，自投于狱，后被官府毙于狱中。镐原为湖北通山县幕僚，死时年仅二十余岁。可见当时清廷对吕留良身后的残酷处分，士人颇为愤激，因而也迁怒于与留良为敌的人。

至雍正九年（1731年）正月，又有齐周华之上疏。

生员齐周华，浙江天台人，字漆若，号巨山。因病跛，自号独孤跛仙，又号忍辱居士、岳六子等。

世宗对吕留良一案，事先曾令在学生、监出具甘结，齐周华因迫于功令，亦已具结，但上谕中又有这样的话："其有独抒己见者，令其自行具呈，该学政一并具奏，不可阻挠隐匿。"

于是周华乃上《救吕晚村先生悖逆凶悍一案疏》，开头说："臣齐周华为遵旨议复，以抒独见，以广皇恩事。”接着，竭力推崇留良而斥曾静为逆贼，说是吕氏一门的受祸，全由于曾静的牵累，又云：“请照本案恩例，令吕毅中等各具改过自新结状一道，尽行释放归里。”① 对吕留良著作，除《日记》外，其余《讲义》及诗文集等，“宇内久已印行，天下自有公论”，因而吁请“免其焚毁”。

但此疏被训导王元洲阻止，无门入告，遂仗剑赴都，直陈刑部，又被诸当道合力阻挠，以“吕系浙人，今保奏又浙人，恐干圣怒”为辞。他却坚持要呈奏，“遂下于狱，无刑不受，死而苏、苏而死者数矣”（见此疏自注）。

学政及诸当道的阻止，倒也不能说错，世宗是蓄意要利用曾静作为政治宣传的活工具，齐周华却把曾静骂成“殄绝良心，不齿人类”的逆贼，那末，这样的奏疏，怎么能让世宗看到呢？

周华系狱前后长达五年，由仁和移杭州府，而长系（永远监禁）则在天台，但他的心始终不死。在狱中曾作《痴话》云：“予三痴之友也，名实皆所不讳。及至臬司对簿，吏讽以痴自承可以免难，予却坚不认痴，带索而返。”但这人在精神上确是失控的。

高宗即位，蒙赦返里，而曾静、张熙不久即被杀。

于是周华乃游历名山大川，如普陀、雁荡、衡山、鄱阳等，他总以为从此可终老于山丘了。

不想到了乾隆三十二年（1767 年）十月，浙江巡抚熊学鹏至天台县查盘仓库，周华却持《名山藏初集》、《诸公赠言》，恳求熊学鹏于道旁作序。另有《为吕留良事独抒意见奏稿》及呈状一纸，据奏折所引，状纸中“诬告伊七旬

① 吕毅中在曾静案中是被杀的，照齐疏看，似仍活着，则处斩当是臣下所拟而上谕改流放乎？

之妻，老而奇淫，通奸引盗，几于人尽皆夫，并诬其长子齐式昕，次子齐式文毒害殴打，将伊一切亲族尽行罗告”。熊学鹏当即取阅原书，见语多悖逆谬妄，遂率同地方官亲至周华家搜查。捕者至门时，见其门悬一联云：“恶劫难逃，早知不得其死；斯文未丧，庶几无忝所生。”

这时周华原已屏妻逐子，独住在城西二十余里，楼房三间，四无邻居，又搜查出书籍十二种。

熊学鹏上奏后，圣旨云：“齐周华着即凌迟处死。子齐式昕、齐式文，孙齐传绕、齐传荣俱从宽改为应斩监候，秋后处决。”齐周华是自己两次将头伸进虎口的，齐式昕等却是冤中之冤了。卢仝《寄男抱孙》云：“一百饶一下，打汝九十九。”当时所谓“从宽”改斩监候者，大抵如此。

这里还要说一说此案的配角房演。

房演是周华同乡，曾为周华作《过秦草》序，周华《访房演于长安》诗有“往事不堪回首忆，嗟予一臂似螳螂”语。后来房演被审问，他说因系同乡，曾留他住宿吃饭，为他写过序，周华看了“不甚惬意”，至今事隔二十多年已记不得了，其中“东庄（指吕留良）之祸，势若燎原”云云，在房演的原序内是没有的（据周华供认，房演等的序跋是周华本人所作）。官府见他不招，便用套夹严审，仍“矢口不移”。再三开导，据实供明，还是这几句话。官府恼火了，“复率同司道府严加夹讯”。“夹讯”是用夹棍拷问，即所谓“三木”（加在犯人颈、手、足上的刑具），为刑讯中最残酷的，用于审问重犯。当时严刑逼供，不但当众施行，还公然写在公文上，以此表示官府的立威尽责。到了近代，即使有对罪犯用刑的，或者只是扑打几下，在公开的文件上却是回避了。

然而房演却说：“如敢狡赖，就该说齐周华没到家中，并没替他做序了，怎初到案时，并没动刑就将替他做序的话都已供明?”说得对极了，真的是斩钉截铁。

房演是硬朗而坚定的，三木之下，绝不动摇，没有说一句不应说的话，其人实可风世。官府至此，也明白他“似非狡赖”。在当时罗织之风盛行的时候，要取得官府的“信任”也是大不容易的，但因他是吕留良案内犯罪之人，又曾留宿齐周华，为齐作序，“无论现有之序是否所作，其与匪徒（!）交结，实为怙恶不悛之尤”，应发往伊犁，“给与种地兵丁为奴”。

（原载《土中录》，上海书店出版社 1999 年版）

《名山藏副本》

在皇权的压制下，凡是对义愤的坚持，对公道的执著的，往往会导致心理上的反常。

从《清代文字狱档》记录的齐周华一案来看，很明显，这个人是患有隐性的精神病的。他似乎老是将生命看作儿戏，可又要把生命的力量发挥到最大限度，想与皇权抗争到底，却不考虑手段和效果，结果成为“公无渡河，公竟渡河，堕河而死，将奈公何”的悲剧人物①。清代文字狱中，性格表现得明朗完整的，齐周华是其中之一。

1987年，上海古籍出版社出版了周采泉、金敏点校的齐周华《名山藏副本》，共二十二万字，如“点校说明”所说，此书实“为清代文字狱受害者仅存天壤之文字”，所以也更值得我们感怀，却不是用“眼福”两字所能够表达得了的。

全书分游记、碑记、序、传、跋、杂著等几个部分，略略看了几篇，又不禁大为惊异，这个着了魔似的天台生员（倔强固执颇像他的乡前辈方孝

---

① 见《乐府诗集》卷二十六《箜篌引》引崔豹《古今注》。

孺），在写作上，无论谈史评文，还是写景抒情，竟是如此精深隽妙，条理分明，常有创见，却不是疯话。在清代雍、乾文人中，固不失为卓然能手。只因惨遭凌迟，其文湮没，其书不传。清代的地方志中不敢登其一字，油印本的宣统《天台县志稿》的《人物表》中则书为“忠义”，也等于为他平反了。

他在雍正九年（1729年）系狱时，曾作《书范滂诣钩党狱后》云：“古来正人君子遭时之害，必有大奸雄操生杀之权者，布腹心之爪牙，以网罗异己之士。即非其所素厚而位居其下，功名出其掌握，鲜不承顺以阿之。非爱杀人，爱己之功名也。故有明知其为正人君子，而命之辱则辱，命之锢则锢，命之鸩则鸩，彼且曰：‘吾法有所受，吾过有所归，责不及我也。’”说得警辟极了。从现代意义上来串讲，就是“我只是奉命执行的”。后有谢济世评云：“借古骂今，怨而不怒，知其养邃学深。”

他在狱中时，两颊忽然添髯，大为得意，众囚侣也举杯相贺说：“吾侪罔知其故，唯见戏中于奸豪者则贬以兜胡，于谄险者则贬以角髭，于正直贤良者则美其髯以褒之。……今君以义愤陷身，乃天所以褒君也。”这也奇怪，清代牢狱中，囚徒们竟可以写文章，说这样的趣话。

事有凑巧，谢济世也曾系刑部狱（参见本书《谢济世注经玩火》篇），也曾添髯。后来两人蒙赦出狱，于乾隆八年（1743年）相遇于长沙，谈到往事，齐周华便写了一篇《狱中添髯记》，末了说：“因而下狱同，受恩同，不虞添髯亦同也。”为什么连添髯也相同呢？就因为两人都有“护善锄奸一腔义愤”。

到了乾隆三十二年（1767年），齐周华又被逮捕下狱，查出了这篇《狱中添髯记》，又牵涉了谢济世，但这时济世已患病身故，连他三个儿子也已逝世，却还留下谢梦熊等四子，都在佣工度日，高宗朱批说：“此人已死，何必追究。”又说：“使其人尚在，自当明正其罪。”因而除将济世的《梅庄杂记》

销毁外，他的儿子还算有运气的。

这里再举齐周华的《评金古良〈无双谱〉》后记云：“此谱自帝王以至石工，……独嫌武后以淫乱之女主、冯道以媚世之鄙夫，似不宜录。而不知武后之治才、诗才，均在一切庸主之上，女中之炀帝也，其淫乱亦至无双。冯道苟全功名于乱世，无君不事，以言无耻，固亦无双矣。然当此朝秦暮楚之时，实无善法可处。若云以不出为高，则此数十年间，庙堂之上又谁与共治耶？所以王荆公以时中许之，李卓吾以圣目之，其亦善于论世者哉！”语出偏锋，但也反映了他的识见，一旦出了事，又必将成为一桩罪名。好多文字狱中所谓悖逆、狂怪，其实不过如此。在今天来看，要说错也只是错在学术观点上。

全书中的游记是一个重心，有幽峭疏宕之趣，也有很多学问，如金陵谢公墩云：“一在冶城后，一在半山报宁寺后。风流太傅，随在生香，非关墩之佳否也。其风度闲雅，投大不惊，允称物望。而携妓弦歌，声色不绝，致相效成风，难免见恶于礼法之士矣。”杏花村云：“在凤凰门外，瓦棺寺之南。村畔有湖，波映楼台，杏参杨柳，酒帘渔舸，随意可招，牧笛碪声，无心凑拍，板桥篱径，宛然曲抱之村也。”游南海普陀山云：“时方五月，山下渔舟丛集，金鼓喧阗，歌声袅袅，石首曝日，无一间隙地。俯视镇邑，一带海涂，侧涌山麓，前后海涛，洋洋无所障，危甚。反而登舟，出关将百里，舟子指曰：此普陀山也。萦青绕碧，浮荡波心如鳌柱。”则其人亦大块之狎客，小品之高才，文姿微似竟陵。他的诡怪，在徐渭身上似乎也可以找到影子，天才与白痴本来是贴邻的。

（原载《土中录》，上海书店出版社 1999 年版）

考场怪现象

清代考场，防范极为严密，县试、乡试时，考生都要被搜查，衣服须穿拆缝，鞋袜须穿单层，笔管镂空，水注用瓷，糕饼饽饽各要切开，禁带双层板凳，装棉厚被。这也说明，上述防范的这些器物，已往都曾发生过舞弊事故，否则，怎么会想到笔管、水注上去？虽然如此，考场中的怪现象还是时常出现。

乾隆三十三年（1768 年）八月，浙江乡试时，经过头门、二门搜检后，又将考生五十七名带到巡抚永德前仔细搜检，各无挟怀，才始唱名给卷。不想有个五十岁的临安生员徐鼎，于领题之前，忽用拴篮细绳勒颈，经号军救苏后[①]，将徐鼎卷子查看，卷内有《平缅表》一道，开首云："伏以圣主乘乾，道德与兵刑并茂；哲王御宇，礼乐与征伐齐辉。"末云："万方诵巩固之金瓯，四海仰光明之玉烛矣。"[②]

---

① 明代于考生宿舍（号房）派士兵看守，称"号军"。清代亦有号军，但只是杂役之别称，并非士兵。

② 乾隆三十年（1765 年）冬，因缅甸北部"莽司"侵扰清之土司地，清兵攻之，不利。三十二年（1767 年），清云贵总督杨应琚，因经营缅事不力而自尽，故徐鼎乃作此表。

官府随即带徐鼎至公堂审问，据他供称：初八夜睡下时，忽听得有人说不许生员在场作文字，又见一蓄胡子的人将油帘揭起，倏忽不见，吃了一惊，就想寻死，又想死得没有名目。因徐鼎从前曾做过《平缅表》，原想得便进呈，故而平素熟记在心，何不将此表写上，死后也得名声，写后遂用细绳勒脖未死，“实因功名不能上达，寻此短见，并无别情”。官府看到表文内的“黑雾迷空，自可化作祥云瑞霭；妖云满野，不难变为赤日行空”数语，引起敏感，便问徐鼎这“黑雾”、“妖云”字样是何意思，他说：“上二句系指缅酋，下二句系说圣朝破除缅匪而言。”官府“察其面貌词色，似有惊迷之状”。

后来又到徐鼎授课的汪文川处查问，汪说：“见徐鼎语言，偶然有些恍惚，像是痰气。”旧时对精神病也称“痰疾”，如说“痰迷心窍”，即是精神错乱的意思。

经过搜查，在汪家查出符咒二纸，即发交道纪（掌道教之官）、阴阳等官查验，说是安土之咒、九宫罡咒，并无不法邪术。官府就拟照“纵横之徒，假以上书，巧言令色希求进用者”律例，予徐鼎以杖一百，革去生员资格的处分，并具折上奏，“伏乞皇上睿鉴训示”。

在这场考试中，还发生另一起案件：石门生员费芝、费朝本父子同赴考场，费朝本住西面号房之底，因嫌闻臭秽①，便潜至其父的东号房，借此又可与其父抬头商看。经查出后，费朝本先枷号一个月，满期后又杖一百，费芝被逐出考场。

---

① 号房厕所设在号底，商衍鎏《清代科举考试述略》第八章载雍正时进士陈祖范《别号舍文》中有云：“一曰号底，粪溷之窝。过犹唾之，寝处则那。呕泄昏忳，是为大瘥。谁能逐臭，摇笔而哦？”又有浙江某君作七言排律一首，中云：“文光未向阶前吐，臭气先从号底收。高挂门帘墙对面，平悬卷袋壁横头。尘封急欲寻笤箒，瓦漏还须盖网油。”当时考生处境之狼狈可见。

乾隆四十八年（1783 年）八月，湖北乡试时，有个三十四岁的鹤峰州生员艾家鉴，原先曾常帮衙门书办文册，不想到考试时头忽晕眩，不能作文，又恐交了白卷被人耻笑，便写了些增加进学名额、免征黄柏税银等条陈，以便讨好士民。又觉得“这几项恐难准行，还得彻说些衙门弊病、民间疾苦，方能动听”，并于开首写了四句诗：“妄求名誉赴科场，忽忆弊端敢缕肠。下顾今朝任到此，唯祈百姓颂君王。”末云：“恳达天颜，以广圣恩。千秋蒙盛德，万载戴祥光。生无敢戏喻，沥血陈情。”他的条陈中，甚至还有“颁恩赦奸险沐减等之德”语。

这一来，自然惊动了封疆大吏，巡抚郑大进在奏折中辨驳了艾家鉴所举的几点衙门弊病（艾家鉴曾出入衙门，所举的大部分当是事实），因而“合依蓦越（越级）告机密重事不实发遥远充军例”，从重改发乌鲁木齐等处充当苦差。

这三起案件，其实算不得文字狱，因见于《清代文字狱档》，姑且聊备一格，但也给我们以深思。徐鼎年已五十，艾家鉴也三十四岁，都已有妻有子（费芝则父子同场），都由生员应试举人。举人是孝廉公，如果考中，即可任知县或教谕。知县是亲民之官，教谕掌一县文教，而素质如此低劣，心理如此反常，当时大清帝国下面，就有无数这样的生员和举人。他们离开现在不过一百多年，他们的智力大抵和现代人不相上下，但他们写出来的却全是疯言混话，真个像是“酱缸文化”里炮制出来的。徐鼎原是有精神病的，艾家鉴可能也有。科举关系到士人一生的前程，由于临试时心理上的紧张，更会使他们精神失去控制，艾家鉴的头晕，想必因为临试吃慌之故。这种例子，现在也多得很。

还要提一提那位浙江巡抚旗人永德，搜查到符咒，还要一本正经地交杭州府去查验是否“不法邪术”，查下来是“安土之咒”，他才放心了。那就是说，符咒有“安土”与“邪术”之分，就像同是泥塑木雕的神像，也有善神与恶神之分，只要是善神，就可以信从。当然，在当时朝廷和地方的大臣中，这样的头脑原不止永德一人，我们也不必怎样苛责他，像徐鼎的授课老师汪文川这样的人如果做了大官，不就是“安土之咒”的信徒？说到底，八股和符咒原是同源异流，两者的唯一效用就是使千千万万人受骗变蠢。

（原载《土中录》，上海书店出版社 1999 年版）

流落江湖充军天涯

乾隆三十三年（1768 年）九月，浙江等地正在查缉剪辫奸匪一案。九月间，富阳县典史邹宗洪在一家饭店内见有一人投宿。盘问后，那人自称姓于名魏，号景阳，书扇上写着“仆有无价之珍，非有大福大量大因缘者不能承受”等字样，另有写上“孙客”名字的船票一张，零星书籍中有诗稿一本，内有“断缰脱锁入，行舟并客路，也知成罪放”等语，便疑为逆匪孙大有、何佩玉案内逃犯，即将他解至衙门，由知县吉尔彰阿审问。据供：原姓孙，继姓王，庠名道定，系湖北荆门州生员，素习堪舆医卜，到浙江谋生，因孙大有是他族侄，曾将他姓名登入簿内，因而不敢回家，改名于魏，以测字糊口。但官府查核后，湖北缉拿的逃犯年龄状貌都与王道定不合，又将他解至省里办理。经巡抚永德审问，这个王道定年五十九岁，已有三子六孙，其实并非姓孙，故与孙大有并无关系，起先所以这样招供，实是为了怕动刑究问，有口难辩，只好供认姓孙，“若果系孙大有一族，生员船票上就不写姓孙了”。书扇上写的“无价之珍”，原是想招引人家去讲究修炼之道，骗些钱财。官府问他“如何炼丹之法，能否试验”？他却说：“系男女阴阳之事，取女子天癸之气，运入丹田。”闽浙总督崔应阶的奏折中也说他“误认男女之事为修炼法门”。那末，王道定所卖弄的也就是房中术了，书扇上故有“大因缘”的话。王道定哀求说：“如今生员也无从辩白，只求把生员监禁听候咨查就明白了。”

又问他诗内“奇干偏争制胜兵”及“乾坤半输纵横计”各语，他解释后一句是“少年读书，费尽苦功，不能出人头地，我生之乾坤日月销磨于此，故借用‘纵横’二字”。巡抚永德却做文章了：“查‘纵横’二字，系合纵连横之意，且以魏徵自比，其中大有可疑。”王道定的诗是劣诗，这种秀才不可能做出像样的诗，可是有什么“大有可疑”之处呢?

道定又供：“乡试十次，不能中式，家又穷苦，做出诗来，感慨牢骚是实。”巡抚又认为“该犯（这时已被确定为犯人了!）系读书失志之人，平素既怀怨愤，恐有诱人剃辫，布散流言，阴怀叵测不轨之隐情”。但严加究诘，不易其供。

后又经过崔应阶的审问，认定王道定并非逆党，在县中的原供确系畏刑诬认，那应该将他释放了，然而官府的判词却称：“但假炼丹修养之术妄书扇中，远赴外省图利惑人，殊属不法，自应从重问拟，唯律例并无治罪正条，查律例无可引用，例得比照问拟。王道定一犯应请比照妖言惑不及众律（相当于“未遂”之意），杖一百，流三千里。”

王道定是一个落魄秀才，乡试十次，始终不中，心理上就有些扭曲，他的供词，倒是很生动地揭示了科举制度下生活上、精神上双重沉沦的读书人的凄凉境遇，几乎成为学林的滓渣，却又值得人同情，同时暴露了刑讯的恶果（虽然他还侥幸未曾受刑）。在当时的文字狱中，有几个人的口供是真实的呢?

据《东华录》，乾隆三十三年（1768 年），偷割发辫事件蔓延山东、直隶各地，江、浙实为先发觉之地，但其中多由承审官刑逼妄供，而各犯身受刑伤，尚未平复，如僧人普阔不加刑求，即自认为割辫匪犯。山东、湖北二省，辄将无干之人妄加罗织，所以王道定因畏施刑而诬服。上谕中严加斥责，还处分了一批封疆大吏，崔应阶或因此而未将王道定定为“逆匪”（割辫当然要看作政治问题，故称“逆匪”），可是把王道定判为流三千里还是偏重的，妖言的“惑不及众”与“及众”，又是根据什么具体标准来审定的呢？

（原载《土中录》，上海书店出版社1999年版）

三朝侍陛的李绂

苏洵曾写过一篇《辨奸论》，是骂王安石的，近于人身攻击，连苏轼看了也觉得过分，曾向老苏劝谏。但自从收入《古文观止》后，却流传更广了。

后来我读了《胡适文存》中《苏洵的辨奸》，才知道清人李绂已在《穆堂初稿》中作过纠辨，说是南宋人邵伯温的伪作，胡先生是疑古辨伪的健者，故也信从李绂之说。

但经现代学者考证，此文确是苏洵所作，非伪托，时期在王安石之母死后，即嘉祐八年（1063年），所以，李绂的辨证是落空了，但也说明李氏是一位深思的学者。可是又奇怪，李绂的文集，在清代为什么也被禁毁？

李绂，字巨来，江西临川人，与王安石同乡，康熙时官至左副都御史。世宗即位，颇为赏识，授以直隶总督，后因与巡抚田文镜相忤，为世宗所恶，命大臣会审，议其罪二十一事，当斩。世宗赦之，命其纂修《八旗通志》。

其实李绂之获重谴，还因与世宗之弟允禟（塞思黑）之暴死有关。章太炎《史考八则》中《书李巨来事》，即指出允禟之死于保定，是世宗欲李绂希旨杀之，使名不归己，李绂没有照世宗意旨作昧心勾当，世宗乃使人戕害允禟，又恐阴事终于宣泄，故必欲杀绂，又怕绂临刑大呼，则灭口之嫌，欲盖弥彰，最后不得不赦之。这里有章氏的戏剧性的想象，但他又作了一个很警辟很现成的比喻："或疑巨来事与近世赵秉钧事相类①，阴为其主杀人，亦终不免于祸，焉知其不肯希旨邪?"

高宗即位，又授李绂户部侍郎，致仕时赐以诗，首二句为"三朝曾侍陛，七十竟悬车"。

到了三十三年（1768年），江西巡抚吴绍诗查出李绂各集，语多愤嫉，请革去生前各秩，并将其子孙革职赴审。高宗以为"未免过当"，因李绂诗文，"其间诚有牢骚已甚之辞，但核之多系标榜欺人恶习，尚无悖谬讪谤实迹，即其与戴名世七夕同饮，原在戴名世未经犯案以前②，且坐中不止一人，无足深究"。还有吴绍诗奏折中提到的李任漢等，"均久经物故，子孙又阅世辽远，如一一根究，滋扰蔓延，于事体既为未协，并恐无识之流，或疑其以文字获罪，转得遂其诡激沽名之隐，甚属无谓"。高宗在这里划了一道界线："牢骚已甚之辞"只是由于文士恶习，与悖谬讪谤有性质上的区别；而悖谬讪谤还要看其"实迹"，不能凭主观的推测；李绂与戴名世七夕同饮，是在戴名世犯案之前（李绂怎么会预见到名世后来会成为重犯呢），而且不止李绂一人；死去已经很久的人，不要再追究了，这是没有底的也是很无谓的。

三百年后重读此文，犹为之肃然起敬，五体投地。但接下来却说："但此等悖谬语言，既已刊刻成书，倘仍听其谬种流传，其于世道人心，贻误不浅。"故应将各项书本板片销毁，李绂因而还是沦为《文字狱档》中的人物。

---

① 民国二年（1913年），赵秉钧任内阁总理时，曾与袁世凯密谋遣凶手暗杀宋教仁，次年，赵本人也被袁世凯毒死。后文"焉知"句则指李绂不像赵秉钧之能"希旨"。

② 李绂孙子友棠，乾隆时官至工部侍郎，后王锡侯因《字贯》案被杀，友棠有题诗，因而夺职，但他题诗也在王锡侯犯案之前。

到了乾隆四十年（1775年），广西巡抚熊学鹏在查违碍书籍时，见有陆显仁《格物广义》一部，上谕以此书“多系剽窃前人讲学麈言，杂以一己拘墟之见，所论多踳驳不纯，留之恐贻误后学，其书板、书本自应销毁，并书名亦不必存。至其书内所签各处，均非讪诋之语，不能谓之悖逆”。可见当时缴呈违碍之书，事先由臣下摘出，粘上签条，而臣下所摘，自是宁严勿宽。

高宗又恐熊学鹏要将藏书之家子孙拘系到案，所以叮嘱熊学鹏必须即予释放，“但谕以向后勿拾唾余，妄有著述，致干不遵教令之咎”。熊学鹏连忙复奏：“臣并未饬令将各家属拘系。”

高宗对这两案的处理固然还算公正，在关心被抄查的家属上也见得宽厚，然而却不免令人疑讶，既然并无悖谬讪诋，为什么还将书本、书板销毁？贻误世道人心的具体标准是什么？治学勿拾唾余是对的，但与不遵教令之咎有什么相干？李绂是理学家，论学以躬行实践、匡时济世为主，反对空谈心性，痛恨世俗的烂时文、破讲章。陆显仁没什么名望，但也是一个理学家，他的原书已难看到，即使“踳驳不纯”，何至非销毁不可呢？可见政治上虽然放过了他们，学术思想上依然箝制得很严苛，其实李、陆的学说绝不会有丝毫异端的色彩。每一个人著作中的观点，不可能使每一个读者完全同意，只是逢到皇帝不满意，就可以用权力来消灭。说到底，学术思想上的箝制，还是与皇权专制密切相关；同样，李、陆两家子孙得以保全，也只有上谕才能解救他们。

（原载《土中录》，上海书店出版社1999年版）

武生与文祸

古代取士，文武并重。明代对武科考试，曾制定各种规章，清代沿之。外场为驰马、步射、刀石。内场为默写武经，如《吴子》、《孙子》等，故应武科考试的士子，也须通晓文义。但因重文轻武的成见，常导致武生的不平。

乾隆三十四年（1769年）四月，安徽学政德风（旗人）写了一个奏折，开头有这样的话："窃奴才以谫陋庸材，荷蒙皇上天恩，畀以安徽学政之任。……奴才自抵任以来，日以整饬士习、振兴学校，竞竞自矢，以图仰报圣恩高厚。奴才于本年二月内开考太平府属，率同提调等官，留心稽查内外，场规严肃，士子俱安静守法，并无弊窦。"看了觉得奇怪，为什么要在折首写上这一连串的混话呢？

接下来说了这样一个故事。

德风在宁国府考试武场时，有个武生李超海，具呈学政衙门，呈文中称他著有《武生立品集》六册，因读宪颁条约，不敢遽献，却又说集中"颇关士习，乞赐品题"。德风即将其原著查阅，"多属窗下鄙俚荒词，核其字句，尚无大悖谬处"，但策论铭四篇，却有"天下武生可用与不获见用者莫此时为甚"及"重为君重，轻为君轻，一言而失天下干城之心"等句。德风于是以为“语皆悖谬，实属妄诞不经”，又恐李超海别有指使之人，便提超海当面审问，李则吐供支吾，只说“草野无知，希图侥幸”，倒是老实话。德风以“该生身列青衿，理宜守份，乃胆敢妄为著作，谬论官常，实属不法”，似乎也可看作老实话。因为当时学政、巡抚们对身列青衿的士子的厚望，也只是“安分”。于是将李超海革去生员资格，交巡抚富尼汉审处。

李超海的著作送到了京师，高宗看到其中有言称“大明进士”等字样①，罪名就更加严重，还传谕富尼汉到李家搜查有无狂悖不法字迹。

富尼汉在奏折中说，李超海“粗知文义，自负有才，后因历次乡试，屡挑未中，家资荡费，抑郁不平”。这一解释也还客观，即是说，李超海的呈词学政，也就是那末一回事。他还叫胞侄、女婿代誊数篇，可见他已到了中年。

官府当然仍不满足，因而动用严刑，他却坚称：“实因愚昧无知，不知忌讳，委非心怀怨望，讪谤时政。”一再严问，“矢口不移”，实在再没有什么可招供的了。

富尼汉是看过李超海原著的，心里其实明白，但还是依照“妄布邪言，书写张贴，煽惑人心为首者斩立决例”拟罪。俟奉到圣谕，即在省城正法。胞侄、女婿杖八十，再加枷号一个月（上谕如何处理，未详）。

这时富尼汉已经革职留任，自须分外卖力，何况已有“不可不严加治罪以惩恶劣”的朱批，要严也只有人头落地才是最彻底一法。

那末，上述德风在奏折开头一段话，算不算混话呢？不是混话，是伏笔。

他在折中，又奏告对李超海一案的历任失察之教官，俟抚臣审办后另行查参，还有乾隆十四年（1749 年）的学使双庆任内，“该革生曾经将‘文武全

① 凡于朝号上加“大”字的，如“大明”、“大清”，皆属对本朝的敬称。李超海是清朝人，却称明朝为“大明”，以当时的观念看来自属狂悖，虽然我们还不曾见到他的原文。

才’一策呈出，未据奏明，亦属不合，应请交部议处”。这使我们明白了德风这段话的用意：我任内的士子都是安静守法的，李超海悖谬妄诞的罪状，都是历任教官及双庆失察溺职的缘故。

那末，前任的双庆算不算有过，应不应“交部议处”呢？可以有两种理解：一是并无过错，这样的草野无知的地方小案，本来就用不着向皇帝奏明；二是在乾隆朝的文祸高潮中，双庆理该奏明，德风所以急急忙忙奏明，岂非因为文祸激荡之故么？所以，德风是对的而双庆是错的。

（原载《土中录》，上海书店出版社 1999 年版）

六件无罪案的透视

下面是乾隆时代的六起无罪案件，上谕叫作“无庸深究”。

安能敬案 乾隆三十四年（1769年）五月，顺天府（今北京市）学政倪承宽，于考试中看到冀州生员安能敬诗卷内“语涉讥讪”，便先将该生衣顶斥革（即革去生员资格），随即拘拿到案，并检阅其家中所有书籍。据安能敬供称：“做诗平日原没讲究，卷内诗意极要颂扬，苦于词不能达。又因不能诗学，随意填写，以致字句多不妥协，并无他意。”官府以动刑恫吓，他说：“这便是革生该死的去处”，“革生实在没别的心肠，也实在不曾同人议论，不过一时意见，信手写上，这便是实情，别的话都没有了。”说得很可怜又很老实。

我们且来看看他的《赋得人文化成天下》中的八句①：“满怀皆节义，人世大文垂。恩荣已千日，驱驰只一时。知主多宿忧，能排难者谁？在上昭大观，化神俗自移。”安诗的“知主”二句，指当时清廷与缅甸“莽子”的战事，而慨叹无人为之出力。

① 科场中考官以古人诗句或事物为题，使士子们作五言排律诗，称为“试帖”，题用“赋得”。

讥讪就是讽刺，讽刺也得有才能。安能敬已经三十八岁了，这样的角色，既无讽刺的才能和胆量，却又缺乏吹捧拍马的本领，其可怜之处就在这里。

可是倪学政却下断语说："查该犯居住乡野，不思安分读书，辄敢于试卷内肆行讥议，非重加惩治不足以儆愚顽而端士习。"因而移交直隶督臣衙门严审定案。

安被拘后，官府曾到他邻里亲族处调查，都说"该犯素日尚知自守，并未滋事"。倪学政曾将这些话写在奏折中，怎么忽然变成"居住乡野，不思安分读书"了呢？所谓"重加惩治"，也是弹性绝大，可以包括充军杀头。

幸亏圣主如天，保全了这条可怜虫："其诗是不通，尚无别故，不必斥革。"即连生员资格都是恢复了。其实也并非皇帝特别英明，这样的诗，谁都可以识别的。

王尔扬案　乾隆四十三年（1778年）四月，山西武乡知县江廷泰、王廷诏查得生员李抡元之父李范墓志内"于'考'字上擅用'皇'字"，便认为"实属悖逆"。墓志为辽州举人王尔扬所作、武乡举人赵扩所书，便将李抡元监禁，并派员往辽州王尔扬家搜查，将离京的赵扩沿途访拿。

中国真是一个文字古国，民间用了一个并没有用错的字，就此布下天罗地网。幸亏又是皇帝作了朱批："此系迂儒用古，非叛逆也。"高宗在批山西巡抚巴延三折中，还举了《离骚》和欧阳修《泷冈阡表》中也用"皇考"字样的典故①。

皇帝的力量真大，按察使李承邺便跟着说："查无不法字迹。"按察使即臬台，是掌理刑狱的，所以将李抡元释放了。巴延三则说"内有错用字样"，

① 皇考，原意为对亡父的尊称。宋徽宗时曾禁民间使用"皇考"字，自后只用于皇族之家，但直到清代，文士撰文时仍以"皇考"称亡父。

性质完全变了，虽然错用照样可以定罪的。皇帝又训了巴延三说：“彼既迂腐，而汝之不读书及幕宾之不晓事又可知矣。”巴延三并非不读书，只因知县和教谕揭禀在先，他怎能不查办？巡抚到底不能跟皇帝比呀。

可是李抡元、王尔扬、赵护的家里都被查抄过了。

黎大本案 乾隆四十三年（1778 年）五月，湖南临湘县民妇黎李氏，控告监生黎大本私刻《资孝集》“语多僭越”，大本父子在乡间又武断滋事，黎李氏与他有私仇，曾因争吵愤而投水。《资孝集》为大本祝其母八十生辰而刻，收录了亲族庆贺诗文，其中有将黎母比作姬姜、太姒、文母、女中尧舜，还有犯圣祖庙讳上一字（即“玄”字）的情由，巡抚李湖因而奏请“从重定拟”。

高宗将《资孝集》阅后，批道：作诗文的“皆系迂谬不通之人，妄行用古”，和王尔扬作墓志用“皇考”相仿佛，所以“无庸深究”，但黎大本武断滋事各款如果属实，也要处分，但只限于外遣。这也是公道的。桥管桥，路管路，不能混而为一。“所有该犯亲属及集内有名之人，俱不必追究”。这更是英明的，反过来，又说明这些毫不相干的人大有被追究的可能。

高治清案 乾隆四十七年（1782 年）三月，湖南常德府知府何泽著，查得龙阳监生高治清刊出《沧浪乡志》“语多悖妄”，巡抚李世杰便前往查阅，书中《帅卜世灯会说》有“天将会天将三十六员、灯会三十六位上应星宿”等语，“殊为邪妄”（这倒也对）。又有“生平幕天席地，以天下为家”语。举人全伦道题高妻墓祝词用“凤翥龙翔”语，对庙讳御名也未敬避。

经过审问，高治清供称：“缘庙内塑有三十六天将泥像，募钱点灯，帅卜世遂取名‘天将会’。当日在会之十三人，久已人亡会散，并未惑众滋事。其余指出各妄诞语句，总因罔知忌讳，过于夸张所致，如今悔罪无及。”这时高治清已八十四岁，儿子也六十岁了。

上谕说：李世杰签出的“幕天席地”系刘伶《酒德颂》中语，“玉盏长明”系指佛灯而言，沿用已非一日，“何得目为悖妄”。志中所称“曾王父”字样，亦不过泥古之过，名字内的弘远、弘开（高宗御名弘历），“尤为乡愚无知，不足深责”。又举例说：“‘德洋恩溥’、‘远际升平’等语，乃系颂扬之词，该抚亦一例签出。是颂扬盛美亦干例禁，有是理乎？书内如此等类，不一而足，各省查办禁书，若俱如此吹毛求疵，谬加指摘，将使人何所措手足邪？”下面还有几句很精彩的话，这里从略。总而言之，皇上的“不为已甚之素志，实天下人所共见共闻者”。

这话可真说得上克己复礼的金玉良言，所以也多抄了一些，连不避御名的大不敬之罪，也只轻描淡写地说成“乡愚无知，不足深责”，那末，可以“深责”的又有多少呢？在乾隆朝这么多的案件中，真正具有对抗性的谋逆文字其实是绝少的。如果过去也以这种不为已甚的宽宏胸怀来批阅臣下奏折，天下何至有那末多吹毛求疵、希奇古怪的文字狱？过去的姑且不说，只看看本案以后的若干文字狱，又不免有以子之矛、攻子之盾的深沉感叹了。

方国泰案　乾隆四十七年四月，安徽歙县知县杨祈迪，查出已故贡生方芬《涛浣亭诗集》“语多狂悖”，方芬玄孙方国泰隐藏不缴，便向巡抚谭尚忠禀告。方芬诗中有“征衣泪积燕云恨，林泉不共鸟啼新”、“乱剩有身随俗隐，问谁壮志足澄清”、“兼葭欲白露华清，梦里哀鸿听转明”等句，谭尚忠以方国泰曾将方芬的《陛辞疏草》、《易经补义》呈请求奖，“而于《涛浣亭诗集》独不呈出，其为有心藏匿，已可概见”。国泰供说：“《易经补义》、《陛辞疏草》是有经济学问的，故此呈出，见得我祖上有人。这《涛浣亭诗集》只道是几篇吟咏之句，无关紧要，故此不曾呈出。”他这话也并非没有道理，谭尚忠却认为“丧心灭良，肆其狂吠，实属天理不容，神人共忿”，因而奏请将方芬刨坟戮尸，方国泰斩立决。

上谕却说谭尚忠“办理殊属失当”，方诗“虽隐跃其词，有厌清思明之意，固属狂悖，不过书生遭际兵火，迁徙逃避，为不平之鸣，并非公然毁谤本朝者可比。方芬老于贡生，贫无聊赖，抑郁不得志，诗意牢骚则有之，况其人已死，朕不为已甚。若如此即坐大逆之罪，则如杜甫集中穷愁之语最多，即孟浩然亦有‘不才明主弃’之句，岂得亦谓之悖逆乎?”下面还说草泽中私自啸咏者甚多，若必一一绳以律法，则诗以言志，岂非反使人人自危了么?

没有一句不是通情达理，果真是一个有道明君。那末，谭尚忠果真错了没有呢?

方芬生于明天启间，入清为贡生，卒于康熙时，要说明遗民也可以。谭尚忠前已奉谕旨：“凡收藏违碍悖逆之书，俱令及早呈缴，仍免治罪。”所以，谭尚忠之处分方国泰不能说全无依据，如果不是“有心藏匿”，为什么不及早呈缴? 这种责问，又岂仅限于乾隆朝? 方国泰因而只得自认该死：“今蒙指问，说我有心隐藏，我实在胡涂该死，无可置辩，甘心认罪。”

上谕已指出方诗“有厌清思明之意”，谭尚忠如果不吹求不苛察，一旦有人奏劾，皇上责问，他能用“不过书生遭际兵火”及“不为已甚”一类话来辩护么? 所以，为当时地方大臣想一想，也有其难言之隐，现在这样做，不过是“办理殊属失当”而已。

海富润案 同年五月，桂林知府贵中孚于查缉匪徒时，见有一人初蓄辫发，状似还俗僧人。盘问后，自称海富润，系崖州回民，游学已有九年，发因病脱，新蓄未长。行李内有抄录回字经二十一本，或系买来，或系赠送，“有无违碍，无从识辨”，还有《天方至圣实录年谱》十本、《天方字母解义》

一本等等。“天方”旧称阿拉伯半岛，从书名来推测，这些书大致是伊斯兰教的读物。然而官员却从中看出问题来了：书名题为“至圣实录”，“已属僭妄”；对庙讳御名又不知敬避，“狂悖之处，不一而足”。广西巡抚朱椿由此而作出想当然的推断：“且该犯系陕西回粤，恐系甘省番回漏网逆党，尤应逐一究明，从重治罪。”随即委派属吏往海家搜查，没有查出什么，但海富润带的是“狂悖经书”，身份是“回匪”已被裁定，并且查出了为“逆书”作序的华亭县人“恂斋绍贤”，这人究竟是谁呢？“唯访查有提督衙门刑房书办姓改名筠者”。

上谕说：朱椿抄获签出的书内字句，“大约鄙俚者多，不得竟指为狂悖”。朱椿将作序人改绍贤等“搜查押解究审，如此矜张办事，殊非大臣实心任事之道，实属可鄙可笑”。同时，对回民的风俗习惯、对正当宗教和邪教的区别，也作了政策性的批示。

抄录了这些无罪案后，有这样几点感想：

一，从安能敬案到海富润案，前后十三年，单就拙文所举的，无罪案便有六件，按照现代说法，便是冤狱。方国泰差一点送命，其余的人，无论主角、配角，一律被看作犯人，都经过拘押、审问、抄家，有的还上过刑。大家不妨设想一下，在这些一系列的过程中，官府是用什么样的鬼见愁的狰狞面目对付他们的？他们被当作“逆犯”审问，连盗贼也比不上，他们的身心又受到怎样的摧折？巡抚巴延三在奏折中，颂扬高宗批示王尔扬一案是“我皇上大公至正，事期平允”。就这几件案子看，也可以这样说，但更重要的岂非是反省？包括皇帝本人。二，学政、教谕和生员们的关系有如师弟，生员得至一领青衿，大不容易。从巡抚到幕僚，都是读过经史的人，都知道草菅人命为物论所鄙弃，天良所不容，何况对待士人。“皇考”一类浮词陈藻，他们也时常摇笔即来，出口成章，为什么要将一个明明是无罪的人硬送到牢狱以至刑场？如果易地而处，又将如何？高宗在这几起案件中固不失为睿断，但臣下所以如临大敌地对付平民，主要还因这时正当笔祸高潮，从原谅一面说，实在也是身不由己。自己的利害得失和他人的身家性命比较起来，就没有更从容的考虑余地了。换言之，如果朝廷的文网不是那么严密，有的地方官也会松动些。当然，有些存心与民为敌的疆吏也不在少数，像《老残游记》里的玉宫保，那是在任何宽容的朝代也不会收敛他们威风的。夜叉永远不会变成含笑的弥勒。三，黎李氏告发土豪黎大本，动机出于报私仇。她是一个民妇，却是明白人，她知道以她这样身份，光是以私仇向官府控告未必有效，只有借逆案的因头，才能使官府震动，使对方服刑，使自己出气（此案或有人主使）。四，这些案件的主角大都是生员，科举社会的下层，却又是人数众多的士人集团的基础，从摘引的一些诗文看，学养、见识和志趣竟是如此浅陋庸俗，几乎集猥琐无聊之大成。八股时文熏昏了他们的头脑，功名利禄勾住了他们的灵魂。这些人日后做一个县级政府的官员也是可能的，老百姓就要在他们手下过日子。五，王锡侯因不避庙讳御名而被杀，黎大本、高治清也未避，却没有事，上谕中一再说到王锡侯与他们不同，即是说，王是罪有应得的。我们看看，实在看不出有什么不同，为什么会使高宗作出一生一死的区别？只能用天威不测、喜怒无常的老话来解释了；就案犯来说，只能归因于运气，因而使地方官更难掌握。刑部等京官，还可以直接、间接的试探皇帝的意图，地方官是无风之舵，所以只得从严。我们如果只看两三件案子，还看不出什么名堂，看得多了，就会摸出地方官的心理规律，而且会引起兴趣。

（原载《土中录》，上海书店出版社 1999 年版）

王珣进仙书案

乾隆三十九年（1774 年）九月，有民人二人，在京城户部右侍郎金简的家门口，投递字帖二张，并无姓名，口称在东城居住，帖上有“神书”、“神联”字样。金简恐其在外别生事端，便密派番役头目，带同接帖家人作眼线，前往访拿。当天下午，居然在东四牌楼大街撞获，并抄出黄布包袱、黄纸封套各一个，杂抄诗文一本。带回审问后，那人供称是沧州盐山县回民王琦，在旗兵护军三德家居住，诗文为其弟王珣所作。家有“神书”《滕王阁序》及仙笔所书“神联”，王珣教他进京投献。金简听其语言杂乱，似类疯癫，又将封套拆阅，“虽无悖逆语言，多系鄙俚不经之词”。

在这之前，王珣曾将其书呈送盐山学政诸葛移、沧州学政许江龄，都未收受。后送韩村外委（额外委派的武官）张德仁转送千总张成德，张又送守备尹延龙，最后送到盐山知县陈洪书那里，陈没有拆阅，便将书退还了。

读者看到这里，对王珣的精神机能，其实已经明白了一大半，所以好多细节，用不着多说（如将单帖投递纪昀等），反正就是这么一回事。

案件到了军机处，上谕却说：“该犯所供，虽未足尽据，但所献书内，颇多狂诞悖逆之词。”于是严审王珣。其实皇帝已经定了案，审问也是多余的，要审也是追究王珣本人以外的一些人事关系了。

据王珣供称：年五十八岁，考过童生，并未入学。家有未裱的围屏一副，是他父亲在日请乩仙所写《滕王阁赋》，对联也是仙人所写。他平日不出门探望亲友，只是爱看书籍，因赋内有“非无圣主”四字，他家就用不得，自应献于皇上。对联内的“世表清华之望”，这“清”字就是大兴大清国的意思。又有“代称孝友之风”，如今皇上是孝友之君，这副对联也应进献皇上。“再，四书内有‘夷狄之有君，不如诸夏之亡也’二句，我想如今皇上是仁义之君，这‘夷狄’二字应当避讳，所以改为‘义帝’二字。我自己做的四本书，皆系要明尊君大义，欲随着仙笔神书、神联进献皇上之前，不过是更正四书之意，以明我王珣之心，并无悖逆毁谤的字句。我王珣本系回教之人，又如此聪明，能明义直言，所以我自想必是颜回再世，但只我一人是颜回，其余我一族皆非颜回之辈。”

王珣所供的原不止这些，就凭这些，对案情本身也已一目了然。金简奏折中已明言无悖逆言语。金简是旗人，又是国舅，他的妹子为高宗贵妃，如果有一言半语的悖逆之词，他会放过么？

王珣是“酱缸文化”里一条蛆虫，谈不上什么学问，但乩语神书之类，正好配他的口味。他知道“非无圣主”不能用在他家里，“夷狄”二字是要避讳的，这就完全像个清醒的健全的人，因而就可以办他的罪，杀他的头，疯人的悲剧就在于有时会清醒。但他不想一想，对大清朝，根本就不应说到“夷狄”，不管动机如何，总之是刀口。

王珣之兄王琦，金简已觉其“言语杂乱，似类疯癫”。他们兄弟两人，可能都有遗传上的因素。王琦不识字，王珣五十八岁，识字而未入学，使他疯得更严重些。他自己虽说“我并不图功名，不求赏赐，原求大人们阅看”，其实正说明他对功名赏赐祈求之切。诸葛移、许江龄都是学政，之所以没有收受王珣的书，就因为对疯人不屑理睬之故，陈洪书没有看过王珣之书就即退还，原因也不外乎此。可是到了皇帝手里，就觉得“颇多狂诞悖逆之词”，而且是“颇多”。如果说，即使是疯人，他做了狂诞悖逆的事情，也得像正常人那样治罪，那末，也临不到王珣，只要看看上引的供词，他对大清、对皇上是多么驯顺忠实。军机大学士于敏中等奏折中说：“查王珣系读书不就，遂控造乩仙对联字幅，希图哄骗银钱，甚至敢于编造悖逆字迹，妄肆诋毁本朝，尤为丧心病狂。”前半段也不一定是事实，因为档案中看不出有这种“希图”嫌疑，后半段是顺着皇帝意思说的，当时也没有一个大臣胆敢不顺着说。

案件的结局，除了王珣斩首、王琦发往乌鲁木齐给兵丁为奴外，盐山知县陈洪书“虽未见王珣书字，但本管地方有此等狂悖之人，平时既毫无觉察，及千总张成德告知其事，又不即行查拿，禀详上司严办”，故应革职。这里所谓“狂悖”，原指政治上的，非病理上的，但王珣本人在政治上既无狂悖情节，陈洪书又如何觉察？只因上谕中对陈洪书有斥责之词，他的顶戴便断送了。还有外委张德仁、千总张成德，也都受到杖责。

一件如此简单明了的案子，却落得一天星斗，杀头、充军、革职、打板子，一应俱全，真的成为一场大狱了。

王珣已年近花甲，上代也是读书的。想想十月怀胎之后，兄弟两人，父母将他们抚养长大，并不容易。要说他们有错，错就错在不该在乾隆时代疯癫。

（原载《土中录》，上海书店出版社1999年版）

金堡的身后遭遇

仁和人金堡，字道隐，崇祯十三年（1640年）进士。南明桂王时，曾任给事中。性刚强，遇事敢直言。当时朝臣各分党类，堡与袁彭年、丁时魁等人称“五虎”，颇为专横。后下狱，被拷掠，腿为之摧折，谪贵州清浪街。后在桂林为僧二十余年，释名有今释、澹归、性因。康熙四十五年（1706年）卒。

南明大学士瞿式耜、总督张同敞为降清之南平王孔有德所杀，堡上书有德，请他具衣冠，为两人收殓，否则，也允许堡领尸埋葬，书中有云：“夫杀两公于生者，王所以自为功也；礼两公于死者，天下万世所共以王为德也。”（徐鼒《小腆纪传》卷三十二）有德从之，时为顺治七年（1650年）。

清廷因此对金堡很忌恨，其所著书全部禁毁。乾隆四十年（1775年）闰十月，高宗看了各省所缴禁书，有澹归之《偏行堂集》，内有高其佩之子高纲作序，并募资刊行。高家为“世受国恩”的汉军旗人①，高纲为澹归作序，“其心实不可问”，便令官府查阅高家收藏的各种书籍。当时高纲已死，第二代的高秉、高秤、高稞、暂住苏州娘家的高稞妻子翟氏，第三代高效墀等都

① 高其佩曾任都统，兼工指头画，世宗曾有御笔题铁岭老人指头画虎诗；高纲曾任韶州知府，故云“世受国恩”。

解到刑部，家产被查封。高秉家查出陈建所著《皇明实纪》，“语多悖谬”，清笑生《喜逢春》传奇，亦有不法字句，因而还要查明清笑生到底是谁①。

澹归所书石碑，派大员前往椎碎推仆，不使复留于人间，广东丹霞山寺院属于澹归支派的僧众全部逐出，另派诚实僧人主持。又从《丹霞志》中查出海螺岩有澹归埋骨之塔刊刻铭志，也应刨毁。

金堡在桂王朝中固有结党弄权之过，但也备受摧折。入清后，仍与新朝对抗，他为清廷所忌恨也是必然的。同年十一月，上谕对史可法、刘宗周、黄道周等皆加以褒扬，称为“一代完人”，并云：“尔时王旅徂征，自不得不申法令以明顺逆，而事后平情而论，若而人者皆无愧于疾风劲草，即自尽以全名节，其心亦并可矜怜。”亦平心静气，不涉成见之论。对前朝君臣的评价，时间确是一个重要的因素，事过境迁，已非当初的敌对势力，心理上、感情上就不同些。但下面又云：“至钱谦益之自诩清流，靦颜降附；及金堡、屈大均辈之幸生畏死，诡托缁流（指僧众），均属丧心无耻。”对钱谦益或许可以这样说，对金、屈却不能因出家之故而斥为“丧心无耻”。金堡致孔有德书末云：“山僧跛不能履，敢遣侍者以书献，敬候斧钺，唯王图之。”这无异向掌生杀的降臣在挑战，并非托大言以自壮，也真的可以杀头的，又岂是幸生畏死者敢写敢作？死节固为难能，不死而仍不帝清者其节概仍是可风，虽然这评价是清人所不能接受的。

金堡为僧后，有《贻吴梅村》诗云：

十郡名贤请自思，座中若个是男儿？
鼎湖难挽龙髯日，鸳水争持牛耳时。

① 《喜逢春》传奇曾收入“古本戏曲丛刊”，作者为清啸生。

哭尽冬青徒有泪，歌残凝碧竟无诗。

故陵麦饭谁浇取，赢得空尝酒满卮。

这是将梅村的仕清，比作王维被迫任安禄山伪官，高宗如看到，自然更为切齿了。

（原载《土中录》，上海书店出版社 1999 年版）

《翁山文外》的风波

世宗御制的《大义觉迷录》，身后虽已被儿子高宗收禁，在他生前，却也起过“觉迷”的正面作用。

雍正八年（1730年）十月，署理广东巡抚傅泰密奏：他于《觉迷录》颁到后，即朔望宣讲，并严令城乡必须每月讲解，务使“人人共晓，户户周知”。近日于“敬看”后，见张熙供词中“亦有《屈温山集》，议论与逆书（指吕留良诗文）相合”等语，便想到屈温山与屈翁山（屈大均之字）字音相似，随即购觅书坊，竟有《屈翁山文外》等书，“文中多有悖逆之词，隐藏抑郁不平之气”，顿时不胜骇愕发指，并大骂“狗彘居心，魍蜴为念”。这时翁山虽已死去三十余年（应是四十六年），其子屈明洪尚任广东惠来县教谕，便与布政使王士俊商量拘审之法，不想屈明洪却来自首，说是父死时年幼无知，故家中存留其父诗文及刊板，现在看了《觉迷录》，始知其父滔天大罪，特来“亲自投首投监，请正典刑”。傅泰却认为屈明洪既为教职，竟匿存遗编，此次“自行投首，不无狡卸情弊”，所以一面严加究审，一面还要他供出陈元孝（陈恭尹）后代的住址①，以便一并究拿。

---

① 陈恭尹与屈大均、梁佩兰并称岭南三大家，恭尹少大均一岁。明亡后，恭尹密结义士反清，故与大均所志相同，恭尹诗所谓“中间一杯酒，各有万里行”，因而亦为清廷忌恨。

可是世宗的朱批却泼了傅泰一盆冷水："胡涂繁渎，不明人事之至。"

由于这一线索来自《觉迷录》中的张熙供词，如果闹大了，势必又牵及曾静、张熙头皮，反而使世宗难堪，故而斥傅泰为胡涂，就以朱批不了了之。

到了乾隆三十九年（1774年）十一月，两广总督李侍尧、广东巡抚德保，在接到"搜访有裨实用之书"谕旨后，又于南海、番禺两县，查出屈大均族人屈稔浈等的《翁山文外》，因而奏请将稔浈等治罪。

屈稔浈才二十八岁，雍正八年他还未出生。粗知文义，做过小本生意，因没什么钱赚，便开馆授徒。九月间，他的馆徒林亚璧的母舅简上至馆中，说："现奉本县要寻觅屈大均的书籍，你家里可有么？"稔浈答说："家有《文外》三本。"简上便要拿去。稔浈想到简上是当衙门的人，这书必定有用，恐他白拿了去，便"要他花边银钱三圆"。事后就有两县差人将他拘拿到案，说：这书残缺，要拿出全本的。稔浈供出在族兄屈昭泗家也有这书，于是到昭泗家搜查。

屈昭泗已经七十岁，自幼务农，并不识字，《文外》是家里旧有的，"从前雍正七、八年间，屈大均家里犯事，小的父亲还在，这书为何没有缴出，实不晓得，并不是小的有心藏匿的"。

李侍尧等在奏折中却这样说："查屈稔浈、屈昭泗系屈大均同族，应比伊大逆子孙及同居之人皆斩律，拟斩立决。"这里使我们知道的是：由于一个人犯了"大逆"罪，他的子孙及同居之人都要杀头的，即使这个人死去已经几十年。

但皇上却饶了他们一命："屈稔浈、屈昭泗亦俱不必治罪。"目的为了晓谕各省及早呈献"明末国初悖谬之书"。二屈都是"经官查出之人，尚且不治其罪，况自行呈献者乎"？可是只有皇帝才可以这样说。

（原载《土中录》，上海书店出版社1999年版）

屈大均疑冢案

屈大均生于崇祯三年（1630年），与明代的渊源其实并不密切。明亡后，他以遗民而奔走抗清。康熙十三年（1674年），孙延龄（孔四贞之夫）从吴三桂反清，大均曾参延龄之幕。清廷曾迫令汉人剃发，大均则愤而出家，干脆成为秃头，这样就无发可剃，他在《秃颂》中说："羡子之秃，不见刀锥。无烦发结，不用辫垂。不毛之首，有如鼓槌。"又因清廷迫令汉人改变衣冠，他自称在游南京时，于雨花台之北、木末亭之南筑了一座衣冠冢，自书"南海屈大均衣冠之冢"，使人体会他的"无发何冠，无肤何衣"的用心之苦。他所以选择雨花台，就因南京本是明的都城，明太祖死后即葬于钟山。

康熙二十一年（1682年），郑成功之孙郑克塽归顺清廷，形势大变，他的《感事》中曾有"亮在自然存社稷，横来那得更王侯"、"一代波臣持日月，十年海外尽英雄"及"憔悴空教渔父笑，佯狂合与酒徒新"语。灰心之余，乃由南京携家回乡，不再出外，至康熙三十五年（1696年）而卒，年六十七。在他生前，未成为大狱中人，却是十分侥幸的。

乾隆三十九年（1774年）十一月，两江总督高晋接到大学士舒赫德、于敏中密件，说是江宁（即南京）聚宝门外有屈大均所葬衣冠之处，"此等悖逆遗秽，亟应刨毁，并砰其碑铭，庶逆迹不致久留”。

高晋便先令江宁布政使闵鹗元（当时两江总督驻江宁，故有江宁布政使受其直接指挥）查验，闵即委派教官，“以购访碑版为名，传集多识旧闻之绅士，并向雨花台附近僧寺道院密加访问”。后闵鹗元本人又亲至该处履勘，“将所有坟冢碑记及仆卧残碑，逐一洗刷查验，分别标识，并无屈大均衣冠冢”。高晋恐闵鹗元查察未周，遂亲自率同在城司道府县往勘，传集老僧、老道盘问，“据称衣冠碑冢，实属罕见希闻”，况雨花台、木末亭本系名胜之区，游人杂沓之所，“如果确有其事，断无不互相传播，人人共知，岂敢隐匿不报，自取罪戾？”

密件出于军机处大学士之手，等于来自极峰，结果却一无所得，又如何向上回奏呢？

据高晋乾隆四十年（1775年）的奏折是这样解释的：“臣查逆犯屈大均乃罪大恶极之人，其生前忽而为儒，忽而为僧，忽而为道，忽而还俗，形迹诡秘，居心叵测。其死后尸骸，久经粤省刨出锉戮，乃于恶逆经过之地，辄敢虚营狡窟，冀附游魂，实属天理难容，神人共愤。此冢历今百有余年，查无踪迹，或被雷火轰击，划削除根；或被犬豕蹂躏，灰飞影灭；甚或此等狡狯之徒，掉弄笔墨，伪饰虚词，均未可定。”这也是自欺欺人、无可奈何的侈论，而又近于阿Q习气。衣冠冢和碑都是石质的，雷火怎能划削除根？更不必说犬豕践踏，但末了的“掉弄笔墨，伪饰虚词”云云，倒是不为无见。

屈大均在雨花台筑衣冠冢，当初可能有此打算，但康熙时文网已很森严，对人文集中的江浙地区戒防尤密，而筑冢立碑都须雇匠动众，雨花台更易惹人注目，故而有所顾忌，只好作罢。果真有冢碑的话，竭疆吏耳目之力，不会查不到。我检阅了民国二十四年（1935年）出版的《首都志》（当时国民政府建都南京)，内收屈大均的《孝陵恭谒记》，却未见有关衣冠冢的资料，如果确有冢碑，不会不收的。黄浚曾任职于南京，其《花随人圣庵摭忆》云："翁山本为明之遗民，雨花台冠冢为其依傍望祭之私，初非指斥满洲。"实亦仅据传闻。就翁山而言，真有对孝陵"依傍望祭"之情，自亦隐寓指斥新朝之意。《摭忆》又云："雨花台近在咫尺，迩来久无人谈翁山衣冠冢矣。"就因雨花台本无翁山衣冠冢之故，风波之后，更加谈无可谈。高晋等的查验和回奏，等于澄清了此一疑案。

邓之诚《清诗纪事初编》有云："世传其遭禁由《雨花台衣冠冢志》，其实他文有关剃发者，若《藏发冢铭》、《长发乞人赞》、《秃颂》、《藏发赋》，皆为当时所万万不容者，愤激指斥之语，几于篇篇有之，未兴身后之狱，已为万幸。……乾隆一朝禁书，以翁山为最严，其恶护发，殆有胜于诽谤矣。"邓氏执教于南京，对衣冠冢事也只说"世传"，可见原来就没有这一回事。

历史上许多重大案件，用今天最起码的常识来衡量，简直如游地府。据高晋奏折说，屈大均尸骸早经粤省刨出锉戮，实是向棺材里杀人，清廷对大逆犯惯用此法，那是连鬼道也谈不上，遑论人道。

《史记·伍子胥列传》，记子胥曾鞭楚平王之尸。这时平王已死去十余年，只剩下一堆枯骨，怎么鞭法？所以有的书只说鞭墓、挞墓，《史记·楚世家》也只笼统说"吴兵遂入郢，辱平王之墓，以伍子胥故也"。想来因鞭尸太不近情理也太残狠，故只用"辱"字，不想到了二千年后的清朝，居然用"刨出锉戮"之法了。

（原载《土中录》，上海书店出版社 1999 年版）

奏折中的皇帝隐私

都察院役满吏员、山西候补吏目（从九品）严谱，曾自著《瓦石集》，回家（高平）后妻及两子相继病亡，生活潦倒，家里只有一具铁锁锈蚀的木柜，柜中除《洗冤录》等数部外，都是“旧破妇女衣物”。因为其妻已死，这些东西无人料理，直到官府搜查时才始检获。可见其人之又穷又可怜。

他曾在北京一家杂货店中写账两年，每月大钱一千文（即一贯）。他从传闻中得悉有这样几件事：一，高平县官因派牲口，要百姓每头交银二、三两，百姓不依，县官记恨，嘱咐后任署印官将绅士传去责打。二，山东向商店派银，不依便将店铺封起。三，县官派富户捐银办铜，不愿办者便押在衙门，三、二天不给饮食，有个老人为此而受寒身亡。四，县官上省办差，样样都要科派，百姓赴省控告，与本官相遇，官用短轿杠夹死一人。

官风败坏到这个地步，严谱个人则形单影只，落魄京师，他又是一个读书人，进身心切，就选无期，“想到人生在世，该做些有名声的事”，便于乾隆四十一年（1776 年）七月间写一禀启给大学士舒赫德，其中说：“严谱受职荣身之恩，未尝有报，略进片言，请镇吓贪官勿得扰民”，并称“折奏一个，烦为封好进呈。在寓静候，绝不逃避”。折中又将上述四起事加上了名目：平民无故受责、谋利害民、倾家败产、官刑处死，然而最惊人的是折中还有这样的话：“纳（喇）皇后贤美节烈，多蒙宠爱，见（现）圣上年过五旬（时高宗年六十八），国事纷繁，若仍如前宠幸，恐非善养圣体，是以故加挺触轻生。”口供中又说：“三十年皇上南巡，在江南路上，先送皇后回京。我那时在山西本籍，即闻得有此事，人家都说，皇上在江南要立一个妃子，纳皇后不依，因此挺触，将头发剪去，这个话说的人很多。”严谱这些话，虽然是道听途说，足见民间对乾隆下江南确有种种传说，特别是隐私方面。高宗为什么要将严谱的话公开出来？“恐外间无识之徒，转因办理慎密，妄生猜疑议论”，实在用心良苦。

可是官府又奇怪，严谱怎么会知道纳喇氏之姓？可见“其中显有辗转诱惑之人”，严谱却支吾掩饰，虽经拧耳、长跪、打板、拶指、严夹，“由渐敲击”，依然坚供如前，还说：“及三十三年，我到京师，听见皇后已故，并未颁诏，又由御史将礼部参奏，当即发遣，我心里想慕这个御史为人梗直是有的。”

纳喇氏即乌喇那拉氏①。乾隆三十三年（1768 年），她曾随高宗至杭州，因高宗于深夜微服出游，纳喇后乃泣谏，甚至剪发（清人最忌剪发），高宗谓其疯病，命先还京师。后高宗将以病疯废后，刑部侍郎觉罗阿永阿欲谏，以母老踌躇，母喻以忠孝不能两全，阿永阿即侃然上疏，高宗大怒，将阿永阿遣戍黑龙江。接着纳喇后逝世，时高宗在木兰，闻讯后命丧仪不得依皇后制

① 乌喇是她上代的部落名，那拉是她姓氏，如慈禧为叶赫那拉氏，叶赫为她上代部落名。九钟山人（吴士鉴）《清宫词》云：“鬟云截去独含颦，不学文昭（指魏文帝文昭后甄氏）望孟津。祔庙但虚椒屋礼，生前依旧俪中宸。”即咏纳喇后事。

度，只能照皇贵妃例[①]，故无谥，从此也不再立皇后。御史李玉明上疏请行三年丧，又被遣戍伊犁。四十三年（1778年）东巡，锦县生员金从善，因皇后丧仪事于御道旁上书，请下诏罪己，又请立皇后，被杀。

严谱整天想望的是“留个名声”。他曾自撰一联：“忠孝节义果能行，虽然贫贱理宜起敬；奸淫邪盗若有犯，即使富贵法难宽容。”他本来要向四阿哥（四皇子）永珹上个启帖，写完后将封好往投，不料折子被风吹在砚台上，将年月后半被墨污了，心想这不是吉兆，就此中止。他实在是一个蠢得可怜的人，性格却很坚强刚直，敢于虎口拔牙，竟将皇帝的隐私和家事也写在奏折中。官府疑心他有疯病（恐怕是有的），但还是将他当作健全的人来看待，这在每一件“疯人文字狱”中都是如此，无一宽赦，但严谱案却有些出类拔萃。宫闱事秘，草野小民怎么可以这样去“挺触”呢？

最后是大臣拟凌迟，降旨改斩决，而且只杀一人，不涉亲属。

（原载《土中录》，上海书店出版社1999年版）

① 清制，后宫置皇贵妃一名、贵妃二名。皇贵妃高于贵妃，次于皇后。

王锡侯《字贯》案

对皇帝的庙讳和御名的讳避，也是中国历史上独特的禁忌，民间流行的“十恶不赦”的成语，现在只当作罪大恶极的泛喻，古代却有特定的涵义。十恶之中的一恶是“大不敬”，即包括对庙讳或御名不回避而直书，因不回避而处死的事例究起于何时，无从详考，只知清代是最严厉的，但清人在关外时其实并不讲究。溥仪以娃娃而登帝位，于是“仪”字只能写成缺笔的“儀”，唐绍仪一度改为唐绍怡。其实把御名写成怪胎似的缺笔，何尝是恭敬呢？从前不少人只知道高祖、太祖或康熙、雍正，却不知道他们的真名叫什么，就像只知道玉皇大帝、太上老君一样，真可谓神而秘。史传中必欲写到本朝已故某帝之名时，就只写“庙讳”二字。到了清末，章太炎文中出现了“载湉小丑”字样，那已是以反清斗士的勇气，与专制淫威相抵敌了。

陈垣的《史讳释例》专书，郑振铎的《释讳篇》专文，都对避讳故事作过考释，郑先生还说，“名字的讳避，没有比我们更保留得顽固而久远的”，并认为这是“人类远古的蛮性”遗留的残迹①，下面记述的这件案子，似可作

① 郑文约作于 1935 年，文中又说当时政府还下过命令，吩咐各报馆不许直书各要人之名。

此种蛮性遗留的印证。

乾隆四十二年（1777 年）十月，四库全书馆进呈的北宋李廌《济南集》中的《凤凰台》有“汉彻方秦政，何乃误至斯”句，高宗又检阅《北史·文苑传》序，也有“颉颃汉彻，跨蹑曹丕”语，因而大为不悦，说是始皇酷虐，曹丕篡逆，显斥其名亦无不可，汉武帝为兴贤使能的有为之主，黩武、惑溺神仙乃其小疵（按，黩武实非小疵），“岂得直书其名”？故指定馆臣对这两处的汉武帝刘彻之名必须改去①，这也可说下述王锡侯案的序幕。

就在同一月中，有个江西新昌县光棍王泷南，因挟私报复，告发举人王锡侯删改《康熙字典》另刻自编的《字贯》，实为狂妄不法，巡抚海成先将王锡侯革去举人，以便审拟，并将经过缮折具奏。

高宗阅后，起先以为不过狂诞之徒妄行著书立说，自有应得之罪，及阅其进到之书，第一本序文后的“凡例”中“竟有一篇将圣祖、世宗庙讳及朕御名字样开列，深堪发指，此实大逆不法，为从来未有之事，罪不容诛，即应照大逆律问拟”②，于是除了王锡侯本人被斩外，儿子三人、孙子四人也一并斩监候。可怜王氏一门，从此绝子绝孙了。

王锡侯为什么要删改《康熙字典》？因嫌原书卷帙浩繁，“穿贯之难”，检阅不便，所以想简化成为“字贯”，“便于后学者查找”，故其书称为“字贯”。

---

① 对秦始皇和汉武帝称名，唐李贺《苦昼短》已有“刘彻茂陵多滞骨，嬴政梓棺费鲍鱼”语，《金铜仙人辞汉歌》也有“茂陵刘郎秋风客”语。又，殿版《北史·文苑传》序及御制《佩文韵府》皆仍作“汉彻”。

② 王氏“凡例”中，只列圣祖玄烨、世宗胤禛、高宗弘历而未列入关第一帝世祖福临之名。因满人在关外时的名字本来都是满音，如努尔哈赤（齐）、皇太极之类皆是汉文音译，世祖生于关外，福临也是满音，故这两字皆不避，王氏因而未开列，玄烨以下是受了汉化后才讲究的。

但《康熙字典》是钦定的，从此书“创意”了一个前所未有的“字典”（经典、典型）之名，就可知道主编者是如何自许了。而王锡侯对之加以批评，等于在嫌贬钦定之书，任何理由都无法辩解了。至于开列庙讳御名，也是出于好意，“为让少年人知道避讳，故于书内开写，以使人人知晓”，但这时也只得承认“自己该死”了。

高宗即位后，曾降旨说：“避名之说，乃文字末节，朕向来不以为然。”从本书前面叙述的若干故事看，对犯讳案也有从宽的，但这只限于个别细节，王锡侯却将圣祖、世宗和高宗本人名讳一本正经地开列于书上，就像出于故意，因而也是有口难辩了。其次，这时《四库全书》正在搜访和编纂，也欲借此立威，例如对海成便是一例。

大约也是为了对当时官场敷衍搪塞的习气加以整饬，所以上谕对于立案时未曾发现《字贯》居然开列庙讳御名的“大是大非”问题的海成，大加训斥说：“岂有原书竟未寓目，率凭庸陋幕友随意粘签，不复亲自检阅之理？况此篇乃书前第十叶，开卷即见，海成岂双眼无珠，茫然不见耶？”其语气着实令人“触目惊心”，海成因而也被处以斩监候。实则海成对文字之搜求，原是十分严密卖力的，据他奏折中所说，经他上报的民间缴呈应禁毁之书，即达八千余部之多。

据《清代禁毁书目》所列王锡侯的“悖妄书目”有十三种，除《字贯》外，还有《国朝试帖详解》、《小板佩文诗韵》、《神鉴录》、《感应篇注》等，孙殿起《贩书偶记续编》载有王锡侯之《字贯提要》四十卷，有乾隆三十九年（1774年）刊本、约道光间日本重刊本两种，则此书的全称应为《字贯提要》，可见其书禁而未绝。周作人《苦竹杂记·读禁书》云：“如尹会一、王锡侯的著述实在都是无聊的东西，不值得去看，何况更花了大钱。……话虽如此，假如不很贵，王锡侯的《字贯》我倒也想买一部，否则想借看一下，如是太贵而别人有这部书。”禁书中不值得看的恐怕是占多数，观锡侯曾著《（太上）感应篇注》，亦见其人学识的浅陋陈腐。周氏又说禁的效力等于劝，这倒是事实，但他于“禁书”中举了尹会一之名，这是涉笔之误。会一是道学家，文多腐气，书却未被禁，列入禁书的是他儿子尹嘉铨的著作，本书中也有一篇是专谈尹嘉铨案子的。

（原载《土中录》，上海书店出版社 1999 年版）

因犯圣讳使人成鬼

继王锡侯《字贯》案之后，无独有偶，在乾隆四十三年（1778 年）冬天，河南祥符县又发生一件触讳案，主犯两人，都不是读书人，一是裱褙铺主刘峨，一是向考相公送报喜信的脚夫李伯行。

由于庙讳和御名都是“绝密”的，年轻的士人赴考时，就不知道应当怎样避讳（王锡侯考秀才时就是这样），所以官方曾印行了《科场条例》之类的手册，写上庙讳和御名，使考生一见如遇虎狼，立即回避，有些人便取巧仿印以牟利。

乾隆二十年（1755 年），李伯行在送信时，认识了同行马均璧。马以《圣讳实录》板片四块、书签一条，向李抵押钱六百文，并说：这书是科场中应考生童都要买的，每本可卖一、二十文（实为三十余文），书中凡应避的圣讳都有了，考生阅后便不会触讳。事后李伯行又将书板交给刘峨祖父刘振刷订成为本子。马均璧死后，家属未将板片赎回，李也双目失明，积欠刘振工钱五百本，只得将书板交刘。刘振死后，其孙刘峨继续印卖，经地方官发觉，便将刘峨拘捕到案。案情前后涉及二十余年，其中有关联的人也已死的死、病的病了。

刘是个白丁，印书只为牟利，利也无几，但书本身却要考生遵守王法，不可懈怠，例如逢到“胤”字时，必须写成字典里也查不到的“胤”字，因为世宗的名字叫胤禛（“禛”改“祯”，如著名诗人王士禛虽然在康熙末逝世，但雍正以后的人提到他必须改称王士祯）；皇历要叫“时宪书”，因为高宗的名字叫弘曆（“弘”字作“宏”，“曆”作“歷”）。可是书内同时将庙讳御名的本字也照写了（实是不能不写），官府因而认为不法：“此书既欲使人知讳避，乃敢将应避字样，各依本字正体写刻，实属不法。查书内有碍世宗宪皇帝之旨，于江右（江西）藩幕，因集本朝世代《圣讳实录》，欲付剞劂，俾天下皆知尊崇之语。似此书实起于江右，而著书姓名及刊刻年月，并未开载。”又因书内有铲挖形迹，“显有明知犯法故有铲除情事”，而上谕又说“实与王锡侯《字贯》无异”，恐其流传他处，便出动了江西、山西、直隶等七省封疆大吏为这本书而侦查，结果却查不出什么，其实还是说明这批官僚的庸碌无能。既然已经从旧卷中查出了雍正四年（1726 年）的藩司（布政使）是丁士一，幕友中有江南口音的姓吴的人，沿此线索，有什么查不到的呢？

最后，经三法司核拟后的处分是：刘峨斩立决，李伯行“虽系双瞽笃疾”也要斩。胡喜智受刘峨之托卖过三本，共一百二十文，胡给刘一百文，杖一百，枷号两月。刘峨好友李均爱，曾向刘索取一本，并非出售，杖八十。李、刘卖书钱数目已不能记忆，免予追究，但从胡喜智处得的一百文，胡自己得的二十文，必须照追入官。这些都是清清楚楚写在河南巡抚陈辉祖奏折里的。阿弥陀佛，真是公事公办，一丝半毫都不含胡。

唐代李贺的父亲名晋肃，李贺就不能考进士，因晋肃与进士音同而犯“嫌讳”，韩愈在《讳辩》中说了两句很有意思的话：“若父名‘人’，子不得为人乎？”清代的小民刘峨、李伯行因印卖《圣讳实录》，果真不得为人而成为鬼了。

故宫博物院出版的《文献丛编》第四辑，收录了长达数万字的刘峨案的狱档及《圣讳实录》原文（按，此案未收入《清代文字狱档》中），实在值得一读，还希望读者想一想，在过去的日子里有过多少刀光血影，人们是怎样活着又怎样死去的。由于写刻了皇帝的名字，事隔二十年，刽子手还要磨快他们的钢刀，这样的故事，在整个世界历史中恐怕是独一无二的。

（原载《土中录》，上海书店出版社 1999 年版）

从笔祸看官场

江苏东台人徐述夔，字赓雅，乾隆三年（1738年）举人，在他的《一柱楼诗集》中有“明朝期振翮，一举去清都”二句[①]。“清都”原出《列子·周穆王》，指帝王所居之处。“去”字可作离开解，也可作前往解。后经人告发，遂成大狱。

因徐诗所用这两个典故的首字恰巧为“明”和“清”，高宗便认为“不用‘明当’而用‘明朝’，不用‘到清都’而用‘去清都’，实系借‘朝夕’之‘朝’读作‘朝代’之‘朝’，意欲兴明朝而去我本朝，其悖逆显而易见。”单就这两句诗而论，实在是深文周纳，徐述夔即使恋明厌清，何至写得这样直拙露骨？但他还有“莫教流下土，久矣混莸薰”、“蛰龙竟谁从”、“重明敢谓天无意”、“市朝虽乱山林活”、“江北久无干净土”、“不知警跸清尘日，可有情形触属车”、“旧日天心原梦梦，近来世事益非非”。这些诗句，倒是笔祸的好把柄，一经指摘，欲辩无从。

---

① 印鸾章《清鉴》记徐氏《一柱楼诗集》中有“清风不识字，何得乱翻书”及“兴杯忽见明天子，且把壶儿（胡儿）抛半边”句。这却是附会之说。四句诗流俗相传已久，疑为后人伪托文网中人。

这时徐述夔已死，其子怀祖曾将“逆词”公然刊刻，但也已死，两人因而被剖棺戮尸，述夔孙食田、食书斩监候。

凡是大狱，必多株连，而株连的情节往往又很离奇，这里只举两例。

列名徐述夔诗文集的校对者有徐首发、沈成濯，而将“首发”、“成濯”合在一起，便有悖逆之意：“首发”原指头发，“成濯”则是用《孟子》的“牛山之木，若彼濯濯”典故，不就是头发光秃秃之意么？也即“在诋毁本朝剃发之制”了①。徐、沈于是也被判为斩监候。

有个归安监生毛澄，在外地认识了管盐务的姚德璘，姚要毛为徐述夔的和陶（渊明）诗作跋，毛随手写了几句，案发后，要毛招供，但毛未留底稿，“如今细想，还能记得几句，我想着写出来呈看就是了”。毛的默写稿便分为两部分，一是“以上记得清楚，并无错字”，一是“以上因事隔十余年，不能记清，字句恐有铺错，合并供明”。虽然如此，还是杖一百，流三千里。他其实根本不认识徐述夔。

此案结束于乾隆四十三年（1778 年）十一月，起因和经过却是这样的(这里只好倒叙)：

徐食田本已向东台县自首缴出徐述夔诗集，原可无事，可是他又与当地光棍蔡嘉树因田地涉讼，蔡挟索不遂，便向江宁布政使陶易告发，还摘录一些狂悖语句。陶易疑心蔡有意挟嫌，便在蔡呈词上批了“与尔何干”等词。这是陶易在发昏，即使是有意挟嫌，在这种性质的案件中亦不能点破，更不能写入判词。他又在给扬州府文内批道：“至讲论经传文章，发为歌吟篇什，

① 清初严令剃发，顺治二年（1645 年）六月，曾谕礼部：“遵依者为吾国之民，迟疑者为逆命之寇。若惜爱规避，巧言争辩，决不宽贷。”衍圣公孔允植要求蓄发，“以奉先世衣冠”，即被降旨斥责。

如止有字句失检，并无悖逆实迹者，将首举之人即以所诬之罪依律反坐，著有明条，倘系蔡嘉树挟嫌妄行指摘，思图倾陷，亦即严讯拟议。”这一来，陶易便成为“有心袒护开脱”的犯官，案件的重心就转移到他身上，解到京城后，由高宗亲自审问。

陶易说：批词是他幕友陆琰写的，陆琰说：近年缴销书籍天天都有，徐食田又自首在前，“我觉着即有违碍也不过在应毁之列，故此没有留心细看，就将‘如果违碍，查明核办；倘系挟嫌，严讯反坐’两平写着，交府查办”。所谓“两平”，其实是模棱手法。但批词是经陶易看过，并由他签发。陶易只得承认：“心里偏在徐食田自首一边，就把那知人欲告而自首仍应减等治罪的例倒忘记了，就是我命运该死，以致如此胡涂，只求从重治罪，再没有什么辩处了。”高宗说是陶、陆两人“商同舞弊，欲图消弭”徐案逆节。

刑部乃拟两人斩立决，上谕加恩改为斩监候。就是说，这一场大狱的罪犯，活着的人一个都没有被杀，徐述夔、徐怀祖是被锉尸的，但他们早就是一对骷髅了。

从这件案子可以看出，当时在处理文字狱案时，是无论如何讲不得“天良”的，只有将案犯往死里打。判重了皇帝减轻是“皇恩浩荡”，而判轻了则是“立场”问题，弄不好连办案官员自己都栽进去。明乎此，对于当时文字狱案多冤滥也就理解了一大半。

陶易自己说是一个穷书生，只是举人出身，后由州县府道超擢藩司。定罪后，在其江宁家属寓所中抄出了金器金锭九十五两、银二千三百余两、玉器一百八十五件，他的山东文登县家里抄出银器首饰八十余件、绸缎纱料三十五匹。这些数目引起查抄大臣的怀疑，因为陶易久历外任，所得已多，不应只有银二千余两，便向他孙子审问，孙子说是陶易自知有罪，进京时将银五千两交儿子陶曾履托熟人带到京城，以备将来呈请赎罪之用，还有二千余两也被儿子陶曾恒带回原籍。

每一件案子都要经过各级官府的查办，这也应该的，但我们也可看到当时官场形形色色的人物，对付查办有千变万化的手段，只是陶方伯毕竟是十八世纪的人，而且不很精明，因而很快就被查出来了。至此，陶易又加了一重罪过。

此案载于故宫博物院第七辑、第八辑的《掌故丛编》中(《清代文字狱档》中未收此案)，后又附有殷宝山一案。

江苏提学使刘墉于金坛考试时，有丹徒生员殷宝山投递一纸，自称刍荛之献，妄论江南省（今江苏、安徽）风俗人心，官常学校，竟以为“耳闻目见，无一而可”，又于其家中搜出《岫亭草》，内有《记梦》云“若姓氏，物之红色者是。夫色之红非姓之红也，红乃朱也”等语，显系指胜国（前朝）之姓，故为翁子、徽国之语以混之①。乃将殷宝山解京，最后如何处分，未详。

（原载《土中录》，上海书店出版社 1999 年版）

① 朱买臣字翁子，朱熹曾封徽国公。刘墉为了谨慎，故意不明写“朱”字，可见当时对“朱”字也不敢随便用的。

沈德潜与钱谦益

沈德潜是清代负盛名有影响的文学家，他在六十六岁时还是一个诸生，次年始中进士，后却成为晚达的显宦，官至内阁学士兼礼部侍郎，在籍晋尚书衔、太子太傅，食正一品俸，在朝时主要为高宗个人翰墨上的侍从之臣。

沈德潜的诗现存二千三百余首，平熟而少才性，还编过《古诗源》、《国朝诗别裁集》等。卒于乾隆三十四年（1769年），享年九十七岁，其《甲申除夕》诗有“此身剩有筋皮骨，明日居然九十三”语。但生前身后，却因文字之累而两遭帝怒。

《国朝诗别裁集》（近人重版改称《清诗别裁集》）创始于乾隆十年（1745年），完成于二十三年（1758年），共收清前期诗人九百九十六人，而第一人却是高宗最痛恨的钱谦益，选录的多至三十二首，仅次于王士禛（四十七首）。小传中又多推崇之词，如说“推激气节，感慨兴亡”等。这里试举钱氏的《奉谒少师高阳公子里第感旧述怀》为例：“苍黄出镇便门东，单骑横穿万骑中。拊手关河归旧服，侧身天地荷成功。朝家议论三遗矢，社稷安危一亩宫。闻道朝廷饶魏绛，早悬金石赏和戎。”诗中的主人公为孙承宗，高阳人。崇祯十七年（1644年），清兵攻高阳，承宗率家人拒守。城破，自缢死。这样的诗，如果是别人写的，高宗倒不一定计较，出于谦益之手，就要引起敏感，特别是结末的“赏和戎”云云，又置已入主中土的清人于何地？

乾隆二十六年（1761年），德潜请高宗为他的《别裁集》写一篇序文。高宗阅后，乃命儒臣重新编选后而为之序，这序其实是在训斥：“因进其书而粗观之，列前茅者，则钱谦益诸人也。不求朕序，朕可以不问，既求朕序，则千秋之公论系焉，是不可以不辨。夫居本朝而妄思前明者，乱民也，有国法存焉。至身为明朝达官，而甘心复事本朝者，虽一时权宜，草昧缔构所不废，要知其人则非人类也，其诗自在，听之可也，选以冠本朝诸人则不可，在德潜则尤不可。……谦益诸人，为忠乎，为孝乎？德潜宜深知此义。……因命内廷翰林为之精校去留，俾重锓版，以行于世，所以栽培成就德潜也，所以终从德潜之请而为之序也。”又如对“慎郡王以亲藩贵胄，乃直书其名”①，对“名教罪人”钱名世之诗也予选入，还在注中说：“因未见稿本，所收独略。”名世获罪于高宗之父世宗时，德潜居然有胆量收录其诗两首②。时德潜年近九十，故高宗斥为“老而耄荒”。

《别裁集》为什么要将钱谦益名列第一③？说起来倒也是委屈用心。

钱谦益、王铎、龚鼎孳等六人，原是降清之贰臣，故特将六人列为专卷，

---

① 慎郡王，圣祖子，名允禧。清诸王对皇帝称名，对别人仍称王，如高宗子永瑆为人书联，即直署“成亲王”，以示皇室之尊，高宗序中也称王而不名。

② 钱名世诗也见于《江左十五家诗选》，邓之诚《清诗纪事初编》中钱诗即据此书选入。

③ 据孙殿起《贩书偶记》，乾隆二十四年精刊之《国朝诗别裁集》为三十六卷，乾隆二十六年翰林院删定重刊本为三十二卷，知所删者为四卷。1981年上海古籍出版社出版的《清诗别裁集》，系据乾隆二十五年教忠堂重订本为底本，也是三十二卷，即沈氏自己于刻印一年后又作了修订，但仍有钱谦益等六人，可惜一时找不到三十六卷本与翰林院删定本作一对比。

又因他们是从明入清，就年份论，则属于卷首，即第一卷，却又饰称为“我朝从龙之佐”，而在这一卷中，自应以钱氏为第一名。但清人根本不承认他们是什么“从龙之佐”，高宗甚至斥为“其人则非人类也”，而却“选以冠本朝诸人”，自然不能容忍。再说钱谦益等如果九泉有知，也不会恬然自安于“从龙之佐”，例如六人中有吴伟业，他就根本不会甘心承认，何况吴氏确也谈不上“从龙之佐”，所以实是两面不讨好的下愚之策。

钱谦益于仕清后，固然自惭自悔，不忘故国，并进行一些抗清活动，上海古籍出版社的《牧斋有学集》的出版说明中即有公允的评价，但这对清人，恰恰成为最痛恨的死结，看作既食周粟、又骂武王的首鼠两端的反复之徒。高宗对史可法、黄道周等是尊重表彰的，认为各为其主，无碍其为成仁，而对钱谦益之痛恨，就清廷来说也不能算错。这也是牧斋可悲之处。

但高宗对沈编《别裁集》之谴责也仅止于此，他说的“不求朕序，朕可以不问”，亦平心之论，如同朋友间争执时的说理一样，而且经过改选后，序文还是写的。至二十七年南巡过常州，沈德潜偕钱陈群往接，还赐以诗。沈德潜最后之受重罚，是在他身后。

（原载《土中录》，上海书店出版社1999年版）

沈德潜与徐述夔

乾隆四十三年（1778 年），经人告发，徐述夔的《一柱楼诗集》中，有沈德潜所作之传，并称其品行文章皆可法。高宗震怒，乃追夺德潜阶衔谥典（文悫），撤出贤良祠内牌位，扑毁所赐祭葬碑文。存殁恩荣，一网打尽。

上谕云："是沈德潜于徐述夔悖逆不法诗句，皆曾阅看，并不切齿痛恨，转为之记述流传，尚得谓有人心者乎？……且伊为徐述夔作传，自系贪图润笔，为囊橐计，其卑污无耻，尤为玷辱搢绅，使其身尚在，虽不至与徐述夔同科，亦当重治其罪。"但德潜退休后仍食一品俸，何至贪小到这个地步？

到了次年，却又御制《怀旧诗》，把德潜列为五词臣之末，与钱陈群并称为"东南二老"，末段云："其子非己出，纨袴甘废弃。孙至十四人，而皆无书味。天网有明报，地下应深愧。可惜徒工诗，行阙信可济。"（见《清史列传》卷十九）方濬师《蕉轩随笔》卷八，载有此《怀旧诗》之注云："德潜无子，其嗣子种松不知何所来，人甚不肖，狎邪作恶，曾命该抚就近约束之，幸而未致生事抵罪，而德潜末年所得谀墓财，皆被其荡费罄尽，娶妾至多，养子至十四人，其因德潜赐举人者，不久即夭，其余无一成材者，实德潜忘良负义之报也。"

从《怀旧诗》及其注语看，沈德潜原先的罪名是属于政治的，中间却转为“贪图润笔”，似乎是属于经济了，最后又归结到子孙的品德上，而所谓“忘良负义之报”云云，实也含有幸灾乐祸心理，所以，这不是“怀旧”而是怀仇。又如说德潜的嗣子“不知何所来”，简直是市井间的揭发隐私，大失人君体统，与上述序文比起来，气度差得远了。

将沈德潜选钱谦益诗和为徐述夔作传两罪比较，应是前者重而后者轻。谦益久为高宗痛恨，德潜是深知的，因而是明知故犯；德潜为述夔作传时，又怎知道自己死后九年述夔会被当作破棺的逆犯？上谕说德潜曾看过述夔的悖逆不法诗句，并不切齿痛恨，不正说明徐诗没有悖逆不法的嫌疑么？

萧一山《清代通史》卷中云：“或谓德潜以诗学致卿贰，告归时，弘历以己所作诗集委之改订，颇多删润。德潜死，调其诗集进呈，则平时为之点窜及捉刀之作咸录焉。弘历大恚，始有革爵撤祀之令。又阅其咏黑牡丹诗，有‘夺朱非赤色，异种也称王’句[①]，指为逆词，令剖棺锉尸。”（按，德潜未被剖棺锉尸，当是与徐述夔之戮尸相混。）印鸾章《清鉴》卷八亦云：“帝每有所作，经德潜推敲者为多，尝语人曰：‘朕于德潜可谓以诗始以诗终矣。’后德潜卒，帝微闻其以捉刀语告人，由此衔之刺骨。”此皆流俗相传之词。当时为高宗诗文捉刀的也不止沈德潜一人，如赵翼《檐曝杂记·圣学》云：“寻常碑记之类，亦有命汪文端（军机大臣汪由敦）具草者。文端以属余，余悉意结构，既成，文端又斟酌尽善。及进呈，御笔删改，往往有十数语只用一二语易之，转觉爽劲者，非亲见斧削之迹，不知圣学之真不可及也。”高宗在《乐善堂全集》序中也说：“自今以后，虽有所著作，或出词臣之手，真赝各

① 此为古人诗，而流俗相传，言人人殊，参见本书《蔡案余话》篇。

半，且朕亦不欲与文人学士争巧，以贻后世之讥。”则高宗自己也不讳言其所作有他人代笔。

总之，就当时文网高潮而言，沈德潜先既选录钱诗，后又为徐氏作传，生前身后之受惩处，原是很普通的惯例，与为高宗捉刀实绝无关系，藉此也可一破流传附会之说。

下面附录沈德潜本人诗三首。《吴山怀古》云：“夫差曾报阖闾仇，宋室南迁事竟休。和议有人增岁币，偏安无诏复神州。中朝已洒苌弘血，塞北空闻杜宇愁。莫上凤凰山顶望，冬青谁认旧陵丘。”《过许州》云：“到处陵塘泱泱流，垂杨百里罨平畴。行人便觉须眉绿，一路蝉声过许州。”《秦淮杂咏》云：“横波写出楚江春，诗句蘼芜字字新。国破家亡赵承旨，多情应为管夫人。”上二句咏顾横波画兰、柳如是题句，下二句借赵孟頫仕元为翰林学士承旨，讽龚鼎孳之仕清。

（原载《土中录》，上海书店出版社 1999 年版）

一介小民妄谈国政

湖南安化县八六高龄刘翱，于乾隆四十三年（1778年）五月初四日，来到巡抚颜希深衙门，呈上供状书一本。颜见其形迹诡异，当即审问。刘翱供称：自幼穷苦读书，没得成就，这书本是自己陆续编集，叫侄刘维经誊抄。后来侄子病亡，便于雍正十三年（1735年）向吴学政呈投（即在四十二年前），因吴丁忧，未曾收下。乾隆四年（1739年），又呈安化知县力暄春，受到批驳。隔了六年，又呈前巡抚蒋溥，也被逐条批驳。这时听到各处在呈缴遗落的书籍，因而到省城呈缴。颜希深看到刘翱衰惫龙钟，两耳重听，当即派员至其寓所搜查，并无其他字迹、杂物，但细核书中字句，又觉"多有悖逆之处"。刘翱用这种"诡异"方式呈书，也不可能不被先存疑心，后觉悖逆的。

颜希深便向朝廷申奏："查刘翱以一介小民（实在小无可小了），辄敢妄谈国政，已属狂诞，且捏造圣祖仁皇帝喻陈鹏年之谕旨①，并妄论世宗宪皇帝由藩邸缵承大统之语，毫无忌惮。其指斥吕留良、曾静、唐孙镐之处，又系

① 当指康熙五十一年（1712年）陈鹏年任江南布政使时，被总督噶礼诬陷下狱，后因圣祖降诏而复官事。

从何考据？书尾所称接续之际，妄生议论，何代蔑有？又云是非之心，人皆有之，其居心更不可问。”随即又派长沙知府蒋曾炘等往刘翱原籍家中搜查，还要查明其侄刘维经是否真的病故。

颜希深算得干练精细了，连刘维经是否病故都要查明，上谕却说：“颜希深所办未为得当，此等狂诞之徒，敢妄谈朝政，即此外别无不法字迹，亦当予以外谴，不可复留内地滋事。”还指责蒋溥（时已病故）在办此案时不即究治，只是逐条批驳，已属错误，颜希深却派蒋曾炘查办，但蒋曾炘是苏州吴县人，“与蒋溥（常熟人）同府同姓，安知其不为回护？亦岂可不避嫌疑？颜希深办事何不精细若此”。对前一点，上谕未免错怪了颜希深，因为希深原准备从重处罚刘翱，只是放后些，等待全案告一段落后再下手，他所以必欲查明刘维经是否已死，就是一个伏笔。对第二点，上谕果真棋高一着，从二蒋的同府同姓上，便想到回护之嫌，因而使颜希深“如梦方觉，臣之粗疏庸昧，实无辞自解”。

接着是李湖接任了湖南巡抚，上谕要他“审拟此案时，如查其家别无悖逆书籍，即将该犯发遣乌鲁木齐等处”。

李湖是办文字狱的狠将，接任后先是搜查，然后“再三驳诘”。据刘翱供称，他闻知上谕令大小臣工条陈利弊，便想条议地方时事，呈请本省官员转奏，邀恩录用，但这是从前的妄念，“今年已衰迈，并无他望，因编集是书曾费数年心力，其中或有可采亦未可定，不甘埋没，借查缴遗书因由，又赴呈缴”。又说：“因闻皇上查缴违碍藏书，自必心疑士民妄生议论，故备述我朝圣圣相承，恩深百姓，纵有昧心狂笔，何忍存留？少释圣主之疑，冀免查缴，甘冒重罪律拟甘心。这便是不得已之鸣。”这些都是老老实实的话，也很像草昧老人的口吻。他所谓“是非之心，人皆有之”，也是要使民间信任朝廷，不必疑惧。但刘翱议论世宗入承大统之事，便是罪孽深重了。这些宫闱隐秘，即使属实，大加颂扬也是要惹祸的。官府奏折中一再斥责“一介小民，辄敢妄谈国政”，并非没有道理。

刘翱的家抄了两次，抄不出悖逆书籍，亦无同编之人，但李湖还是要照“妄布邪言，为首斩决例，请旨即行正法”。不仅如此，还用公文要福建巡抚德保查明力暄春（福建永福人）的下落。力暄春已在十年前病故，福建地方官便带了暄春之子到乡下勘验他的浮厝棺柩，看清棺上名号，又传讯附近乡民，都说是力暄春之柩，于是要他们具结为证。如此认真严密，能说是什么官僚主义呢？——如果当时真有官僚主义的话。

上谕先已明示，将刘翱发配远地，李湖却定要刘翱的老命。就我们看来，对此案处理得最明亮的，要算蒋溥和力暄春。这并不是说他们心地善良，而是说，这样的案件只能批驳了之，因为他们都看过了刘翱的原文。安化地方官曾传集刘翱的族亲邻人等询问，都说刘翱“平日性情暴戾，行事乖张，为乡党所共恶，不与往来”。这也是老年人在孤独冷酷的环境中，容易发生的性格上、心理上的失控现象，只是在当时是无从说起的。

刘翱自雍正十三年（1735 年）起，就在投呈这一书本，四十余年来，碰了几次钉子，然而耿耿此心，始终不懈，一息尚存，还要往赴省城，谁知到了八六之年，终于成为老囚徒，也是他的最后归宿了。

（原载《土中录》，上海书店出版社 1999 年版）

恩泽与运气

乾隆四十三年（1778年），查禁书籍的公文正在天涯海角飞扬。在山西查获的书籍中，有明末袁继咸著、张自烈辑的《六柳堂集》二本，语多悖逆。因袁氏原籍江西宜春，便飞文江西访查有无流传。福建与江西接壤，也要严查。在袁继咸第三代后人家中，查出已经朽烂的木板十一块。官府以继咸生平好学，其著作自必甚多，岂止《六柳堂》、《未优轩》二集？其后人因年代久远，对继咸著作的存留已无人知晓。贵州巡抚图思德还晓谕地方，虽未经奉禁，“而于词语间涉有乖谬各书，概行呈出，以免罪愆”。什么才叫“涉有乖谬”的呢？上代虽著书或藏书，后人大多已改业，识字无多，又怎么识别“乖谬”？云贵是边僻地区，但在春、夏二季内，已收获了三百余种、一千五百余部，这时连不全的简帙也不能放过。

袁继咸，字季通，号临侯。崇祯十五年（1642年）任总督，后又仕于福王。南都破，继咸为其降清部将劫之北去，途中闻清豫王多铎传语继咸随行，给他作大官，乃自铭曰：“大官好作，大节难移。成仁取义，前训是依。文山、袁山（文山指文天祥，袁山为继咸自号），仰止庶几。”既见豫王，长揖不拜，遂被幽禁于馆中，终不剃发。顺治三年（1646年），被杀于北京菜市口，临刑时说："吾得死所矣。"[①] 清赐专谥曰忠毅。

施闰章《学余堂文集》卷十六《九江总督袁公传略》，记清廷谕令："就官不拜且死，公曰：'不杀固清朝之仁，效死实明臣之义。'"又有诗云："衰年奉二老，一死酬至尊。从容文山节，谁招燕市魂。"

陈田《明诗纪事》辛签卷六，录继咸《雪日》诗云："雪片大如掌，忍饥不可啮。愧无子卿毡，敢堕汉臣节。钻牖瞰扶桑，晨曦未全灭。花发岭南枝，罗浮（指梅花）梦空结。"此诗当是北羁时作。王思任《袁临侯先生诗序》，记继咸"目如岩电，筋节矫束，居然金翅秋鹏也。曼倩玩世，笑言哑哑，善戏谑兮"，其诗则"不斧凿而工，不橐籥而化，动以天机，鸣以天籁，此其趣胜也。"思任为明遗民，故对继咸亦特加推崇。

清廷既谥他为忠毅，即肯定了他对明朝的忠诚毅节，施闰章的文集也收入于《四库全书》中，继咸的遗集却还要在乾隆时遭禁。官府说袁集中"语多悖逆"，但其"忠毅"正在于对新朝的"悖逆"上。

同年六月间，湖南也查缴图书八百八十余部，后又查出《国朝诗的》一本，为宁乡陶煊选、湘潭张灿辑，其中有吕留良、屈大均诗句。案发后，陶煊之子士僖呈出陶煊自著《石溪诗钞》及曾祖陶汝鼐《荣木堂集》、张灿《石渔诗钞》。经过查阅，陶汝鼐、陶煊集中也有"隐含怨谤及不法字句"。两人虽已身故，他们的子孙为什么不早行呈缴？陶士僖供称，他原是监生，但陶煊逝世后，因为家贫，务农度日，父祖遗书从未查看，根本不知道有无违碍，《荣木堂集》的板片放在分居堂弟陶士伦家，士伦想到其中或有违碍文字，故而劈碎，其实他也不曾看过，只因禁令森严，家中藏有书板总是不祥之物，

① 袁继咸被劫后一段事迹，《明史》本传略去，此见于徐鼒《小腆纪传》卷十五。

不如一劈了之。这种躲祸心理，自也不止陶士伦一人。

陶士薡在崇祯时两中会试副榜，官翰林。明亡后，剃发为僧，号忍头陀。所以巡抚李湖在奏折中说："查陶汝薡虽系胜国顽民①，其在我朝食毛践土，经四十年之久，诗中语含怨怼，已属不法，至陶煊所选诗集，在康熙六十年间内，将逆犯吕留良、屈大均等诗"选入，也属悖谬，现在死的人虽死了，后代还活着，"倘后嗣乏人，原书散失，即取具族邻甘结（保证书）备案。似此指名搜罗，虽不敢期于全获，但较之委员泛查，稍为结实"。前面说过，李湖是办文字狱的狠将，他在广东时，侦悉海盗将于七月半回来设祀，便派属吏围捕，旬日之间杀了二百余名的为首者，也见其人之辣手。

上谕说：陶汝薡系明举人，"在本朝未经出仕"，《国朝诗的》虽将屈大均②、钱谦益之诗选入，尚在未曾查禁时，"本人久已身故，其子孙亦无另行刊刻之事，均非徐述夔一案可比。"

上谕以其人是否在清朝出仕为一界限，道理不能说没有，因为未领新朝俸禄，只是眷怀故国，尚有可以原谅之处，若既食周粟，又骂武王，就不能饶恕了。只是这一界限，在清代文字狱中也不容易完全划得清楚，如李湖说的"在我朝食毛践土"云云，也可以成为加罪的依据。两案的子孙，皆未因此而坐罪，这是最大的恩泽，但这种朝廷的恩泽，还要加上本人的运气，我

---

① 指国亡后不屈从新朝的遗民。

② 据李岳瑞《春冰室野乘·屈翁山遗诗》，李氏在一选本中，见屈大均《大都宫词》三首，中有云："汉宫丹凤女，胡地白羊王。夜醉葡萄酒，朝开蹋鞠场。""紫宫双凤入，秘殿百花然。卓女方新寡，冯妃是小怜。"所刺多为清人初入关时睿、豫诸王事，"乃知禁毁之由，因其多纪掖庭秘事也"。屈诗遭禁，原因并非纯由于写掖庭，但此类作品，自更为清人忌恨。

们只要看一看前面的有些案件，情节颇为类似，子孙却吃足苦头，也只能自叹命中注定了。人治之随意性，也于此可以概见。

（原载《土中录》，上海书店出版社1999年版）

在八股社会中打滚

乾隆四十三年（1778 年），贵州正在奉谕查缴违碍书籍。十一月间，贵筑知县毛宣徽，捕获“形类狂妄”的龙凤祥一名，并《麝香山印存图章》二本。经查阅后，“图章语句多有狂诞不经之处，其卷首叙文即将所篆图章编凑，尤属怨望”。又往龙凤祥寓所搜查，查出雕刀三把、大小图章四十七方。据龙供称，他是江西万载举人，曾分发云南为试用知县，后因冒销捞费，被流三千里，发解贵州，于乾隆四十一年（1776 年）安插省城。因贫苦无聊，便将印出图章粘贴成本，希图送人获利。

地方官以龙凤祥本系获罪之人，“胆敢将怨望牢骚之语，形诸图章，以期泄愤，实为玩法”，但又无别项乖谬字迹，于是“据实奏闻”。

这样的案件，居然也要奏闻天子！

上谕说：“朕细加搜阅，并无悖逆不法字句，毋庸照逆案办理。唯语多傲慢，必系疏狂浮薄之徒，……且亦不便存留内地，将来审明定案时，将该犯发遣伊犁等处，亦足蔽辜。将此由四百里传谕。”那就已经定案，用不着什么“审明”了，龙凤祥就此发往伊犁“充当苦差”。

与此同时，江西地方官又到龙凤祥原籍查访，查出了龙除母、妻、子外，还有一妾叶氏另居他处，在叶氏处查出了不全经书、八股文和《西厢记》，这是一种不调和的调和。经书、八股是龙凤祥要下苦功的，《西厢记》却与叶氏有关了。

次年六月，江西南昌生员戴淑元向县里报称，有一个素不认识的安徽人王大蕃，派人送给戴淑元之兄第元（学政）的儿子衢亨（修撰）信一封、奏疏一纸以及寄给程景伊之信。

这事情当然很奇怪，便即拘审送书船户胡子贵，得知王大蕃还在旅船中，便前往拘查，行李中只有医药、看相的杂书。

原来王大蕃因读书未成，贫困失业，由其叔王添隽荐到茶店帮工，因嫌工资少，便到省中企图另谋生计。舟中无聊，心血来潮，“想到协办大学士程景伊系属同乡，冀其提拔。又虑无因至前，随意撰写奏疏，并作书札，欲行寄托陈奏，并捏造贪官害民收漕、考试、关税等弊，编入疏内”，以显示自己留心地方事务，可求进用。“因书疏难寄，查知修撰戴衢亨家住省城，欲将疏书托其家属寄京”。官府又查得王“素有痰疾，妄思发达，愈加痴迷”。那还是作为疯子看待的。

可是江西巡抚郝硕顿觉疑窦丛生：王本籍徽州，程景伊是他同乡，戴第元是安徽学政，王为什么远走江西，行踪诡秘？王添隽是否知情？戴第元平日是否往来？王在疏内说的官场诸弊，究属何地何人何年月日，有无实证？因而具折呈奏。

这样一来，学政戴第元就大为紧张了，连忙具折表白：“臣与王大蕃平日无认识交往。”接下来又说：“伏念臣视学安徽，抵任以来，凛遵圣训，一切关防严密，即绅士人等从不接见，实无民人王大蕃认识交往。”朱批云：“于汝无干，何必惧也。钦此。”批得很有幽默味，皇上实在也够辛苦了。戴第元初闻讯时的惊惶，继上奏时的力白，后得批时的轻松，都可引起我们戏剧性的想象，也幸亏皇上辛苦些，才使戴学政心头放下一块巨石。

王大蕃也和龙凤祥一样，“未便仍留内地，致滋事端，应发往伊犁给与种地兵丁为奴”。可是四年后，这位王大蕃居然在当地逃走了。

龙、王两案，在乾隆朝原是很普通案件，也算不得什么文字狱。但两人都是读书人，一个还是举人，都穷极无聊，神智反常。龙凤祥居然还有一妾，妾处还藏着《西厢记》，当时《红楼梦》还未流行，否则，恐怕也会收藏的。王大蕃为了求进用，竟然弄虚作假。官府对两人的审定，都是政治上并不悖逆，思想上却很狂妄，从他们的行动上看，也确实是够狂妄的。八股社会使一大批读书人在泥潭里打滚，一天到晚想的是荣宗耀祖、妻财子禄，有的人滚出了袍褂乌靴，成为巡抚、学政的衮衮诸公，有的人由八股作了敲门砖，成为饱学名儒，有的人却陷身泥潭，不能自拔，终于沦为朽木，人格上、心理上都变得扭曲畸形。看了这些案件，又使我们为两极分化下那些下层士人的命运哀叹。

落魄天涯，奔走穷途，固然会使人发狂成疯，就是平地一声雷，骤然得意的人，也会变成狂人，《儒林外史》第三回写范进中举后，也说“他只因欢喜狠了，痰涌上来，迷了心窍”①，和王大蕃正好是两极性的对照。清代文字狱中的好多人物，都可以从《儒林外史》中找到影子。

（原载《土中录》，上海书店出版社1999年版）

① 中医对痰疾的解释，除属于呼吸系统的疾病外，如痰留经络内脏等处，还可发生眩晕、癫狂等。

鲍鱼之肆的蛆虫

直隶高邑人智天豹，年轻时跟着他父亲学医，又看过算命的书，故而会看八字。中国旧文化里的医卜星相，他都沾染些（上一篇里的王大蕃也是这样人物）。一度在祁州开设药铺，药铺关闭，即在当地售卖膏药，并无固定住址。因为生意清淡，不能糊口，便于乾隆四十三年（1778 年）编造年号，按八卦名目，于每卦后编设三顶，以应三十三天之数①，名为受天之命，“见得本朝国运，比周朝八百年更为久长”。希图以此进献，邀求富贵。

同年九月，附近有个木匠张九霄，素患腰痛，向智天豹买取膏药，因而熟悉，不久拜智为师，智将所编书稿誊写二本，并说：他从前在骆驼崖采药时，曾遇见老主（指清世祖）显圣，传授《万年书》一部，若同往进献，大家都得好处。张便与智由白沟河一同起身。次年，闻高宗谒陵后将赶赴行在，智因患腿痛，恐行走迟缓误事，便将《万年书》交张，张一早在道旁等候呈献，即被拿获。

经过审问，便向智天豹寓所搜查，查出了方咒歌诀。据智供称：“我本系

① 三十三天，佛家语，即“忉利天”，也比喻天之最高处。

乡愚，若说这书是自己编的，恐不能取信，所以谎说老主显圣传授，不过要作为神奇，希图动听的意思。至这书实是我一人主意，随手编写，若有别人相帮，献书后得有好处，别人岂肯让我独得？如今这样严审，我又如何肯替人隐瞒，独自受罪？再，我编造此书，原想邀求皇恩，若与别人商量阅看，倘被人抄去先进，这好处就轮不着我了。”又说：“我初供现年八十岁，亦系我捏造哄人，使众人见我颜面尚壮而年纪已老，必有养法，我医道可以通行，其实我年止五十五岁。”

这段口供，虽是用当时的应用文体裁录下，却很真实地反映了这个人的性格和心理，也说得上触及灵魂了。他是当真认为这样做可以邀求富贵，而且不会犯王法么？都是真的。他把自己后半生的命运就此一掷在这本《万年书》上面了。

军机处以《万年书》中有乾隆年数一条，“竟敢肆行咒诅，并于捏编年号内直书庙讳御讳①，尤为罪大恶极，人人发指”，故应照大逆律凌迟处死，张九霄也应斩立决。这也是我们意料之中的。

《万年书》原文今天自无法见到，对乾隆年号的“肆行咒诅”，是指将年号只编到乾隆五十七年（1792 年）②。

高宗看了奏折，对五十七年一节，在谕旨中反复说明，并不在意，因为到五十七年归政，他已八十二岁，所以对这一条并不得谓之诅咒。但智天豹妄编年号三十余条，不避世祖庙讳，谎称世祖显圣于智三项，“此则丧心病狂，身蹈大逆”，但又因与诽谤毁斥者稍有区别，故从宽将智天豹改为斩决，

① 庙讳御讳，讳原是对已故之人的名字而言，他处皆作“庙讳御名”，不知此处何以作“御讳”，是否刻印之误？

② 后来高宗在位共六十年，又内禅四年，享年八十九岁。

张九霄改为斩监候。

江湖伎俩、巫师意识加上侥幸心理，合成了智天豹这样一个角色，穷困和愚昧又促成这些角色胆大妄为，不顾一切。在一个时代里，如果只有三、五十个智天豹，那也无关宏旨，可是当时却有一大批杀不尽的智天豹，就像鲍鱼之肆中的蛆虫，浮游于复杂的社会生活中，有的活不了多久就死了，有的长上翅膀漫天飞舞。为什么会有那末多智天豹？经济和文化的落后是致命的原因。

智天豹这样的人给以惩罚倒也有必要，因为反过来他也会成为社会之害，但将他斩首，就过分了。

智天豹的品质和行为使我们憎恶，他的丧生刑场又使我们怜悯感慨。他做了这种蠢事，却生怕别人来分享他的成果，好像又是个狡猾机诈的人。他不过识得几个字，看到徒弟张九霄“本不识字，我哄骗他来献书”，可怜的张九霄果真被他骗上了。

从清代众多的文字狱中，不仅仅使我们看到皇权的残酷阴森，也像浏览了百态纷呈的浮世绘。智天豹的案件竟使大学士、尚书、侍郎等八位大臣联名具奏，还收进了《东华录》，但未收口供，口供只收在《清代文字狱档》中，倒是非常生动，如见其人，只是今天的人读起来，恐怕不大相信了。是的，看看历史，有时就像掉进迷宫似的。

（原载《土中录》，上海书店出版社 1999 年版）

因争吵而告讦

安徽天长县生员王沅，字芷斋，素喜作诗，后忽得痰迷症（实系中风），不识文义。他的好友程树榴前往探病，看到他人似痴呆，颇为怜悯。又于王沅书室中见所著《爱竹轩诗稿》一本，取回阅看，“因其平日能诗，遘此奇疾，遂以为天之降厄，心抱不平，即以前明之徐文长引证，代为作序，怨归上苍，又复出资刊刷”。

程树榴之妻堂弟王延赞（也是生员），素与树榴不睦，见程序文，便加斥责，树榴不服，遂相争吵。这时正是告讦之风大盛，王延赞便于乾隆四十四年（1779年）三月向官府告发，呈词中说：“牢骚讪谤，毫无忌惮，借怨天以毁圣（此处指皇帝），实昭著而彰明。”又于程序中加以注语，以坐实程之悖逆。

程序约四百余字，首云：“士有以诗遭奇穷、膺奇厄者矣，未闻以诗致奇疾者也。明徐文长得狂疾，引利锥锥两耳，或自持斧破其头，奇矣，然于诗如故也。”中云：“乃如东野穷、长吉夭而犹以为未慊，于是取其心之锦、口之绣者夺之，顿易以伧夫面目，使其人死固未死、生已徒生而始大快，则岂非彼造物者之心愈老而愈辣，所操之术乃愈出而愈巧耶？”王延赞对后一段注云："王锡侯、徐述夔等皆其自取，予以显戮，普天称快。今序称'造物'，所比何人？若谓直指天讲天，有何老少？'愈老愈辣'，所指何条？忍心害理，此条为最。"王注之意，实是说程树榴在骂皇帝，而又不敢明白说出，因为明白说出对王延赞也是有罪的。王、徐二案皆为大狱，距王延赞上告时仅一二年，引此二案，就是要他堂姊夫程树榴像王、徐一样下场。

程树榴这篇序文，在头巾气、八股风弥漫时代，以一贡生而写出含有怪味的文章，并且推崇徐渭之狂，哀惜孟郊之穷、李贺之夭，可见其人还有些锋棱与才情，序中又说"顾不幸而能诗"，尤见其心中积郁的愤懑之气，然而也确有取祸之处。

王沅《爱竹轩诗集》共有诗一百二十首，据王延赞举发的有这样一些例子，《燕丹》云："虽非亡国败家子，大运潜移岂易图。"《台城》云："南郊星见龙犹在，北渚人来凤已幽。"《书树槐文后》云："一纸浮名尚未通，世途云雾漫西东。"《泊胥门》云："黄龙新转轮，白马旧衔冤。"紧接"卧咏期明发"之句，《早发姑苏》又有"明发依然话太平"之句。王延赞说："屡举前朝国号暗入诗句，以寄遐思。"

据程树榴辩称（这时王沅已不能说话了）："本诗首句，乃'明发依然鼓枻行'，结句乃'百年安宴吴侬乐，坐听师丹话太平'，系王延赞截取首尾七字捏作一句。"王之品质，即此可见。"明发"一词，本出《诗经》，意为黎明，古人诗中屡屡用之，即使王沅原诗为"明发依然话太平"，又有什么违碍呢？生在清朝的人就不能用"明"字了么？

王延赞呈词又云："尤可骇者，阅至末篇之结句，忽纵笔题外，硬续二语云：'所思谁第一，相对正无双。'与《涉江采芙蓉》题全不相涉，不过借'相对'、'无双'之义，暗影日月二字，合成'明'字，藏于篇终，言其所思在明，与逆序相为起讫，相为表里也。”这也真真是“尤可骇者”了，看到“相对”、“无双”字样便想到是影射日月，影射日月就是“合成明字”。可惜我们无法见到王延赞本人的诗文，不知道可曾用过日月二字？按，王沅此诗，其实是用《古诗十九首》的“涉江采芙蓉，兰泽多芳草。采之欲遗谁，所思在远道”之意，绝无其他寓意。

最后，督抚奏请拟将程树榴照大逆律凌迟处死，其子程焕斩立决，王沅杖一百，流三千里。上谕以为“今据此以定爰书，实未为允”，但程序内“造物者”云云二句，“借造物以为比拟，一吐不平之气，方获其罪实情”。什么是程树榴之罪的实情呢？“该犯胆敢掉弄笔端，隐喻讪谤，律以大逆，并不为枉。但念其究未诋斥本朝及得罪于列祖列宗，尚不至如徐述夔之甚”，看到这里，总以为程树榴还能幸免一死，不料却是“从宽斩决”，那末，程树榴还不是杀头了么？要说“掉弄笔端”，这也是的。

（原载《土中录》，上海书店出版社 1999 年版）

覆巢之下无完卵

湖北兴国州冯为治，十五岁时，梦见天压了下来，在旁有一人喊叫“王孙救护”，他忙用两手托起，梦醒后便改名王孙。哥哥冯为法，也因而改名王宾。后来应考入学，补廪捐贡，赴国子监肄业，期满以训导选用。他鉴于五经难读，就把原文编成歌诀，使便于记诵，题名《五经简咏》，托省城刊板，印了三十部，把二十三部送人。后因没钱用，又印了十部，卖去八部。乾隆四十四年（1779 年）二月，他在盐道衙门将《五经简咏》呈缴二本，经督、抚阅览后，“语句多有狂悖”，顿觉“不胜骇异”，便派属吏先往其寓所搜查，查出《长亭录》、《御制孝经》及未订时文等，又在其原籍家中查出冯为法的时文、《国朝应制诗选》等。

湖广总督三宝、湖北巡抚郑大进奏折中说，冯王孙“书内各句，悖妄狂诞，不可枚举”，“悖逆之词，不一而足”，但摘录的只有这样几条：一、诗句内有“复明削清”语；二、又有“飞龙大人见，亢悔更何年”语；三、于庙讳全然不避，此外，藏书中有应禁的屈大均诗本。

第一条如果确是意在反清，当然大逆不道，罪该万死，但据他供认：“实因文理荒疏，无人请教，只图凑字押韵，并不自知悖谬，才敢送人缴官，今蒙指出，连我也解说不来，实是该死。”冯王孙这时已五十四岁，已有两个孙子，《五经简咏》是他自己送到衙门的，真的是在将头伸进铡口么？即使是坚强的明朝遗老，也不会这样做的。

根据他的“只图凑字押韵”的话而推测，当是在咏景物，如天色、山色等，“削”在这里是形容词，如削碧、削小。“削清”是极度清澈之意，“复明削清”意为天色、山色重新透明而异常清澈。“飞龙”、“大人”、“亢悔”，全出《易经》。不避庙讳与家藏屈大均诗本，在当时确是罪有应得。

巡抚拟大逆律凌迟处死，本人既是大逆，家属例必遭殃。

冯王孙有个次子冯生桐，年二十六岁，从小过继给伯父冯王宾（已故，即冯为法）。此案发生前一年，生桐送妹子至怀庆府通判任所，与玖光子成亲。玖光怜他贸易蚀本，处境穷苦，便留在衙门内帮管账目。这时虽已出继，仍系正犯兄弟之子，还是要和其弟生棣一同斩决。王孙妻刘氏、生梧妻黄氏、生棣妻陈氏，还有十五岁以下的生梧之子正谟、正训，一齐给付功臣家为奴。通常的孤儿寡妇尚有人怜惜，仍可安居家中，他们连做通常的孤儿寡妇也不可得，活着一天，就要受一天的凌辱与奴役。

覆巢之下，宁有完卵，这是后汉孔融的儿子说的，孔融其实也是文网中先辈。

曾经收受冯王孙《五经简咏》的人要立即缴出，“毋得隐匿，自干罪戾”，属于湖北省的，粘单内开了十人，如谢开埜、武昌府通山县廪贡等，但第十名只有“郧阳府郧县拔贡”而无姓名，所以还要查查明白，也算得上认真精细了①。

---

① 此案有关材料据故宫博物院出版的《文献丛编》第二辑，《清代文字狱档》未收。

看了此案，实在不胜感慨，不觉长叹一声，这样的案件，究竟算不算冤狱呢？

冯王孙是一个十十足足的大清顺民，又是一个潦倒的穷书生。他看过《易经》，又会做诗，还能把五经编成歌诀。这时已经是乾隆四十四年（1779年），对清朝一些起码的典章制度，应是已很熟悉。他取了这个怪名“王孙”，早就是犯忌的。庙讳应当避忌，也是不在话下。“飞龙”与“亢悔”相联，容易理解为对皇帝的不祥之词，估计他也知道。“复明削清”，我认为自己的解释还是对的，只是吟咏景物，但即使如此，怎么能贸然写在纸上呢？光是“复明”一词，已经嫌疑重大，何况加上“削清”！郑大进奏折中说：“即使作诗押韵，可用之韵甚宽，何至凑成如此大逆之句？并于庙讳全然不避，岂得狡称并不自知悖谬？”也不能说全无道理。所以，按照过去清代处分那些逆案惯例看，他是万难幸免于法网的，只是这条命还应该让他留下来。

有没有受冤的呢？有的，就是覆巢之下的家属，实在太伤心、太委屈了。除了从命运上譬解，别无他法。

这是乾隆四十四年的事，到了乾隆五十年（1785年），江西庐陵生员郭榜呈控顺治进士刘遇奇一案时，上谕却这样说：“朕将其书详加披阅，其签出之处如‘对明月而为良友，吸清风而为醉侯’，‘清风’、‘明月’乃词人引用成语，此而目为悖妄，则欲将‘清’、‘明’二字避而不用，有是理乎？至其余签出各处，俱系庙讳乃朕御名未经避写，无论刘遇奇系顺治年间进士，其人身故已久，安能预知敬避？即现在乡曲愚民，其不知庙讳者甚多，岂能家喻户晓？即偶有未经避写，亦无足深责。此而指为语句狂谬，将其子孙治以悖逆之罪，则将来挟嫌告讦之徒势必吹毛吹疵，谬加指摘，使人何所措手足耶？”

没有一句不是大哉王言，没有一句不是以理服人，也是现代的我们要说的话，只是冯为治却因诗句中带着“明”、“清”字样而丧生已经六年了，虽然冯诗造句上与刘遇奇之词不同些。

（原载《土中录》，上海书店出版社 1999 年版）

圣旨的时效性

汉军镶红旗人黄廷桂，历仕康熙、雍正、乾隆三朝，官至大学士、太子太保。卒于乾隆二十四年（1759年），高宗曾以御制诗挽之，赐祭葬，命图形紫光阁，列为五督臣之首。

乾隆四十四年（1779年），高宗在检阅查抄高朴家内书籍时，见有黄廷桂奏疏刻本，其中载有世宗和高宗的朱批，世宗的朱批与颁行的《朱批谕旨》多有不合，且多出近两倍，使他“深为骇异”。

世宗的谕旨是钦定刊行的，但已经过了删削。高宗的谕旨从未选刻，并曾降旨不准臣下引入，这是因为保密的缘故：“君不密则失臣，臣不密则失身。”这些朱批，当时是怎样拟定的？上谕中曾有一段具体的说明：“此等奏折，皆本人封达朕前，亲自阅览，亲笔批发，一字一句，皆出朕之心思，无一件假手于人，亦无一人赞襄于侧，非如外廷宣布之谕旨，尚有阁臣等之撰拟也。”亦见高宗励精图治的用心，以及对汉文化学养之深。

但黄廷桂的奏疏，却是由其孙黄检在山西臬使任内刊刻，高宗对此大为恼怒：“阅所刊之奏疏标题，称及黄廷桂谥法，必非黄廷桂生前所为，自系黄检逞其高兴之见，专务虚名而不度事理，辄为刊刻，不意黄检荒唐意至于此。”又说，“不当效汉人好名恶习”，“至于刊刻奏疏，乃明季陋习”。这话也有道理，又见得他对汉人、明人的成见。在谈到黄廷桂生平时，他又举了一个很有趣的例子：廷桂任两江总督时，“亦不能尽惬人心，即如苏州，尚有称为‘黄老虎’者，朕所深知”。这却是史传中所不载的。

上谕因而将黄检交部议处，所有板片及存书都须销毁。为预防同类事发生，对曾为大员之人，其奏折奉有朱批者，也须查明有无此类刊刻事情。

军机大臣又向黄廷桂曾孙黄文璟（黄检之侄）询问，文璟说：他家里并未见此刻本，祠堂和他曾祖母处均无此书。上谕于是又斥责说：“可见其镌刻此书，并非实欲效法其祖思为表扬，不过印刷多本分送众人，图于颜面增光，且博取虚名耳。”这话也是对的，但朱批不能由臣下随意刻印，恐另有原因，因为这些朱批都有时效性。父亲一代的皇帝，对某一事件、某一人物的朱批，到儿子一代的皇帝就不能适用，世宗的《大义觉迷录》便是一个例子，即使是高宗的朱批，前后也不一致，所以必须经过删削润改，以钦定形式刊布。黄廷桂奏疏中多出近两倍的朱批，既不见钦定的《朱批谕旨》，可见是不能流传的。他这意思不好正面来说，黄检却不领会，怎么不碰钉子？这一层，倒不能指为皇帝专制，即使是现代政府的行政档案，也有一定的保密期，不适宜公布的，还是不能随便公布。

当时黄检任福建巡抚，在奏折中自责说：“一时愚昧无知，照原本刊刻，实属谬妄胡涂，不知事体，辜负圣恩。”上谕说：“黄检无知，高兴谬妄（高兴得到了谬妄地步），殊出情理之外，断不能承受朕恩矣。”黄检的话，是顺着上谕说的，实际是想叨上代的光，为自己扬名，对前程有利。

《清史稿・黄廷桂传》云：“孙检，官副都统。乾隆四十九年（1784 年），以刻廷桂奏疏，载两朝批答，被严旨申饬。”按，据山西巡抚巴延三所奏，黄检刻奏疏在乾隆三十八年（1773 年），非四十九年；又据《清史列传》，黄检后由副都统降蓝翎侍卫，当是为刻奏疏之故。

《清史稿》又论云："廷桂尝言：'事英主有法。若先有市惠、好名、党援诸病，上所知，便一事不可行。'其言深中高宗之隐，被眷遇宜矣。"似于高宗及廷桂皆寓婉讽之意，黄检的揣摩功夫，就远逊于乃祖了。

但此事只能说是大臣品节的过失，实不能说是文字狱。

又有一事必须提到的，当时尹嘉铨任大理寺卿，因他父亲病故后，他以落第举人将他父亲奏疏订成草本，供奉家祠，虽与黄检之在任时仿刻谕旨不相似，但既经刻印，何敢容隐？因而将原存家祠旧书二本，恭呈御览。高宗以两者不同，乃将原书发还。可见尹嘉铨原是小心谨慎，力求远祸之人，可是两三年后，他还是进入了文网（详见本书《皇权下的孝子下场》篇）。

（原载《土中录》，上海书店出版社 1999 年版）

疑是民间疾苦声

乾隆时查访禁书，各地皆设局收缴。乾隆四十四年（1779 年），兴化县人徐京国在各乡村镇收买旧书旧物，陆续收了旧书十多种，便拿到局里去卖，局里买了《大义觉迷录》、《通纪纂》、《博物汇典》①、《虬峰集》四种，给了一两五钱银子。

其中李驎的《虬峰集》，辗转而为地方官所得，检阅后，见“集中诗句狂悖甚多”，如“杞人忧转切，翘首待重明”，如“日有明兮，自东方兮，照八荒兮。民悦康兮，我思孔长兮，夜未央兮”，赠人序中有“予沦落不偶，避地于此，布袍幅巾行市上”语②。又有诗云：“白头子孙旧遗民，报国文章积等身。瞻拜墓前颜无愧，布袍宽袖浩然巾。”所谓“布袍宽袖”，意即不改明之故服（清代的官服为窄袖）。

清初最注意头发、衣冠等事。顺治二年（1645 年），曾谕礼部：“官民既已剃发，衣冠皆宜遵本朝之制。近见京城内外军民，衣冠遵满式者甚少，仍

---

① 《通纪纂》，孙殿起《贩书偶记》有《通纪会纂》，明竟陵钟惺撰，清顺治间刊，恐是托名之作。《博物汇典》，明黄道周撰。

② 幅巾，用绢一幅束发，这里表示不剃发。

着旧时巾帽者甚多，甚非一道同风之义。”因晓示禁止。

李驎为明末人，宰相李春芳后代，入清为贡生，因穷苦无聊，曾迁居扬州教书，卒于康熙四十九年（1710年），年七十七。

两江总督萨载、江苏巡抚杨魁，以“该犯系本朝人，乃不遵奉本朝制度，胆敢巾服终身，尤属大逆不道”，乃下令查究李驎坟墓、遗书、家族。但李驎卒后绝嗣，后从李姓家谱中查得有“同宗无服”的族人（无须穿丧服的远房族人）李东献、李嵩山等。审讯后，据他们供认，李驎名下一支无后居多，因无亲房可继，亦无家产遗存，故未立嗣。他的集子不知何人与他刊刻，所有书也不知何人何时送到兴化祠堂内存放。乾隆十六年（1751年），看守香火的族人李赓万，陆续将书板作柴烧毁，后为族人李汉碧等看见，要把他处治，经赓万弟舒万求情，将他逐出祠堂，止存一块，由知县多泽厚到祠堂中寻出，核对与原书相符，后来还解送到军机处。因为这是逆书，办理时不能不如此小心周到。

官府以李驎虽“已服冥诛（这是对死者的诅咒之词），并绝其后，以彰报应，但国法未伸，无以示惩，应将李驎照大逆凌迟律锉碎其尸，枭首示众”。在官府看来，这才是“彰国法而快人心”。

李驎案的经过，档案只记到这里。

次年，兴化又有王仲儒的《西斋集》一案，王为李驎的表伯叔。

王仲儒是一个贡生，卒于康熙三十七年（1698年），终年六十五岁。著有《西斋集》，如皋汪之珩曾作跋语并出资印刷，李驎、毛际可、弟王喜儒等作序。《西斋集》板片二百二十块，存于王仲儒之孙王周鹭家中。周鹭因贫出外佣工，将门堵闭，后因屋墙坍损，仲儒曾孙王度（周鹭之侄）见竹簏内堆有书板，又见官府查缴应销毁书籍，便于乾隆四十三年（1778年）持书板赴县首缴。不久，王度之父喈凤，因穷极无聊，想到《西斋集》内有汪之珩跋语，便假刻县印，捏造公文，向之珩之子为霖（二十一岁，捐纳刑部郎中）索诈。据为霖供说："因我父在日，曾与伊祖王仲儒所作《西斋集》作有序文，今来问我质对，我因这话荒唐，随令王喈凤将印文送往如皋县投递，我听候质审。……后审出王喈凤假造印文，欲行讹诈银两，将王喈凤问拟流罪。"

《西斋集》是王喈凤的祖父作的，汪之珩只是作跋并出资印刷，板片也存在王家，要说"质对"，汪为霖更有理由向王喈凤"质对"。原因无非喈凤穷困而沦为无赖，为霖有钱可捐官做。

荏苒而至乾隆四十五年（1780 年）十二月，兵部在查阅《西斋集》时，"其中狂悖指斥之处甚多，殊堪发指"，于是又将王、汪、毛等后人提解审查。又查仲儒之子国栋（已故）著有《秋吟阁诗》，徐述夔曾为作序，李驎又是奏请戮尸的逆犯，江苏巡抚闵鹗元奏请将王仲儒"斫棺锉尸，昭示显戮"。上谕却免予治罪，对此案有关人员"亦不必株连深求矣"。

邓之诚《清诗纪事初编》卷一①云："仲儒身后得祸最烈，列入禁书专案。自今观之，仅故国之思偶一流露，视同时诸人之作或尚蕴藉，乃有禁有不禁，殆亦偶值其会耳。"《初编》选王仲儒《赠何龙若》一首，中有云："我鬓全斑君正青，乾坤血战将倾否。休言三十不得志，膂力方刚望吾子。因君慷慨心复哀，蛰龙何日生风雷。"自清人观之，仅此数语，即可视为悖逆。

李驎和王仲儒的族人、后代虽未坐罪，但身入公堂，家被搜查，已饱受惊悸，备尝艰苦。兴化也是郑板桥的故乡，李、王于板桥为乡前辈，因忆板桥有《潍县署中画竹呈年伯包大中丞括》诗云："衙斋卧听萧萧竹，疑是民间

① 《初编》卷一所收皆为"沧桑诸老"，王仲儒收入此卷，即是将他看作明遗民。

疾苦声。些小吾曹州县吏，一枝一叶总关情。”板桥于乾隆时任县令，此诗为其名篇，姑取其次句作为拙文题目。

（原载《土中录》，上海书店出版社 1999 年版）

两个监生的素质

乾隆四十四年（1779年）十月，江南宿松的监生徐光济[①]，到湖北黄州知府衙门控告，有个黄梅监生石卓槐，著有《芥圃诗钞》，内有“大道日以没，谁与相维持”及“厮养功名何足异，衣冠都作金银气”等语，知府李国麒转到省城，巡抚郑大进等查阅后，“其中狂悖之处，尚不仅如徐光济所指数语，且有庙讳御名未知恭避之处”。郑大进又具折呈奏，于是一场人头落地的大狱随即掀起。

徐光济为什么要告发石卓槐？因为石欠徐钱资未曾偿还。徐到黄州呈控，原是为了索债。状纸投递后，便在黄州候审，又到邹步青家嫖宿，被人捉奸讹诈。徐疑心是石挟嫌串通，因而借《芥圃诗钞》中语句报复。从上引石卓槐的原诗看，有违碍，非悖逆。然而石卓槐如果早就还他的钱，或者他的嫖宿不被人捉住，他就不会告发石卓槐了。清代好多大狱的起因，往往由于人事上的细碎纠纷。

石卓槐又是何等样人？“读书未能上进，粗解作诗”，家有一妻一妾，“将

① 监生，指在国子监肄业的生徒。乾隆以后监生，多指由捐纳而得，并不入监读书，故石、徐得以在地方浪荡，监生之名亦为人轻视。

押当并未赎回之田亩，议欲变卖，以摊偿众欠”，可见他欠债甚多，而又好务虚名，不择手段。

乾隆三十二年（1767年），黄梅堤坝溃决，石的伯父石待价承充堤长，令石卓槐赴堤照料，和督工的县丞苏珽认识，又由此而认识了汉阳的候补同知蒋业晋。蒋见石所作《忆梅行》古风，指摘其缺点后，想给它删节。苏珽还告诉卓槐，业晋素游沈德潜之门。后业晋带来《驻马看云图》，内有沈德潜题句，被苏珽借观，恰巧被卓槐窥见，便想附名题咏，即往业晋寓所拜会，还想拜他为师。业晋仅以好言奖许，未允其请，后即回省。可见蒋业晋还是做得很谨慎的。

后来黄梅知县曹麟开抵任，聘举人赵帅为书院院长，石有侄石章驷在书院肄业，于是又和赵帅、曹麟开结识。麟开绘有《楚江揽胜图》，并有题黄鹤楼诗粘贴院壁，卓槐极口称赞，麟开也好言酬答。这时赵帅在院课试，以《楚江揽胜图》命题，卓槐私底下拟了一首，并和了黄鹤楼的诗。又从赵帅处见麟开所画《水西探梅图》，也予以题咏，打算托赵帅转给麟开，因赵帅闻母病回籍而未成功，却都收入他的《芥圃诗钞》中。

四十年（1775年）二月，桐城人项章知石卓槐酷爱虚名，便以将刊《国朝诗正声集》为由，说动卓槐，卓槐便将所作《春柳》诗托其刊入，送了项章五两银子。卓槐欠人的钱不还，却为刊诗就赠银五两，可见“酷爱虚名”之说不假。项章回乡后，诗集并未刊成，其实是在向卓槐骗取。

石卓槐前后写诗九百余首，乃自行刊刻，“因思诗集必得名人作序，方能动众”，遂自作序文，托名沈德潜，但这时德潜已逝世（卒于乾隆三十四年），便假称此序于三十三年间托蒋业晋代求，又代其弟石卓椿作跋，并署上蒋业晋、曹麟开为鉴定，集子上却写蒋梧巢、曹云澜。这些弄虚作假的情节，蒋、曹并不知道。

《诗钞》在江西刻印三十四部，因为蒋业晋等尚在湖北，恐被他们看到查问，所以不敢多印。族亲石元吉等各取一部，徐光济等拿去十部。四十三年(1778年)，听到沈德潜为徐述夔诗集作序一案发生后，石卓槐忙将石元吉等十六部收回烧毁，徐光济等十部却来不及收回，不想留下了祸根。

官府奏称：石卓槐书内“指陈时事等诗，虽俱有颂扬圣德之词，不敢显施诋斥，但有心讪谤、肆其狂吠悖逆之处，不一而足”。所以结果还是凌迟处死。蒋业晋、曹麟开发往乌鲁木齐效力赎罪。这两人实在是冤枉的。还有那个诓银五两的项章，本应“照不应重律（不应该做的事而加重处罚）杖八十”，但因年逾七十，免予杖罪，诓得的银两必须照追入官。

石卓槐和徐光济都是监生。清代的监生数量极多，分布很广，虽位卑人微，对社会文化却很有影响，他们的素质居然如此卑劣，道德上也是堕落的。像石、徐这样的监生并不是少数，《儒林外史》里的那些监生形象，和他们就是伯仲之间。

说石卓槐“有心讪谤”是罗织，但这样的角色给他一点惩罚倒也必要，只是将他凌迟处死①，还连累他的妻儿为奴就过分了，他的儿子石六老还只有九岁呢！

（原载《土中录》，上海书店出版社 1999 年版）

① 现在常以极刑喻死刑（生命刑），古代则指最残酷的一种刑罚，清代的极刑是凌迟（剐刑），如臣下拟凌迟，皇帝改斩决，那就算是从宽了。

《三字经》的沧桑

《三字经》是旧时流行的启蒙读物，即所谓“兔园册子”。儿童们从书中得到历史知识和伦理教育。章太炎对它很重视，民国十七年（1928 年）还编了《重订三字经》，中有“亦道下，温暖极，我中华，在东北”语，已标志着新的时代色彩。可是在“文革”时期，《三字经》却成为千家万户口诛笔伐的妖书，因为它比孔孟之书容易懂、容易批。那时候日长如年，大锅烧饭，芸芸众生便借此消磨有涯之生。

我这里要讲的是二百余年前，一个姓祝的可怜的平民，因为幼年时读了他祖父自编的《读三字书》，长大后却被杀头的故事。

江西德兴县祝浹，从他祖父祝廷诤（字拙斋，是个生员）那里诵读过《读三字书》，这书是用纸抄写的。乾隆十五年（1750 年），祝廷诤逝世，书也遗失。后来祝浹的儿子要读书了，也便是又一代的孩子要受教育了，祝浹想这书“都是讲前代的话，是不禁的”，便默写出来教子诵读（估计字数不多，又容易记）。教读之前，已经想到禁与不禁，这就说明当时文网之苛酷。

后来这一抄本被远房族人祝平章从抽斗内暗中拿去，祝平章是一个因拆毁祠堂而被斥革的生员，近于文棍。乾隆四十四年（1779 年）八月，祝浹兄祝洄向县府告平章私卖公田，平章气愤之下，又怪族叔祝星燔“不为调处”，想到祝星燔赠祝洄诗“过于褒奖”（这有什么罪名?），而《读三字书》“褒贬前朝，恐有违碍”，便将诗稿与《读三字书》抄本向知县萧立选告发。

知县禀告了巡抚郝硕，郝硕派员将祝浃拘拿到案。因抄本中写有“拙斋侍祖参订”字样，官府以为“似另有著书之人”，还疑心即祝浃所作，“自知悖逆，故设疑词，计图狡混卸罪”，又因“未将本朝国号敬谨抬写[①]，大逆显然，还有何辩”。祝浃说：“因每句三字排写，是以未曾抬头。”又说：“本县乡俗称曾祖为侍祖，因写给儿子去读，所以将祖父称作‘侍祖’。又见刊布书上均有参订人名缘，不解参订字义，只道做书就是参订，故尔混写的。……总是不该将此书默存，实属该死，只求治罪。”祝平章也辩明此书非祝浃所做，“若此书是祝浃做的，我哪里还肯替他隐瞒”。祝浃实在是个又穷又无知的可怜人，他说的“只求治罪”，总以为罪不至死。

那末，这书究竟有哪些具体的悖逆内容？档案中曾记了这四句话：“发披左，衣冠更[②]。难华夏，遍地僧。”从这四句看，祝廷诤不满于清人之入主也是事实，其他词句，当也有“狂吠”语。

祝廷诤死去快三十年了，祝浃虽是幼年所读，但于“伊祖所作逆书，默写存留”，所以，对死去的祖父是开棺戮尸，对活着的孙子是斩立决。祝家族人中也有因缘坐而杖流的。至于那位祝平章，在祝浃家潜取逆书，并不立即首缴，直到涉讼才始挟嫌呈首，亦属容隐，因已经首告，乃从宽免罪，但仍

① 旧时凡写到尊长及本朝国号等，如大清，就得提格或提行，习惯上叫“抬写”或“抬头”。

② 古代所谓蛮夷的服饰，皆前襟向左，于诸夏之右衽不同，发也散而不束。《论语·宪问》：“微管仲，吾其被（披）发左衽矣。”后也以“左衽”称异族。

归于私卖公田案内。祝平章的私怨得到报复了，他的品格却比私卖公田时暴露得更明显了。

祝廷诤名下的产业，除田山地基外，他在世时“本无很好衣饰”，但还有十三件杂物，请读者耐性看一看：旧铁锅七口，估价银六钱八分；铁菜刀三把，二钱四分；铁柴刀二把，一钱一分；铁锄头一张，一钱；锡茶壶一把，一钱六分；竹床一张，八分，其余就从略了。这些东西连同田地一并入官，算得上“毁灭性”了。

这张清单是巡抚开列的，并注明共估银一百八十一两三钱九分。开单又做什么用呢？“恭呈御览”，朱批上写道：“览。钦此。”那末，这笔寻常百姓家的琐碎财产账，皇帝是看过的了。

（原载《土中录》，上海书店出版社 1999 年版）

生刻寿辞死被戮尸

湖南临湘人沈大绶，以举人而选授江西永新知县。后因在任内失职，降调后告病回里。乾隆三十八年（1773年），年届七旬，其外甥陈湄、江苏、余永观邀亲友出资祝寿，沈大绶不愿受贺，只望将平日所作诗文结集刊刻，经陈湄等赞同，便取名《硕果录》、《介寿辞》，并由陈湄等作序，共印十九部，分送亲友。次年，沈大绶又命其子沈荣英（武生）携板至永新重印一百部。后因沈荣英赶回考试，书板在陆路难以携带，乃至南昌托他舅父庄老满寄藏城中五台庵。

沈大绶真是老而好名好事，他还为此书伪作了一篇臬司范廷楷的跋，说是范曾具折荐沈为“江西七十六州县第一贤员，傅忠勇公（傅恒，旗人）廷寄字致两江制台因得调繁”，又如叶天柱致送寿仪银十两，沈大绶便用作《介寿辞》刻费。

四十一年（1776年）五月，沈大绶病逝。至四十三年（1778年），因查书风声很紧，陈湄告诉沈荣英：各处在严查违碍书籍，《硕果录》也在其中，因此要荣英往永新取回书籍，收回赠书。荣英因缺少盘费，只得先将散给本处各书就近收回销毁。这也见得沈氏父子之穷。

到了四十四年，沈荣英看到谕旨有宽限二年呈缴，仍可免治其罪语，遂将家存一部与陈湄赴儒学教谕处首缴。这一部是沈大绶在世时，已觉“跋内语句未妥，将篇页扯去”的。

经前巡抚陈用敷查阅，以其“语句多有怨谤狂悖之处”，辗转而至后任巡抚李湖之手。李湖是治文字狱的悍吏，前面已一再提过，他一接手，便在奏折中提了好几个疑点：“有何所指?”“因何删去?”“因何延迟耽搁?”“其中有无情弊?”那个致送寿仪的叶天柱也被“严行管押”，这是沈大绶害了他的。

李湖具奏在四十四年六月初九日，三法司结案在同年七月初七日，由英廉等十三位大臣具名。前后不到一个月，速度之快令人惊服。

沈大绶已死，就照前一年徐述夔案例开棺戮尸，“以伸国法而快人心”。国法确是“伸”了，人心就不知有几个人快的?

沈荣英既将其父诗集板片携至江西印刷，经江西省查出属违碍书籍要湖南查办，沈荣英才始呈缴，就不能算是自首。荣英矢口说，他缴书在前，当时还不知道江西已经查出。但到了这地步，辩白已没有用，因为他是逆犯之子，按律就应斩决。

陈湄、江苏也照大逆知情隐藏者律斩决。

沈大绶另一个儿子沈荣襄，以及大绶孙子、兄、弟、六个侄子，一共十人于刺字后统统杀头。分送书本之陈应华等四人充军。大绶妾庄氏等给功臣之家为奴。

庄老满是卖零烟为业，他的姊姊即大绶之妾。原先托他寄藏在庵中的书板，因庵僧需屋住用，便将书板携回家中，后来看到告示内有《硕果录》而畏罪焚烧。官府到他家里逐一搜查，果然在灶前灰堆内寻出烧残的书板三条。这时也因留书不缴而拟斩，上谕从宽改为斩监候。

这样一场大狱，光是杀头的便有十四人，但主犯沈大绶究竟犯了什么大罪呢？我把档案从头至尾看了又看，除了“怨谤狂悖”和“编造悖逆诗词”这两条含混的大帽子以外，再也看不到任何具体的情节，而这所谓两条，其实是二合一的。

但档案中却看到了这样一段资料：“查例载大逆者凌迟处死，子、孙、兄弟、伯叔父、兄弟之子，不限籍之同异，男年十六以上，皆斩；其男十五以下及女、妻、妾、姊妹，若子之妻、妾给付功臣之家为奴，财产入官。若女许嫁已定，归其夫，子、孙过房与人者俱不追坐（尧按，兄之子若过房与弟，即属于上述‘伯叔父、兄弟之子’，还不是要斩的?），知情故纵隐藏者斩。”按，《唐律》中《贼盗律》有一条规定：“诸谋反及大逆者斩。父、子年十六以上，皆绞；十五以下及母、女、妻、妾（子妻妾亦同）、祖、孙、兄弟、姊妹，若部曲、资财、田宅并没官。……伯叔父、兄弟之子，皆流三千里，不限籍之异同。”清律当是沿袭唐律，而残酷又过之，缘坐也是古代刑法中最违反人道的。

年轻时看到京剧里常有“满门抄斩”的话，也不知真实的内容是怎样，及至看了几件文字狱，才知道倒并非戏剧上的虚夸之词。

此案据故宫博物院出版的《文献丛编》第五辑，《清代文字狱档》未收。

（原载《土中录》，上海书店出版社 1999 年版）

触目惊心

目录学是一门学问，汉末刘歆《七略》为其滥觞，郑玄的《三礼目录》是以“目录”作书名之始，至明、清而盛著。目录学的依据是古代的图书目录，有些古籍今天已经不容易见到了，由于书目尚在，使后人尚能补偿实物上的摩挲之趣，曹植《与吴季重书》所谓“过屠门而大嚼，虽不得肉，贵且快意”。本文介绍的两本书目，却是一种适得其反的变格，真正说得上“触目惊心”，这个“目”字因而也义含双关，人们仿佛瞥见一批又一批的幽灵在书目中浮动着。

两书的全称为《清代禁毁书目》和《清代禁书知见录》。前者的编者为归安姚觐元，后者为近人冀县孙殿起。乾隆时本已有《禁书总目》、《违碍书籍目录》等刊行，后来为姚氏收入“咫进斋丛书”中，1957 年上海商务印书馆乃将两书合为一帙，其中书目有重复处。姚氏为光绪时人，曾任布政使，他于跋文中说：方今“士生宽大之朝，或亦罔识禁忌，因就其所得，或著于篇”。此跋作于光绪八年（1882 年），不得不说上几句门面话，但这时的禁毁高潮已经过去也是事实。

孙氏曾在北京开设通学斋书店，著有《贩书偶记》正续编，在 1956 年作的《知见录》自序中，即说："每叹我国古籍，自秦政焚书后，实以此次查禁为书籍空前浩劫。"并直斥"专制淫威"。姚、孙二氏所处时代不同，能够辑成专书，流通人间，都是书林上值得称赞的事，不但是编著文字狱史者重要资料，也使后人知道在"十全老人"君临之下，中国的文化曾经遭受了什么样的灾难。书目中所列的作者，乾隆时大都已长眠于土中，当初写作时也没有料到清人会入关，结果却连身后之名都难留下。后来《国粹学报》的重印，目的便是为了暴露清人的残酷统治，这又是当初刊印禁书目录的乾隆君臣所料不到的。

《禁毁书目》前载有大学士四库正总裁英廉（汉军旗人，姓冯）于乾隆四十五年（1780年）的奏折，中有云：他于奉旨后即派一批翰林，"将各省解送之明代以后各书，逐一复加检阅，详细磨勘，务将诞妄字句删毁净尽，不致稍有遗漏"，也真可谓"除恶务尽"。到了乾隆五十三年（1788年）觉罗琅的奏折中，还有"酌委妥员，于各处书坊，不动声色，分头购觅"，广为搜查。两折皆由旗籍大臣所上，可见其对汉臣的不放心。折中说是"不动声色"，却使我们如闻其声，如见其色，犹觉毛骨悚然。刻本之外，连石刻和拓本也要磨毁缴销，如山西的《上恒山北岳诗》、《憩同乐亭诗》等。

对图书的禁毁方式有两种，一是全毁，共二四五三种，一是抽毁，共四〇二种。另外为挖改。全毁的如《明季遗闻》、《崇祯遗录》等。但《贩书偶记》收有道光年间所刻的"昭代丛书"本《明季遗闻》、光绪年间沈登善所辑的"豫恕堂丛书"亦收有《崇祯遗录》，可见后来仍在流传。禁而难毁，难怪当初要三令五申。杨涟、左光斗、赵南星，都以气节为后人所重，清廷编修的《明史》也予以表彰，他们的文集却在全毁之列，就因他们的文集中有涉及辽事处①。又如王思任的《王季重纪游》，从他游记本身看，看不出有什么违碍之处，只是有一肚皮的牢骚之气。思任以明遗民而出仕于南明的鲁王，报马士英书又有“我越乃报仇雪耻之邦，非藏垢纳污之地”语，他的《出塞》诗有“缚人亦有手，杀人亦有刀。年年送缯帛，不如缮征袍”语，他的文风近于竟陵派，为正统派所鄙薄，有这几种因素，就连游山玩水之作也难逃于文网，实则思任最擅长的是游记，诗非他所工，如上述《出塞》诗就嫌粗率，但易为清人所忌，“出塞”也可视为出关。公安三袁，宗道《白苏斋集》、中道《珂雪斋集》皆属全毁，宏道的《袁中郎集》则属抽毁。《四库全书总目提要》中不收宗道、中道的集子，宏道作品只存其目，《提要》中多贬抑之词，其实是以正统的观点代替艺术上的客观评价，在两本禁书目录中，亦或多或少地具有这种倾向，这样一来，禁书的范围必然扩大了。

在抽毁书目中，举的理由既简单又抽象，如“词涉乖谬”、“语有偏驳”、“俱有违碍诬妄语”等等。这些被斥责的根据，有的只由于全书中某一篇文章或某几句话，如明艾南英的《禹贡图注》，只因冀州一篇注内“语有偏驳”，就被抽毁。这一注文想因涉及“夷夏”。明许诰的《霞城集》，因其中《闻邸报》一首、《闻道关门》四首“当系指俺答入关事，而措语偏谬，应请抽毁”。许诰是嘉靖时布衣，俺答是鞑靼首领、元室后代，嘉靖时曾出入延绥诸边地，论理应和清人不相干，只因清人一向忌汉亲蒙，俺答侵边与清人扰明，事有类似，故虽嘉靖时人的诗语，也不容于二百年后的乾隆之世。《宋史笔断》、《宋元史发微》，更在全毁之列，宋、元之际的易代沧桑，正是清人所敏感的。管志道《从先维俗议》中有《中国之士仕元》等二篇，张鼎恩（思）《琅琊代

① 后来又曾下谕：“明时直臣如杨涟、左光斗、赵南星、倪元璐等所有书集，稍有一二语触伤本朝（当指入关前的清先世），本属各为其主，亦止须酌改一二语。”

醉编》有“元氏有天下与中国异”等语，都因“语极偏谬”而被抽毁。管、张都是明朝人，在他们写作时倒是十分正确的。

最奇怪的，《四库全书总目提要》于《岳武穆遗文》一目中，对岳飞颇为推崇，“用示圣朝表章之义焉”。但华善继《折腰漫草》因有《岳王墓》诗、王化隆《真如子全集》因有《过朱仙镇谒岳王祠》诗、韩世能《云东拾草》因有《武昌府重修岳忠武祠碑记》都因“偏谬”而被抽毁。这三部书在《四库》中列入存目，他们悼念岳飞的原作也就无法见到，推想起来，不外颂扬岳飞是抗金名将，有直捣黄龙之志。清人与金人同为女真种，入关前曾自称“后金”，黄龙府在今吉林或辽宁境内，即清人的发祥地，上述三人诗文之遭忌，原因大概在这里。但岳飞一生，如果不称颂他的抗金事迹，也只是一个普通的武将。既然不能称颂岳飞的抗金，钱彩的《说岳全传》自也被列为禁书。还有戴光启辑的《关帝纪定本》，因书内薛三省序、董其昌记“俱有违悖”，也被抽毁。关羽的评价，在乾隆时也成了敏感问题。传说清太祖在关外作战时曾熟读《三国演义》，对关王爷甚为敬仰，顺治时又颁行满文的《三国演义》，并加封关羽为忠义神武大帝。乾隆在这个封号上又增加了“灵佑”二字。及至编辑《四库全书》，乾隆特地下了一道上谕，内称：“关帝在当时力扶炎汉，志节凛然，乃史书所谥并非嘉名。陈寿于蜀汉有嫌，所撰《三国志》多存私见，遂不为之论定，岂得谓公？……今当钞录《四库全书》，不可相沿陋习，所有志内关帝之谥，应改为忠义。”有此谕旨，与此精神不一致的贬责关羽之文，自然就“违悖”了。

除了因事之外，还有因人而被抽毁、铲除的，如《明诗别裁集》中屈大均、陈恭尹诸人之作“俱应抽毁”，《明诗综》屈大均、金堡诗“均应铲除”。屈大均于明亡后联络义师，决意抗清，自难保留。陈恭尹曾出仕南明，后定居广州，曾与清之权贵往来，因而被人讥为“可怜一代夷齐志，错认侯门是首阳”，但他对故国之思，始终极其深切，一般交接，也所难免。他的《明妃怨》的“莫令青冢草，生近李陵台”，用意便很明显。我尤爱赏他的《读秦纪》：“谤声易弭怨难除，秦法虽严亦甚疏。夜半桥边呼孺子，人间犹有未烧书。”陈氏卒于康熙三十九年（1700 年），此诗或为清初文字狱而作。

姚觐元和孙殿起都不失为有心人，但他们书目中所列的清代禁书，缺失的仍很多。1990 年安平秋、章培恒主编的《中国禁书大观》中的清代部分，才始搜罗得完备，且有小说、戏曲，可惜目录中只列书名而未将原作者姓名用笔划另立一表。

（原载《土中录》，上海书店出版社 1999 年版）

一字之微销毁家谱

刘汉建国后，声威播于国外，外人因此习称中国为“汉”。后来的一些姓刘人家，便攀龙附凤，真像是高帝子孙的龙种。刘邦本是地方无赖，只因做了皇帝，刘姓便声价万倍，族谱上也多了光彩。可是《清代文字狱档》中，却收录刘家一件族谱案。

山东沂水县的刘继贤与刘秉德本系同族。乾隆二十七年（1762年），刘璘、刘秉德、刘继贤议修族谱，因编修费用问题，继贤等未答应，刘璘便自己动笔，只就本支修辑成谱。刘璘恐子孙起名有犯先人名讳事出现，所以于新谱凡例内，预先立了十六字排行——卓尔源本，衍汉维新，希其如是，嘉毓统真。这样，也可以用到十六代。

刘璘病故后，刘继贤曾以“匿祖别宗”为由向沂州府控告。后来刘秉德等因排行“语句不经”，于三十二年（1767年）将新谱八十二部呈缴，由官府强令销毁，只留一部存卷结案。

不想到了四十五年（1780年），又有宋秀章、黄奕以“谱序内凡例不经”，将刘秉德、刘格告发，辗转而至省里，巡抚国泰便严饬布政、按察二司速提一干应审人至省。国泰还申责前任县府：“当一经发觉之时，即应据实通报查办，乃该前县府仅将缴出板片、谱本销毁，轻率完结，实属办理错谬。”国泰这话是写在奏折中的，无异向皇帝表功：我比他们认真精细。其实还是前任县府做得对，这样的案件有什么大闹的必要呢？真正的父母官就应以不扰民为上策。

读者看到这里，也许发生疑问：刘璘预先拟定的这十六字究竟错在哪里？说来奇怪，国泰要查办此案的理由却是这样：刘遴等既系刘姓，胆敢于支谱内开载“卓尔源本”等不经字样，“远引汉裔，殊属狂悖”。这就说明要害不在姓刘上而在一个“汉”字上，因为颂汉不正是贬满吗？刘遴生前没有这种敏感，刘秉德已经发觉自首，宋秀章、黄奕非刘家人，他们怎知道新谱内有不经字句？无非因为刘秉德曾经到官府呈缴过新谱，因而为地方所传播，只是刘家没有人坐罪，心有不甘（宋秀章等当是出于私怨），故而事隔十余年，还要算旧账，唯恐牢狱中太冷清。

这本来是一起无聊的宗族纠纷，忽然引起种族偏见。汉满之间的对立，原因本很复杂，但这样的罗织构陷，也难以服汉人之心。一字之微，险酿大祸，如果当初十六字中没有一个“汉”字，就不会有此风波。中国真不失为文字古国，难怪清代连蓄钱之器的扑满也不许叫（古代叫缿），民间也有叫“聚宝盆”的。

幸亏高宗睿断：刘遴“于凡例内远引汉裔，妄自夸耀，甚属不合（口气比“狂悖”轻得多了，“狂悖”大多指政治上的对抗），但汉人积习相沿，每有此等陋见，其实可鄙”（也说得对），但若情节仅止于此，既将板片及家谱尽行销毁，已足示惩。

从现代角度说，连家谱也不应销毁，因为家谱本身并没有什么错，销毁家谱，还是将无罪看作有罪，但这已不能求之于二百年前的乾隆时代了。

（原载《土中录》，上海书店出版社 1999 年版）

《徙戎论》的余殃

西晋惠帝时，关、陇一带屡为氐族侵扰，山阴令江统乃作《徙戎论》，要惠帝将本土内的四夷“申谕发遣，还其本域”，以绝后患。惠帝没有采纳。未及十年，有五胡之乱，时人颇佩其远见。但西晋之亡，主要由于统治集团内部的腐败荒淫，自相残杀，予游牧民族以可乘之隙。

《徙戎论》的开头是这样说的：“夫夷蛮戎狄谓之四夷，九服之制，地在要荒。《春秋》之义，内诸夏而外夷狄。”中又说：“禹平九土，而西戎即叙。其性乞贪婪，凶悍不仁，四夷之中，戎狄为甚。弱则畏服，强则侵叛。”

凡是诸夏以外的“四夷”，他都充满了仇恨憎恶的情绪，而且此文影响很深远，后人谈到戎祸的，即常相援引。

乾隆四十五年（1780 年），山东寿光人高昇，诬控妻兄苏二秃盗卖高妻苏氏，藉此捏造图诈。经过知县审问，说是同县魏塾唆使，并代作呈词，于是到魏塾家搜查，查到了已列禁的《澹园续集》（明焦竑著）等书，还有魏塾对《徙戎论》的评语，其中说：

> 思意深长，处分周密，文章经济，兼而有之。独奈晋惠既不能用，一时在朝诸臣，俱是驽才猪眼，亦无有看到百年之后，起而赞成之者，

遂酿成五胡之灾，悲夫！……然岂独晋朝五部而已哉，今之回教又其后绪矣。

接着，便将魏塾提讯，魏塾供称："家里有几部书是先世留下的，这《澹园续集》有干违禁，实在不知道。那《徙戎论》是从晋朝《江统传》内抄出，因见惠帝容留五部，不听江统之言，后致五胡之乱，想到如今各处回教（此处指回部）都是外国来的，恐怕后来也有混闹等事。"

这一来，事情当然闹大了。

案件呈报朝廷后，兵部尚书福隆安又在奏折中说：魏塾不将应禁书籍上缴，已有应得之罪，又将《徙戎论》抄录加批，"妄以今之回民比晋时五部，更为荒诞。现今各处回民，奉公守法，并无不安本分之事。即如乾隆三十九年（1774年），寿张县奸民王伦聚众谋逆①，即有洪姓等回民随助官兵，剿捕匪党，甚为出力，曾经奖赏。该犯何得妄为比拟，其狂诞悖谬，实为不法已极"。

江统的《徙戎论》，殿板的《晋书》中照原文收录。乾隆时因回部动荡，屡屡出师，往往损兵折将，成为塞上之乱患。魏塾在《徙戎论》上加了评赞，以清之回部比晋之五胡，这有什么错？即使有不甚妥帖处，何至被看作"狂诞悖谬，实为不法已极"？这是加于罪大恶极者的罪名。然而魏塾的致命之处也正在这里。

清人对夷狄、夷夏等词眼的敏感，本书中已有好多篇谈到了，凡是清代文士中用这类词眼的，都会视为不怀好意的逆书、逆犯。江统的《徙戎论》

① 王伦，兖州人，曾以"清水教"运气治病，又教拳勇，徒党甚多，事败后在临清登楼自焚而死。

把“四夷”骂得狗血喷头，但这究竟是一千四百年前的晋朝人说的，可是乾隆朝的魏塾为什么偏要大加称赞？还说“且唯豪杰之士，所见方同”的话，这就成为白纸黑字了。福隆安在奏折中不便明言，但魏塾获罪的真实原因在此不在彼，也是一目了然的。

我们再来看看对魏案的处刑程度。

魏塾由凌迟从宽改为斩决，所有嫡属由斩决改为斩监候，魏塾之母、妻及年未及岁的子、侄一并给付功臣家为奴。

对魏氏一门这样的重惩，就可知道原因决非将回部比作五胡，而这样一件满门抄斩的大案，前后经过只有十天，上谕还说用不着等到另一案结束再办理魏案，现在就将魏塾立即斩首。

魏塾的原评，确是如他所说是喻回部闹事，但他既能读得懂《徙戎论》，已非乡愚无知，又是生活在文网森严的乾隆朝，正是虎尾春冰、杯弓蛇影之时，怎么能写下这样明知送命的评语呢？

（原载《土中录》，上海书店出版社 1999 年版）

查遍天下十三省

沈德潜的《国朝诗别裁集》卷七，收有戴移孝诗七首。移孝字无忝，安徽和州人，与兄本孝，俱以布衣而为明遗民。王士禛与本孝同时，曾有赠本孝诗，本孝有《前生录》、《余生录》，皆被禁。

移孝《答人述先君旧事》云："莫道吴兴事，酸风刺骨寒。相知皆死别，无处问平安。故鬼千家哭，孤城百战难。当时衣上血，今日与谁看。"移孝之父名重，崇祯时任湖州推官，清兵攻湖州，戴重起兵抵御，中箭洞腹而死，曾作绝命辞数首。

移孝又有《惜誓》云："万古刀镮赤手磨，休将剑术责荆轲。一门争死无完卵，三户偷生作楚歌。不信青蝇还赐吊，堪悲黄雀自投罗。行看沧海扬尘日，才见西山木石多。"其《训子》有云："儿孙犹汉腊，晋魏有秦人。"这样的愤激之词，自为新朝所不容。

荏苒之间，已到戴移孝的曾孙戴世道这一代了。

乾隆四十五年（1780年），和州知州阿兴阿，在查检应禁书籍时，查得和州有戴重（即世道高祖）的《河村集》，便亲赴戴姓一族，挨户搜查，虽不曾查出戴重与移孝的著作，却在世道家查出他祖父戴昆的《约亭遗诗》及残缺的板片十四块。世道是个贡生，教馆为生，年已六十一。安徽巡抚闵鹗元的奏折中，摘录的《约亭遗诗》仅三句，一为“长明宁易得”，一为“短发支长恨”，一为“且去从人卜太平”，自也可以看作“狂悖”。

这时戴昆已死，据世道供称：雍正十年（1732年）时，听人说含山县黄正超家有逆书发觉之案①，大家畏惧，所以戴家便把家藏的《河村集》与移孝的《碧落后人诗集》书板烧毁，那本《约亭遗诗》，因族长说过并无违碍处，所以留下。又查问《遗诗》中鲁之裕的序文，世道说，鲁之裕是安徽太湖县人，做过安襄郧道尹。乾隆九年（1744年），世道因贫失业，闻之裕与其祖父有交谊，便携《遗诗》底本请他作序，并恳求资助，之裕赠以银十六两，即刻印《遗诗》十余本。书上刻了校对的人，有世道的父亲、大伯、叔父、堂弟等名字，叔父和堂弟都是不读书的人，一齐刻上，只为“图个体面”。

接着，重心转移到鲁之裕身上，也是题中应有之义，便飞檄太湖县追查。这时之裕已故，过继的孙子鲁恕模任湖北德安府训导，弟鲁恕桀在直隶做典史。鲁之裕曾著《经史提纲》、《式馨堂文集》，载有钱谦益、吴伟业姓名，对世宗庙讳不避，《经史提纲》内称元臣为“夷臣”②，“诞妄不一而足”。

此案的最后处分是：戴移孝、戴昆父子戮尸，戴世道处斩，戴用霖（戴昆子）、戴世法、戴世德（戴昆孙）加恩改监斩候，鲁恕模、鲁恕桀和其父监生鲁忠淳一并革斥，不准“仍列仕版”。

在此之前，查禁书籍已经雷厉风行，这时居然还有逆书流落天涯，因而

---

① 《东华录》、《清代文字狱档》、《掌故丛编》皆未载黄正超案，可见当时未载于此三书的文字狱尚多。

② 广西巡抚鄂昌因在《塞上吟》中称蒙古为“胡儿”，为高宗上谕严斥：“夫蒙古自我朝先世即倾心归附，与满洲本属一体，乃目以胡儿，此与自加诋毁者何异（鄂昌也是旗人），非忘本而何？”则称元臣为“夷臣”自亦违碍。

又忙坏了地方大员，连忙分头侦查：鲁恕桀曾任直隶无极县典史，直隶自然要查。江宁、苏州等处为书林商贩云集之所，绅士亦多藏书之家，逆诗既在湖北印刷，“自楚达吴，流传甚易”，江苏要查。戴、鲁两家原籍为安徽，安徽更要查。戴昆诗刻于湖北，鲁之裕又寄居过江夏，湖北岂能不查？“悖逆诗本既有刊刻，难保不流传他省”，闽、浙既是“他省”，就得查。浙江的书铺和藏书家，还出具甘结，保证从未出卖和收藏戴氏两代诗集，巡抚李质颖在奏折中又说：“且湖州书船，每向荒村僻巷，收买新旧书集贩卖，倘有此书，细查易得。”

现代住在城市中的读书人，看了这几句话，不禁顿涉遐思。斜阳垂柳，荒村僻巷，人烟稀少，景物萧条，忽见河道中一艘小船遥遥驶来，船中载的是木刻的图书，价钱也不太贵，此情此景，何可多得？这时却成为查禁书、布文网的据点了。

逆书如何识别？首先要识字。当时文盲遍地，不识字怎么办？福建巡抚富纲有个好办法：选派明白绅士，遍历有书之家，“即有旧家子弟零落，目不识丁者，亦即代为翻阅，务期搜剔净尽”。陕西远处西北，但因“亦恐或有流传”，还是要查。难保、亦恐、或有，这些都是刀笔吏的惯技。甘肃虽“僻处边隅，民间书籍无多”，却不得因此草率疏忽，同样要查。楚、粤毗连，“乘此通省清查保甲之时”，广西要查；鲁之裕继孙曾在广东乐昌商人王家管事，广东又要查。云贵路更远了，并已查过，没有戴氏父子之书，但《约亭遗诗》刻印于广东，“难保无滇黔两省之人，或在彼游学，或在彼贸易，见而携归存留”，云贵要查。明代于两京外，曾设十三布政使司，故民间有“天下十三省”之称，这时自南至北，恰好查了十三省。

戴世道是一个穷书生，只因戴昆是他祖父，才向鲁之裕乞助刻印《约亭遗诗》，又把戴氏子孙名字刻在书上，不管读书与否，穷书生能够报答祖宗的唯此而已，清廷将他处死，也因他是戴氏子孙。清代笔祸中因宗法关系而受严刑的数量极多，仿佛祭祀祖先的三牲，受祭的亡人已在泥土中腐朽了，却还要把活的牲口宰掉供祭，“牺牲”的原始意义就是指供祭祀的牲畜，戴世道等正是宗法社会的牺牲者。

（原载《土中录》，上海书店出版社 1999 年版）

言出祸随

一个六十岁的广西平南县给顶生员吴英，写了三千字的策书，于乾隆四十五年（1780 年）七月，拦舆向上司呈递，策书内容有五条：(一）屡朝为乱之民，皆因饥荒而人主不知赈恤，以致辗转流离，不轨之徒，顺风闹事。国家虽有备荒之义仓，饥民却得不到实惠。义仓设在城厢，乡村的枵腹之徒要从百里之遥赶往，不是填沟壑便是饥惫得半死，“是徒有救荒之名，无救荒之实”，所以应改变义仓的现有措施。（二）革除盐商，杜绝私贩私卖之弊。那些盐埠之主，藉官架势，以小秤砂水弄虚作假，所以不如将各省饷银，酌拨若干入盐田，令民垦食，征其赋税，任其流通贩卖。（三）强盗所以不畏法，实因州县属内，道里茫茫，良莠杂处，地方官又耳不亲闻、目不亲睹，故盗贼可以闪过，应设十家为甲之法，如果有盗而掩护，甲长与盗同坐。(四）种烟之家，十居其半，以有用之工费，营无益之虚耗，致农民成为游民，所以应禁止烟叶的种植。(五）裁减僧寺，将多余僧人各务生产。

因为君门万里，无缘自达，所以向广西藩司朱椿拦舆投递，请他转奏圣上。读者看到这里，恐怕已经料到，这个老人会得到什么样的后果。

绝大部分的文字狱，犯人的原文都是看不到的，只是由官府摘录几句，加上狂悖、谤讪、不法等抽象的罪名，有的连几句也不曾摘录。吴英的原件却附录在《清代文字狱档》中，使我们有幸见到。他倒是从当时社会生活中概括出来的有关国计民生的弊端，而且提出了具体的积极的建议，并不是单单发发牢骚。策书上第一条尤为警辟：名义上是好听的，实际上是空头的；开始时确是德政，到后来便成为摆设性的古董。吴英拦舆时在乾隆朝，积弊却在乾隆以前，而且还将要持续下去。

藩司看到第一条内“语多狂悖，且叠犯皇上御名”，便将他解到臬司衙门严审。吴英坚供：“实思献策，冀得功名，并非怨望诋毁。”事实也确是这样。

高宗名弘历，策书中有“其德非不弘也”及“万斛之弘恩”二语，所以说“叠犯御名”。全文真正可以构成狂悖罪名的恐怕也只有这一点。

又据吴英供称：世居平南，曾因欠贡生梁琮债务，被学臣注为“劣”。平日训徒度日，近日因病闲居。五月间在家密作策稿，赴省住旅店中，“妄思递策转奏，可得功名”，别无知情之人。这“妄思”是由官府口气说的，吴英自己倒是一本正经地企图以此为进身之阶，一点也不妄。

官府即到吴家搜查，并无不法字迹，却仍要查封家产，连同吴英的两个儿子、胞弟、胞侄、妻、妾、年未及岁之子、幼孙、族长、邻居一网解到省里，逐一审问，有的是“种田愚民，并不识字，实不知吴英所作”。官府以吴在家作策，共有五条，岂无人商量？由家至省，岂有不告知家中之理？这也几乎是每一件文字狱的规律，官府例必根究知情人、合谋者。吴英供答得很妙也很对：“革生自费了心，做此条陈，方恐他人知道，抄去抢功，岂肯与人商看[①]？至子侄是种田的人，不通文墨，更无可商量，且恐家中闻知上省献

① 本书《鲍鱼之肆的蛆虫》篇智天豹的供词中，也有“若有别人相帮，献书后得有好处，别人岂肯让我独得”的话。

策，泄露传播，投策不准，反无颜面，是以托词上省买药，使人不疑。”于是官府上刑了，他却“矢口不移”，官府承认他“似无遁饰”，但最后还是凌迟处死。这且不说，儿子吴简才等斩监候，吴英的妻、妾、媳等都给付功臣家为奴，那就是按照大逆罪来处分了。

吴英是个老生员，穷极无聊，对现状有些不满，但对朝廷还是忠诚的，始终是大清朝的一个顺民。他生活在吴敬梓说的“一鞭一条痕，一掴一掌血”的八股取士时代，家境艰难，却有妻有妾，子女成群，他的头脑中滚腾着妻财子禄的念头。他的精神不很正常，闭门写策书就是孤独中的自我发泄，又想以此一鸣惊人，幸得功名，策书中说的“虽言出祸随，又奚顾哉”，也是侥幸心理的表现，当时的科举制度就助长了士子的侥幸心理。他的策书却有其自己的见识，如说“事可师古则师，可变则变，视乎义何如耳”，倒非冬烘之见。他的志趣、品格皆无可取，他的命运不能不使人怜悯。在评论文字狱中人物的遭遇时，常常使我们陷于矛盾之中，也不知道怎样写才显得公允些中肯些。说到底，吴英的命运，也是时代命运的投影。逝者如斯，遗文犹在，这是付出了杀头的代价而留下的。

（原载《土中录》，上海书店出版社 1999 年版）

《奇冤录》引起的冤狱

乾隆四十六年（1781 年）正月，广东新兴县巡乡委员顾永涵在稔村盘获形迹可疑人犯一名，自称嘉应州生员梁三川，又说是实系旗人梁念泉，并系前任广东永将军亲生儿子，自幼过继与嘉应州的梁学文为子。行李内有自著《念泉奇冤录》及诗稿二本。随即押至衙门审问，据梁三川供称，他从前曾三次到衙门喊冤具呈，内有“父籍系满珠（即满洲），侨寓泉州”和“派出天潢”字样，也就是说，他是皇族的宗室。

案子辗转而到了办文字狱老手的巡抚李湖手里，他在奏折中，一开头说：“广东巡抚臣李湖跪奏，为盘获疯迷逆犯，审明定拟，请旨即行正法事。”那末，李湖明明承认梁三川是一个疯人了。

经过查核，总督和巡抚衙门都未曾发生过拦舆喊冤情事。又到梁三川家中搜查，实属赤贫，只有住屋三间，别无其他字迹。疯人绝大部分是穷困的，也是被人歧视的。

梁三川在家乡时常与人吵架，在疯人是正常现象，因而被梁学文关禁在空房中。后见他病势稍轻，将他放出，他便带同儿子梁海淑赴惠州觅馆教读。不久病又发作，遂被辞退。他儿子天天遭他打骂，只得逃回家里，梁三川便独自卖卜糊口。

他的《奇冤录》冤在何处？因为父母都是“天上贵人”，所以自己并非梁学文亲生之子，而是被梁学文从小拐带，“屡遭关禁挫磨，冤屈无伸”，故而到各衙门喊冤。

梁三川是一个疯迷，巡抚在奏折中已经开宗明义地说了，中间又说“状类痰迷”，那就应该按照疯迷来处理了，但“查该犯曾身列胶庠（国子监），乃因病狂丧心，逞其臆说，狂悖僭妄，实属罪不容诛，未便因其迹类疯癫，稍为宽纵”，所以“应比依大逆不道凌迟处死律凌迟处死，请旨即行正法，仍传首枭示”。“比依”意即参照，因为梁三川怎么也够不上大逆不道罪，只得“比依”了。这正是刀笔吏手法。其实倒还可加上“不孝”，因为梁三川竟敢说他父亲拐买。

办了梁三川不够，还要办他的父亲和儿子、母亲和妻子。可怜他父亲已经八十六岁高龄，儿子也曾经被疯癫的父亲天天打骂，官府还是要“依大逆缘坐律拟斩立决”。梁学文的这条老命是为儿子断送的，而他的儿子又是一个疯子，说过上述的疯话。

本书中记录的疯案已经有好多起，没有一个疯子是幸免法网的，这一起也真正说得上奇冤了。梁三川等致命的主要原因，不仅仅说了些疯言疯语，还用笔写下来，因而也就列入文字狱了。但最后三法司如何核拟，皇帝如何批示，未详。

一般人只知清代笔祸很多，杀人累累，哪里料到这些笔祸中还流着大堆大堆的疯人鲜血呢！

（原载《土中录》，上海书店出版社 1999 年版）

既非大逆仍须斩决

乾隆四十六年（1781 年）三月初一日，河南桐柏县郑友清八十一岁生日，其亲友托生员程明禋作文制幛为庆。程明禋是湖北孝感人，到桐柏教书已有十余年。寿词内有“绍芳声于湖北，创大业于河南”及“捧河中之剑”语句，郑友清以其语多悖谬，用红纸粘去。在乾隆文祸高潮时，这样的词句确是犯忌的。程明禋却闻而不悦，他的门徒胡高同、杨殿材、王国华也不服气，私写揭帖，代师泄愤。初三日，胡高同路遇郑友清之侄郑万青，要他去陪礼，万青不允，胡即将万青右眼殴伤，杨、王还说友清是白丁，不该妄加评论。

郑友清和生员曹文邠素有嫌隙，曹则和程明禋友好，友清疑心程、曹两人串通，故意陷害他，即持寿幛向教谕黄怀玉告发，黄乃将曹文邠传询，发生争辩。黄责打曹手掌六下，曹出外辱骂，又被黄杖责二十板，此亦可见当时教谕的权势。曹即捏造黄于寿辰带头赴祝、接准土娼呈词、克减廪禄等情事，向学臣衙门控告。

事态由此而扩大，知州、知县亲赴程明禋、曹文邠家中，查出了禁书

《留青新集》一部[①]，还有纸片内写着《后汉书·赵壹传》中“文籍虽满腹，不如一囊钱”两句，密加圈点，批上“古今同慨”四字，又抄有“钻皮出毛羽，洗垢求瘢痕，宁饥寒于尧舜之荒岁，不饱暖于当今之丰年”四语（按，此为赵壹《刺世疾邪赋》中语）。在曹文郊家中，抄出《文昌录》、扶鸾符咒。

据程明禋招供，因为郑友清从湖北兴国州来到桐柏起家，故有“绍芳声”二句，“原是《易经》上‘富有之谓大业’的意思”，意在赞颂。“至‘捧河中之剑’，似为添筹，因系三月生日，故引用秦昭王上巳置酒故事，也是切时令的意思，且本系《留青集》内抄写下来”。官府问程：为什么偏偏摘取“文籍虽满腹”两句，又圈又批，“况如今圣明在上，勤政爱民，偶遇偏灾，蠲免钱粮、发项赈济，天下臣民无不感激，你怎混抄那不饱暖当今丰年的成语呢?”程说因赴考多次未中，埋怨主司，又因命运乖蹇，不得发达，纵使衣食充足，也不快活。程从前在刘大文家教书，刘待程淡薄傲慢，心中也有牢骚。程只力辩自己并无陷害郑友清用意，至于抄录赵壹词语，“总是犯生心里牢骚，不知安分，以致犯了悖逆大罪，还有何辩呢?”

《文昌录》和符咒，原是曹文郊家教书先生刘逢恐父亲刘仁曾遗留下来，仁曾曾经对逢恐说：《文昌录》是教人练笔作文之法，每遇作文，只要书符念咒，便比平日敏捷。逢恐练过几次，“总不灵应”。仁曾逝世，便放在曹家，曹文郊因逢恐“自己尚不会练习，就没细问，也没有呈首”。官府以《文昌录》及扶鸾符咒，“事既不经，迹类邪教”，且不避庙讳，所以，究竟是否刘

① 《留青新集》，题“钱圹陈枚辑”。据《禁毁书目》及《禁书知见录》，尚有《留青集》、《留青采珍集》、《留青广集》，从题为“辑”这一点看，似乎是汇编前人诗文的作品。至于被禁原因，据湖南方面的咨文，因“内有钱谦益、屈大均、方以智等诗文，又黄稺作《陈瑶池节孝》小序中语有违碍”。陈枚是娄县人，雍正时曾官内务府郎中，工画。

逢恕寄存之物，还是曹文邠畏罪狡卸，还要彻底查处。

这一案件，又像举网得鱼似的，捞得了不少人，连程明禋的妻子也带到了公堂。经河南巡抚富勒浑拟定，程明禋应照大逆律凌迟处死，家族及干系人犯皆分别处罚。郑友清见寿文有违碍字句，向官府首告，“尚属乡愚畏累，但心疑曹文邠主唆，妄行牵控，殊有不合，应照不应重律（做了不应做的事）杖八十”，但他已年逾八十，就不再治罪。

上谕说：“程明禋妄作寿文及圈点成语之处，不过文理不通，滥用恶套，与公然造作悖逆语者有间。郑友清疑有违碍，用纸贴出，并未经行告讦，乃程明禋心生忿怒，率领生徒胡高同等辄肆拳殴，并写斥骂语言粘贴街市泄忿。此等党同恶习，实启师生门户之渐，于世道人心甚有关系。程明禋之罪实在于此，该犯毋庸照大逆凌迟处死律定拟。”读者看到这里，也许感到上谕所批十分公允，并为程明禋的死里逃生而庆幸，可是接下来却是：“着改为应斩立决。”

上谕在政治上辨明了程明禋并非悖逆，在“党同恶习”上却仍要向程明禋动刀子。在他也许是统一的。高宗最恨臣民“党同恶习”，要借此立威，但是太重了。

程明禋已有四十六岁，家里有十五岁的双胞胎二狗、三狗和十三岁的五狗。由于程明禋并非大逆犯，所以家族也从宽免于坐罪，但从此就成为孤儿寡妇，更加是委屈的。

（原载《土中录》，上海书店出版社 1999 年版）

七旬老翁长流三千里

一个年逾七旬、不通文义的黄梅县老翁，在挨了一百下板子之后，还要充军到三千里外去。这个老翁自己并没有弄过笔头。

吴碧峰是湖北黄梅县人，他的父亲吴永述早年买来明末人瞿罕所著《孝经对问》和《体孝录》两部旧书①，想翻刻而未成功，遂由吴碧峰翻刻，自作序文。还请黄梅知县姚思廉及王模、瞿国宾作序，刷印了二十四部，分送瞿罕同宗瞿学富等。吴氏父子为什么要翻刻这部书？无非因为书中宣扬孝道。这是乾隆二十三年（1758 年）事。

后因湖北在查缴违碍书籍，吴碧峰便于四十二年（1777 年）向巡抚陈辉祖自行呈缴。次年正月，陈辉祖调任河南，就把已查缴的各书，移交与接任的巡抚郑大进，其中包括吴碧峰呈缴的两部翻刻之书。

后来湖广总督舒常、巡抚郑大进检阅《孝经对问》和《体孝录》，发现“二书内庙讳御名均未敬避，并狂吠等语句颇多”。于是吴碧峰便被拘禁，有

① 瞿罕，字曰有，黄梅人，翰林瞿九思之子，崇祯时辟举知州。九思因被人诬陷长流塞下，罕与兄甲为其父伏阙上书求宥，往返徒步，不避寒馁，天下称双孝。瞿罕之著此二书，当也有他自己的经历在其中。

关人员都要受处分。

上谕说：陈辉祖于发局查勘二书之时，何以仅交后任查办，并不自行具奏？陈辉祖只得自认“糊涂昏愦，咎实难逭”。

姚思廉署黄梅县事未及两月，他根本不知道吴碧峰其人，吴因姚曾任知县，便于他卸任后借名编入，“意图光宠”，姚为此而以失察之咎交部议处。

王模根本未曾见过原书，只是根据吴碧峰告诉他的大意写下的，“但既与作序，亦难轻纵”。

吴碧峰翻刻遗书，虽照依原本，并已呈缴，官府承认他与自行悖逆者有异，“但书中狂吠语句依样刊入，且于庙讳御名均未恭避，法难宽宥”，应依谋反大逆知情隐藏故纵者律，拟斩立决。但他已在狱中因患伤寒转痢疾而死，所以就不办了。他这条命其实是屈死在文网里，因为如果不被关进牢里，也许不会这么快就谢世。

瞿学富是瞿罕本宗，且收藏逆书，不早首缴，虽年逾七十，仍不准收赎，“应于吴碧峰斩罪上减一等，杖一百，流三千里，加重改发乌鲁木齐给种地兵丁为奴”。王模也是这样。

这是巡抚舒常所拟，时间在乾隆四十七年（1782 年）正月，三法司核拟如何，档案未载。

喜欢刻书是旧时中国文人的积习，为了刻书，诸如花钱买书稿、伪造名流序跋之类的事层出不穷，及至文网临头，使得那些为好名所累的人吃了不少冤枉官司，甚至还连累了许多毫不搭界的人。文字狱的株连，固然是冤案，但由此暴露的文坛丑恶现象，难道不值得引起我们深思吗？

（原载《土中录》，上海书店出版社 1999 年版）

皇权下的孝子下场

一个退休的三品官员，平生服膺道学，为了想做孝子，沥诚上奏，请皇帝赐他已故父亲一谥，“用昭圣主寿考作人，久道化成之巨典”。得到的下场如何，先请读者猜想猜想。

直隶博野人尹嘉铨，出身举人，曾任布政使，后以大理寺卿休致。其父尹会一，曾任巡抚，也是个道学家，御制诗曾褒其孝行。

乾隆四十六年（1781 年），御驾幸保定，嘉铨乃为父具折请谥，却碰到钉子：“与谥乃国家定典，岂可妄求？此奏本当交部治罪，念汝为父私情，姑免之，若再不安分家居，汝罪不可逭矣！”这话也有道理，谥典怎么可以由儿子自行请求？

不想尹嘉铨又上一折，要将名臣汤斌、范文程、李光地等从祀孔庙，“至于臣父尹会一既蒙御制诗章褒嘉称孝，已在德行之科，自可从祀，非臣所敢请也”。尹嘉铨的原意实是说，尹会一既蒙御制诗褒嘉，从祀孔庙自不成问题，更不必说谥典了，只是他自己不便启请。这就要怪他头脑冬烘发热，如果尹会一可以从祀，孔庙两庑的牌位就要挤不下了。

这一来，自然龙心大怒，斥为“大肆狂吠，不可恕矣”。

“不可恕矣”到了什么地步？革去顶戴，用夹棍审问，查抄藏书和家产，封闭家门，还要照大逆律处以凌迟极刑，也便是千刀万剐，后来上谕加恩改为绞立决，其家属一并加恩免其缘坐。上谕中说，今后大小臣工，如再有尹嘉铨那样逆行，“断不能复邀尹嘉铨之末减也”。“末减”是从宽的意思，当指尹嘉铨由凌迟改为绞刑、免家属以缘坐两事。

《清代文字狱档》辑为专集的有两辑，一为第九辑的曾静案，一即第六辑的尹案，所载尹嘉铨的供词共有十七则，这里略选几则。

供五，官问：你《近思录》内称“天下大虑，唯下情不通为可虑”，如今遭逢圣世，民情无不上达，有何不通可虑之处？你说此话究竟什么意思？尹供：原是大概泛论的话，“然我书内妄生议论，就是我的该死处，还有何辩”。

供十，官问：你书中说梦至东岳大帝座间，挥之使归，且曰“公为孟子后身，当继孔子宗传，寿尚未艾”等语。你又不疯，为什么说神说鬼？尹供：当时因儿子不在，神魂颠倒，但此梦今查出问我，我也记不清，总之“不但妄诞，且得罪圣人，实该万死”。

供十二，官问：你在皇上前讨赏翎子（指孔雀花翎，清代官员的冠饰，清初只赏给得特恩的大臣），说是没有翎子，就回去见不得妻小，你这假道学怕老婆，到底皇上没有给你翎子，你如何回去的呢？尹供：我在家时曾向妻子说过，要讨翎子回家，原想可以夸耀，后来皇上没有赏我，回家实觉羞见妻子，这都是我假道学、怕老婆是实。

在审问时，尹嘉铨常有辩解的话，表明自己原无恶意，最后又总是说“胡涂该死”、“实该万死”。

还可以举一个啼笑皆非的例子：尹妻想给尹娶一个年逾五十的老处女李氏为妾，尹在京并不知道其事，后来李氏不允，尹便在文中表扬。官问尹：

你妻明知聘娶不成，就可白得了不妒之名，这不是你妻子也学你欺世盗名么？尹供：这原是实情。我任凭他（她）做，系我毫无廉耻，总是平日欺世盗名，妻子也学样了。

这些话虽有虚有实，但也反映了尹嘉铨的品格，赏讨花翎一事，实和《孟子》中齐人之墦祭相似。道学传统、八股精华、名利虚荣，使尹嘉铨居然以举人混迹官场，外官做到布政使，京官做到大理寺卿，要靠这些人勤政爱民，办得到么？他在供词中一再说自己“胡涂该死”，胡涂固不足以概括官僚制度的本质，确也是一种重要的现象。他被杀于休致之后，已是年过花甲了，如果说他个人下场有其可以哀怜之处，那也因为他是这种僵化了的制度的殉葬品。

据《清代禁毁书目》索引汇录，尹嘉铨的著作竟多至九十三种（其中一种为其父之奏疏），内有《闺范图》、《小学大全》、《孝女经》、《贤王经》、《圣明指路》等等，顾名已可思义。孟森《明清史讲义》卷下谈到尹案，有云：“此外日记中家庭琐屑语，即有迂腐可笑，岂有杀身之罪？乃大学士等竟定拟凌迟处死，家属缘坐。廷无救正之言，唯以逢迎为宰相之责，是何气象！”当时联名请旨，欲将尹“速正刑章，以快人心”的满汉大臣，自大学士至大理寺少卿多至四十人（内满人居多数）。从本书所记各案看，狱无论大小，从来就没有一个大臣或言官敢出而抗争的。尹嘉铨确无杀身之罪，但这种人实并无可取之处。死得冤枉，但其行事也令人可鄙，这样的人物，在清代文字狱中就数不在少。高宗深恶师生、父子、臣僚标榜营私，以类相聚，他对尹案所以如此重视，亦欲借此立威示儆。

我最初之知道尹嘉铨其人，还是在抗战前读了鲁迅的《买〈小学大全〉记》这篇文章。文中指出，高宗君臣所以如此痛恨尹氏，和当时打倒道学潮流也有关系。但我觉得，尹氏推崇的范文程、李光地等也是高宗所不喜欢的人。过了三年后，闲逛南市城隍庙冷摊，无意中见到《小学大全》，纸墨虽粗劣，价钱不满一元，大出望外，立即买下，正如周作人《读禁书》中说的"禁的效力一半还是等于劝"。买回后只是翻了片刻，实在没有什么可以赏玩的，就此搁置书架的僻角，只是心里记得有这部《小学大全》，因为一直想编一部清代文字狱史，而这些被禁毁的原书已很难重见，故对此书有收藏上的特殊意义。到了1968年，几十年聚藏之书，自难幸存。《小学大全》的原文，对我这篇随笔，未必有多大用处，依靠其他史料也可凑上二、三千字，感到遗憾的就是不能用原书来作书影了。

据孙殿起《贩书偶记》正续编所记，他曾见过尹嘉铨的《仪礼探本》、《小学义疏》、《小学注解》，皆乾隆时刻本，可见尹书尚流传于人间，还应当感谢孙氏的编录之功，使我们知道书是很难禁绝的。以清代君臣雷厉风行、刀光血影的力量，虽能使老冬烘毕命于刑场①，却无法使其著作绝迹于书林。

尹嘉铨的名字，在本书的《圣旨的时效性》篇中已经提到了他，当时他力求避祸，也不知他后来行事怎么会如此孟浪大胆？

（原载《土中录》，上海书店出版社1999年版）

① 尹嘉铨的传记，《清史稿》略附于其父尹会一传之后，但徐世昌的《大清畿辅先哲传》却有其传，并将他尊为"大清先哲"。又据李岳瑞《春冰室野乘》所记，嘉铨后蒙赦令归田，实未死。此亦可能，徐世昌将尹嘉铨收入于传中，当亦因为嘉铨未伏法之故。

还治其人之身

安徽太平县人焦禄，于乾隆四十六年（1781 年）三月，向知县周学元呈控，族人焦良先、焦永榜等捏造揭帖[①]，指奸污辱，谤帖内“大不仁”三字之上写有“清朝”二字，帖内词句亦多不解。

据焦禄供称，焦良先诬蔑他与焦永榜之子焦滚来的未婚妻陈氏通奸，将他逐出宗祠。这一谤帖是在祠堂门口揭来。官府见其情词闪烁，当即亲赴焦村，密传焦良先等审问，都说并无捏造谤帖之事。那末，为什么要将焦禄逐出宗祠（这是宗法社会一种道德上的惩罚）呢？因为焦禄确曾和陈氏通奸，使陈氏怀孕。他还企图奸污焦永榜次媳杨氏，经杨氏叫喊，遂被人捕获。焦永榜不愿家丑外扬，故而没有报官。

官府又到焦禄家内搜查，查得状稿二纸，核对笔迹，和焦禄所呈谤帖字划如出一手。再审焦禄，遂自承“意欲诬害焦良先等”。

由于焦禄捏造的谤帖中于“大不仁”三字上写了“清朝”二字，所以照大逆律凌迟处死。他原来是想置焦良先等于死地的，不想自己反而送了命。

---

① 凡向官府申报大事，于文书之外详述其事之情节的也称“揭帖”。

这是一个豺狼似的恶棍，死不足惜，委屈的是他胞弟焦文学、儿子焦秀彩也被处以斩监候，焦禄的母亲、妻子、七岁的儿子都给功臣家为奴。要说冤枉，这些人才是真正的冤枉，却又无处诉冤。官府对他们本拟斩立决，上谕才从宽改为斩监候。二百余年前的大清律例这样处分逆犯的家属，是有根有据的，因而是完全正确的，家属除了哀叹命运之外，别无他法。

两年后，有个寄居河南固始县的黄陂人胡元杰，控告商城知县戴如煌所作《秋鹤近草》中的《登平台》诗有悖逆词语，经光州知州陈文纬当堂察核后，戴诗不过吟咏古迹，并无违碍词句，便将胡元杰审问。胡供称，他本是训蒙糊口，与病故的革斥生员萧芳相好，萧芳也是一个诬告犯，曾将《秋鹤近草》给胡观看，胡即存放在家。乾隆四十八年（1783 年），胡元杰失业了，看到《登平台》一首有“北口□火，南渡旌旗”等字，便起讹诈之意，指此诗“隐存叛逆”。陈文纬加以驳诘，胡便“当堂逐句注解，大肆狂吠”，即是当着知州的面，由胡自己把戴诗加上注解，这样一来，这些注文倒是颇有叛逆之意，所以说是“狂吠”。河南巡抚奏折中说：胡元杰“恐所首事不重大，不能胁制官府，多得银钱，因而丧心病狂，妄加注释，初不料该州遂行禀办，实属死有余辜”。但胡元杰不想一想，既然告到知州衙门，知州即使不向巡抚呈报，胡又怎么能向戴讹诈？知州如果相信胡元杰的诬告，就要将戴如煌定为逆犯了。

按照律例，“举首诗文悖逆，若只字句失检，涉于疑似，并无确实形迹，即以所诬之罪依律反坐”。意思是说，控告别人诗文悖逆，如果这些诗文只是字句不够检点，因而介于疑似之间，但经过查核后，并无确实的悖逆罪状，这控告就要以诬告论罪，便应以悖逆罪反坐，也便是“即以其人之道，还治其人之身”[1]。这倒也有其合理的一面。试想想，如果胡元杰的诬告成立，戴如煌岂非就要人头落地了么？此案三法司如何核拟，档案未载。

在清代文字狱中，挟嫌诬告、敲诈勒索不成转而上控的案例不少，其中有成功的，庄氏史案就是实例；但也有搬起石头砸自己脚的，本篇介绍的即属此类。这种鄙劣现象的出现，显然与上下搜索文字狱成风的氛围有关，综合本书中其他篇中的例子来看，真正能弄清楚的，其实随意性也很大。这应该归过于人治了。

（原载《土中录》，上海书店出版社 1999 年版）

① “即以其人之道，还治其人之身”，这两句话本是朱熹在《中庸》中的注文，意思是君子之治人，要照为人之道还治之，若其人能改即止（赦）不治，并非要他远离于道。此处这样运用，只用朱注字面而不用其原意。

寓禁于征的《四库全书》

以纂修图书作为镕锢士子的手段，历代固已有之。元刘壎《隐居通议·古今类编》论宋太宗耽心降臣之怀旧异心，乃以馆阁爵禄，使他们编修《文苑英华》、《太平御览》等书，“迟以年月，困其心志，于是（前朝）诸国之臣，俱老死于字里行间。世以此为深得老英雄法，推为长策”。这和唐太宗见新进士缀行而出端门，喜曰“天下英雄入吾彀中矣”之用心实先后一辙。

清高宗之修《四库全书》，入彀固是其目的之一，但更重要的则为藉此展开禁书运动，使汉族士子尽为寒蝉瘖马。编修《四库》开始于乾隆三十七年（1772年），耗时十载，收书三千五百零三种，手段则阳刚与阴柔兼具。据不完全统计，在这过程中，禁毁书籍前后二十四次，计五百三十八种、一万三千八百六十二部（还不包括民间私自销毁的），直到五十三年（1788年）还在严谕查禁。在三十七年的谕旨中，只是说古今图书多至数千百家，“或逸在名山，未登柱史，正宜及时采集，汇送京师，以彰千古同文之盛”。次年的谕旨中，还说“忌讳字面，并无妨碍”，不过要民间将书毁弃，不要收存在家中。又隔一年，却一变而为“正当及此一番查办，尽行销毁”的疾言厉色。

但下诏数月，应者寥寥。应者所以寥寥，并非由于胆子大，敢于和朝廷顶风，恰恰由于胆子小，怕惹祸，同时含有怕朝廷说话不算数的心理，因为这之前的顺治、康熙、雍正三朝，因书籍的收存和呈缴而遭殃的事例太多了，余悸在心，谁能相信缴出去之后就平安无事了呢？

朱彝尊嗜古爱书，曾于旅途中买书五箱，后往永嘉，适值发生庄氏史案，便将涉及明代史事之书，一并焚毁（钱林《文献征存录》）。何焯曾于康熙间下狱，其门人恐何焯所簿录的《语古斋识小录》十数卷中有忌讳语，便全部焚毁(《义门先生文集》附录)。他们都是康熙时的名儒，前车可鉴，到乾隆时的藏书者，已成釜底游魂，能私自销毁的就销毁了。

乾隆四十一年（1776 年），由于江西巡抚海成呈缴禁书共八千余部，比江、浙两省多，便对江、浙督、抚严词斥责，说江、浙素为文物所聚，藏书家与书铺都倍于他省，不应购获各书不及江西，皆因该督、抚“徒以具文塞责，并不实力查办”。在别的谕旨中，也说江、浙为“人文渊薮”①，要地方官特别注意。所谓“人文渊薮”，原指人才集中、学术昌明的文化重镇，这时却等于文网的边缘、罪恶的窟穴。早知如此，还不如任其砚田荒芜，书林罗雀，满城尽是亮眼瞎子而能消灾纳福。

禁毁的办法，分全毁、抽毁两项，本书于《触目惊心》篇中已略言之，此外则为挖改，夷、狄、胡、虏等最有刺激性的字眼，当然不能留着，如“狄”字，即以“敌”字代替。又如“犬羊”一词，也在忌讳之列。陶崇道

① 后来全书告成，江、浙所藏之《四库》占了三阁，即扬州的文汇阁、镇江的文宗阁、杭州的文澜阁，但太平军攻东南时，三阁皆遭兵火，文汇、文宗全毁，文澜损失严重，幸有人为之补钞，才得延续。

《拜环堂文集》卷四《复杨修翎总督》云："古人以犬羊比夷虏，良有深意。触我啮我则屠之，弭耳乞怜则抚而驯之。"① 陶氏这一解释恐是附会，《陈与义集》卷二十五《雷雨行》中有"犬羊汝莫穷妖凶"句，胡稚注先引《文选·刘越石劝进表》："逆胡刘曜，纵逸西都，敢肆犬羊，陵虐天邑。"继引李善注引汉名臣奏曰："应劭等义，以为鲜卑隔在漠北，犬羊为群。"似较陶说为胜。《四库》本《陈与义集》多有挖改，如"胡儿"作"干戈"、"北狄"作"北骑"，冯煦《增广笺注简斋诗集序》举了好多例子。南宋备受金人侵陵，金与清为同种（女真人），所以南宋人诗文指斥金人的话，最触《四库》馆臣之目。柴德赓《史学丛考》中的《四库提要之正统观念》有云："大抵馆臣于宋，唯恐其不弱，唯恐其不亡，非诚有恶于宋也，为南明言之也。"这段话颇能诛馆臣之心。

顾颉刚《四部正讹》序中，曾举广雅书局本胡应麟《少室山房笔丛》中《李卫公对问》条的"靖禽萧铣辅公祏颉利率自守虏逋逃寇不足当刘窦什一"，文理有不顺处，《四库》本却改作"靖禽萧铣辅公祏颉利论其才略之雄黠不足当刘窦什一"。顾氏云："通固通矣，而无如非其本真也。"馆臣其实是知道"非其本真"的，只因有"虏逋逃寇"几个字，只好硬改（古书中的"虏"字，多指汉族以外的他族，犹言"胡"，故为清人所忌）。

但馆臣的抽毁挖改，也并无一定准则（实在也很难拟订准则），因而有幸与不幸的遭遇，其中也有上头未必想禁毁的，故常降谕纠偏，馆臣则唯恐查禁不严而祸延己身，百计挑剔，宁滥毋缺，自以为希旨，实也有他们可哀怜的苦衷。

---

① 引自周作人《苦竹杂记·读禁书》。陶崇道为陶望龄堂侄，望龄书被禁而崇道此书未禁，所以周氏说是大运气。修翎，一作"修龄"，杨鹤之子。

清亡以后，学者乃得于政治上、学术上畅言《四库》之乖谬，对寓禁于征的手段尤为痛恨，余嘉锡的纠辨之功最为卓著，他在《四库提要辨证》序中，曾评《四库提要》的疏漏云："甚至颜叔秉烛，不知出于《毛传》(原注：见《蒙求集注》提要)；蚬称缢女，不知出于《尔雅》（见《异物汇苑》提要)；作《论衡》之王仲任，不知有传在《后汉书》；撰《家训》之颜之推，不知已见于北齐史。"其他常识性的错误也很多[①]。但这样一部卷帙浩繁的大书，要做到没有学术上的错误也不可能，所以余氏也很体谅纪昀的处境，"易地以处，纪氏必优于作辨证，而余之不能作提要决也"。这确是持平之论。孟森《明清史讲义》，对清代之大兴文字狱，深为愤慨，然对《四库》则评价颇高："清一代有功文化，无过于收辑《四库全书》[②]，撰定各书提要，流布艺林一事"，并称高宗之修此书"亦前古帝王所未及为也"。陈登原《古今典籍聚散考》，对清廷的禁书运动及纂修《四库》的用心痛加指摘，但他将《太平御览》和《永乐大典》与《四库》相比，即觉《四库》优于前两书，"中间虽有任意更换字句之怪事，然其功究不可没"。他主张选印孤本与罕见之本。萧一山《清代通史》卷中，以大量篇幅揭露清人政治上的专横黑暗，于几件大狱记述尤详，但他在《四库全书之评价与影响》的结论性的评语中，举出六点具体的例证：一为学者得以参考。二为目录之完备，《提要》中虽常有不得其当处，但也有精当之批评。三为分类之正确，其完整超过历来之分类。四为载籍之集整，以多数之简册而勒成一部。五为公开阅览之规定，如江、浙三阁，一任士子、学人之参考。复次则于吾国学术之影响，即汉学之发达，不

① 1990年又出版了李裕民的《四库提要订误》，前言中说，共得订误二百七十四条，对余氏《辨证》之疏误者也纠正了十余处。

② 陈垣等据文津阁本逐页查对，有三万六千二百七十五册，近十亿字。

过，他又指出："虽然，汉学之盛，政治之衰也。"

此外，过去有些不易见到的文集，经影印后，就容易取阅参核，我在选注《宋诗三百首》时，有些诗人的作品和事迹，有了影印的《四库》本[①]，就解决了许多选目上、注解上的疑难问题。余氏又论《四库总目》云："道、咸以来，信之者奉为三尺法，毁之者又颇过当。"说得也很公道。作为文化遗产，"四库学"也像"文选学"一样，是一门值得学者下功夫的学问。

（原载《土中录》，上海书店出版社 1999 年版）

---

① 郑振铎的《〈四库全书〉中的北宋人别集》一文中，也说有不少宋人集仅存于《四库》中，是外间没有流行的本子。

为泄愤而隐跃其词

乾隆四十七年（1782年）六月，仁和县监生卓汝谐，充军到乌鲁木齐当苦差去了。

他是不是文字狱中的罪犯？不是，他并没有写过什么违碍的诗文。那末，他为什么要被充军呢？

数年前，卓汝谐因盗卖公堂祠地，被族人卓培之、卓连之等赴县控告。这时他游幕江南震泽县（即今吴江县），故意逃匿不去应审，但又恐日后要受查究，因而心怀愤恨，企图陷害。

他得知卓连之等先人曾作诗伤时，便说他们著有《忆鸣诗集合稿》。仁和知县杨先仪在安徽候补时，卓汝谐就向杨呈告，说卓培之等隐匿《忆鸣诗集》，要杨查访。后来杨正式任仁和知县，卓汝谐便从震泽寄去一札，说是他的族伯卓铨能、卓与能的《忆鸣诗集合稿》中有“伪妄字句”，他曾劝卓培之、卓连之缴销，他们却坚执隐匿。

官府便到塘栖镇卓连之（父卓天柱）、卓培之家搜查，查出了《高樟阁诗集》三本，是卓连之的曾祖卓长龄所著。《诗集》中有”可知草莽偷垂泪，尽是诗书未死心”、“楚衽乃知原尚左，剃头轻卸一层毡”、“短发何堪簪，厌此头上帻”等语。卓连之的叔祖卓铨能有“重重楼阁骇愚民”及“明主未能忘麦饭”等语，卓天柱本生父卓与能有“谁能郁郁久居此，予必区区自取之”，卓征诗内有“此日谁知叹道穷”，卓轶群《西湖杂录序》有“彼都人士，痛绝黍禾；今此下民，甘忘桑椹”等语。

按照闽浙总督陈辉祖奏折所说，那就是“一家之丧尽天良，灭绝天理，真为覆载所不容”了。

可是卓汝谐两次呈控的那本《忆鸣诗集合稿》，经过反复搜查后，却始终找不到。于是用严刑夹审卓天柱、卓天馥等，他们供称：“现蒙抄查①，已将所有各项悖逆稿本，均经搜获败露，如果尚有《忆鸣诗集》，自必一并查起，即或另行藏匿，亦不能脱免重罪。委系并无此书，无从缴出。”这话也说尽说绝了。

官府只得回过头来再审卓汝谐，他却是这样供认的：“实缘先有讼案起衅，希图报复。闻其先人作诗多有伤时之语，意以伤时即属追忆前明，又不能向卓连之等索看，故以‘忆鸣’为‘忆明’，隐跃其词，作札举首，以冀泄忿，究之实无此书，亦无别有情弊。”原来如此！小人之用心亦大抵如此。

卓长龄、卓征等五人已经逝世了，照例要锉尸示众，上谕加恩宽免。卓天柱隐匿收藏禁书，亦由斩立决改为斩监候。

现在要说到这个卓汝谐了，读者感到兴趣的也许就是他的结局。

他控告卓铨能、卓与能作诗伪妄，虽无《忆鸣诗集》，但已查得有别项逆书，事非无因，所以未便以诬告叛逆科断；但他告卓培之收藏逆书，“如果属实，律应拟斩，今审系虚诬，应照律反坐”，这是从立法上来量刑的。“该犯

---

① “现蒙抄查”之“蒙”，参见本书《案情未了心术已见》篇。

因盗卖祠堂公地被控，挟嫌首告，希图报复，并非专为举首悖逆起见，显非安分之徒，不便容留内地，应改发乌鲁木齐等处充当苦役”，这是从卓汝谐的告发的动机上来剖析的，也即涉及其人的道德品质，确也不失为明镜高悬。这类角色，官府其实也看得多了。读者对官府这样处理卓汝谐，大概没有一个不赞许的。

卓汝谐总以为这一状告准后，仇人伏法，妻离子散，自己私忿得到报复，便可朝着刑场拍手称快了。卓天柱问斩、其已故家人锉尸，遂了卓汝谐的心愿，但卓汝谐自己也被官府处罚，这一点他是万万料不到的。

（原载《土中录》，上海书店出版社 1999 年版）

搬起石头打自己的脚

河南登封给顶生员李一，与监生乔廷英同里居住，常以诗文相唱和。李一赋性乖戾，年老失馆，益加狂愤，自号半痴先生，于乾隆四十三年（1778年）春间，陆续编造《半痴解》、《胡涂词》，词有“天痴地痴并天地胡涂，帝王将相无非胡涂”等语，游记中有“任官之刻剥其民，不许民之诘告其官，久之人心大变”等语。李一曾将底稿给乔廷英观看，廷英称赞后即将底稿收存。

后来李一之子李从先，自外地教书回家，见其父所作诸条，心怀畏惧，劝李一烧毁。又向乔廷英索取底稿，廷英收了数条放在家中，其余还给从先。

乾隆四十七年（1782年）冬，李从先因与王耀争控秤行，指告廷英唆讼，廷英心有不甘，便将留存的李一词文，于集审时当堂出首告发，登封知县李友伋即往李家搜查。李一除承认自己所作外，还指控乔廷英家存诗稿内也有悖逆之句，于是又往乔家搜查，果然查出廷英诗稿中有“千秋臣子心，一朝日月天”之句，这就可以成为追念前明的铁证了，何况还有“志士终当营大业”等句，此外还搜出傅梅《雉园存稿》一部①，更是罪上加罪。

---

① 傅梅，明末邢台人，由登科令迁刑部主事。邢台城陷，死节。他的《雉园存稿》在清代被列入禁书目录。

经过审问，李一供称："实因老年失馆，被人憎恶，因而肆其诪张，发泄胸中怨恨，以致语多狂悖，实属万死无辞。"老年人有牢骚需要发泄，这心理其实倒是很正常的。

乔廷英供称："实系病狂丧心，信笔填写，今蒙指出，亦无可解，唯有俯首认罪。"

既然如此，两人就得凌迟处死，家属或斩或为奴，也是应有文章（这是河南巡抚拟定的，三法司如何核拟，未详），连远在邢台的傅梅近族都去传审了。

李、乔两人的口供倒是真实可信的。他们都是生员，也都是不得意的人，心中自有许多牢骚，例如对官场的贪污腐败之风就不可能没有怨恨，于是借诗文以发泄。"人生识字忧患始"，他们吃了识字的亏，因而对天地也要冒犯，这本是文人的普遍积习，也就是一种习惯心理，未必真有什么悖逆之心，乔廷英所谓"信笔填写"，倒是实话。这时清人君临中国已有一百三十余年，绝大部分文士已效忠拥戴；但反过来说，这时又是乾隆大帝后期，加上顺、康、雍三朝的笔祸，他们应该有所戒惧，怎么能够写出这样的诗文，还要相互传观呢？单以怨天地胡涂一项，就是一大罪，因而一入公门，有口难辩。

李、乔两人，起先原是好友，互相唱和，假如当时不互相告讦，他们并非名流，官府怎么知道？害群之马是乔廷英，用心尤其卑劣，在争吵前三年，已经将李一原稿数条放在家里了（想必是致命的几条）。河南巡抚李世杰的奏折中说："乔廷英明知李一词句悖逆，并不即时举首，乃转相赞美，抄存在家，因被其子讦控，始行首缴，即与大逆无异；且复自作逆词，隐怀胜国（前朝），均为罪大恶极，万死不足蔽辜。"站在官府地位，这话倒说得很对，就是说，乔廷英不是为了私恨，便不会告发，正如本书《为泄愤而隐跃其词》

篇中的卓汝谐一样，“并非专为举首悖逆起见”，结果是搬起石头打自己的脚，但他已经打中了自己的脚，后悔也来不及了。

（原载《土中录》，上海书店出版社 1999 年版）

畏法与畏祸

乾隆四十三年（1778 年）十月，各地正在查禁伪妄书籍，江苏赣榆县的韦照向县署禀告，他的侄子韦玉振为其父韦锡刊刻《行述》，内有“于佃户之贫者赦不加息”及“赦屡年积欠”语。案件到了省里，巡抚杨魁以“韦玉振身为廪生，乃竟敢用‘赦’字，殊属狂妄”，又因其祖父韦仪来著有《松西堂稿》，恐更有违悖之处，当即密派属吏，亲往搜查。搜查结果，《松西堂稿》已经焚烧，但韦氏家谱及《松西堂稿》中有山东日照人丁椒圃所作《韦锡传》，便飞文山东巡抚国泰密查。

此案之外，在同月间，宝山县的范起凤也告其堂弟范起鹄串窃书籍，因而使范起凤应缴的违禁书籍受到挟制。杨巡抚的感觉也真灵敏，他便疑心范起凤在用金蝉脱壳之计，猜想有人已查出起凤有违碍书籍，他却假称被窃，藉此逃避责任。

这两件案情本身很琐碎无聊，却反映了当时恐怖的政治气氛，人们把文字和书籍看作炸药，看作砒霜，都可使写的人藏的人一触即毙。其次，告讦之风的盛行，使叔告其侄、兄告其弟，而其起因却出于私怨，并非真是“大义灭亲”。韦照告韦锡的《行述》中有狂妄之语，韦锡不正是韦照的兄弟或堂弟么？如果并无私怨，他对韦玉振倒会显出很亲昵样子，大谈其伦常族谊。

不想上谕却责杨魁“所办殊属过当，即此可以见杨魁之不能实心办事也”，并将杨魁交部议处。上谕又反复强调徐述夔的大逆不道，韦案和徐案不能相提并论，“岂可因一‘赦’字遂坐以大逆重罪乎”？其次，对范起凤案，上谕说：禁书“但经查出，其迟早原所不计，……并当视所藏之系何等违碍以定罪名耳”。

上谕对韦、范二案的批示固然不失为公道，但徐述夔案发生于同年同月(参见本书《从笔祸看官场》篇)，起案也由于别人的告发，也属杨魁的江苏辖境，江苏布政使陶易即因“意存徇纵”而受到斩监候的重刑。徐案的致命罪证，便是“明朝期振翮，一举去清都”两句，但这两句诗究竟如何理解，有无悖逆用意，也是天知道。陶易不正是杨魁的前车之鉴么？怎能不将韦、范二案当作大狱办呢？上谕中说：“今杨魁因前案（指徐案）之失，意存惶惑，遇有控首逆词之案，不论其事之轻重，纷纷提讯，株累多人，自以为办理认真，而不知其过当，以饰其前次不能查察徐述夔逆词等之罪。”可谓诛心之论，责备得也很对，就是没有想到做臣子的进退两难的狼狈处境，教他们如何分清“事之轻重”，分清徇纵和认真的界限呢？例如逢到疯子的胡说八道、写了一些貌似“悖逆”的文字，究竟算是逆案，还是“无庸治罪”呢？

乾隆四十八年（1783 年）正月，浙江义乌县又有监生楼绳等为其父楼德运著作而自首事。

捐职州同知的楼德运，住居河山庄，别号河山生，生子十二人。性爱夸耀，喜造房屋。家遭火灾后，受惊改姓，自作《河山氏喻家言》一本，内皆治家之言，雇匠刊刻。后又作《巢穴图略》一本，将现住房屋和将造、未造房屋，预定匾额。因其祖之父女都曾捐过封典，乃将供奉敕轴处所称为“敕命馆”。各匾额中有“协坤承乾，龙蟠虎踞”等语。诗文中有“振振公子，姒氏遗风”及“世事人心大大非，今信楚狂歌凤兮”等语。他的母亲肖像内题了“拱服垂旒”，自己肖像内题了“实顶龙绍”，对庙讳御名并不回避。楼绳等以其字句多有“违碍难解之处”，屡加劝阻，楼德运以引用词句系属经书成语，“并遵奉君上教子孙做好人之意”，反而斥责楼绳等。楼绳等见书内有“迭沐君恩未由报，唯愿我皇万万春”等句，“原系感恩戴德之语”，故也未曾再加劝阻。后来楼德运病重，楼绳等又谈起此书，德运说：“尔等既然怀疑，任听首缴。”到了正月二十一日，楼德运逝世，楼绳等即于二十六日将书本、板片向县里呈缴。

楼德运其人的品格、志趣皆无可取，也见清代捐官的素质，可是他活着的时候，楼绳等为了这些书本和板片，却在过着提心吊胆的活受罪的日子。

浙江巡抚福崧审阅后，便觉“丧心病狂，情罪实属重大”，并恐尚有别项不法著作隐匿不缴，又令地方官严密搜查，对楼绳等则革去职衔衣顶，收禁狱中，又将家产查封。

我们已经看过好多文字狱档案了，因而对福崧这一措施，倒在意料之中，反而觉得平淡无奇，楼绳也因为压力过重，不去首缴，日子也不好过，怪来怪去，只怪他父亲不该留下这份“违碍难解”的遗产。

上谕却指责福崧“所办未免过当”，救了楼绳一家：楼德运“妄行撰辑字句，使其人尚在，自有应得之罪”。楼绳等在其父生前已曾劝阻，死后去自首，“是楼绳等本知畏法，自可无庸治罪”。

从楼德运书中那些字句看，再和其他几件笔祸的情节来对照，德运生前确实有些狂妄，上谕也说“使其人尚在，自有应得之罪”，楼绳即使自首，也是没有用的，只能办得轻一点，所以他们也是够幸运的。上谕说楼绳等畏法，实则不如说畏祸，推而言之，杨魁、福崧等封疆大员，何尝不是出于畏祸？韦照则在兴祸。楼绳可以同情，韦照却很可鄙。

（原载《土中录》，上海书店出版社 1999 年版）

似痴非痴塞外为奴

山西临汾人冯起炎，三十一岁，是个生员。本姓赵，父死后，其母以缝衣度日，抚养起炎及其妹，后因贫困改嫁冯某。过了十年，其母、其妹先后逝世，遂此孑然一身。他的张三姨母家有个十七岁的女儿，想娶过来“而恨力不足以办此”；他的杜五姨母家有个十三岁的女儿，想娶过来“而恨力不足以办此”。

乾隆四十八年（1783 年）正月二十一日，他在长新店一带逗留，听说皇帝要来谒陵，便于道旁跪求，随身带着《易经》、《诗经》的注文，要求皇帝为他作主，呈文中有这样的话：“又臣之来也，不愿如何如何，亦别无愿求之事，唯有一事未决，请对陛下一叙。（中为自叙家世及欲娶二女事）若以陛下之力，差干员一人，选快马一匹，克日长驱到临邑，问彼临邑之地方官，……诚如是也，则此事谐矣，二事谐则臣之愿毕矣。”

这一事件，与乾隆十八年（1753 年）的丁文彬案（参见本书《大冤与小冤》篇）性质类似，都是因为长期得不到配偶而形成精神分裂症，俗称“花痴”。直隶总督袁守侗奏折中也说他“乃因图娶不遂，似痴非痴”。在搜查冯起炎的住处时，除破烂不全的四书、《诗经》外，还有一部《西厢记》，也很能说明他的病理。他读《诗经》，想必也反复诵读“窈窕淑女，君子好逑”这几句。

经过审问后，袁守侗拟了这样的处分：“其图娶人女，虽系迹类痴迷，而语言尚属清楚，又安知非色令智昏，肆其狂吠，自未便稍为宽贷。……冯起炎一犯应从重（刺字发遣）发往黑龙江等给披甲人为奴。”

丁文彬和冯起炎都很穷，身世都很可怜，如果家境富裕的话，就不会到了结婚年龄而尚未成家。山东巡抚杨应琚说丁文彬“妄想富贵女色”，袁守侗说冯起炎“色令智昏”，都不算错。这里有生理和心理问题，战国时代的告子早说过“食色性也”的名言。所以，与其说是文字狱，不如说是色情狱。如果和当时皇帝的三宫六院、大臣的三妻四妾相对比，丁文彬、冯起炎等人更显得委屈，也就是整个社会的问题了。

发往黑龙江是巡抚拟的，朱批只是“该部议奏”，最后如何结案，档案未记录。

从本书前面的《六件无罪案的透视》篇来看，冯起炎应该也可免罪的。在封建社会里，疯人原可从宽，何况他并没有狂暴或下流行为，可是他竟要皇帝做媒，这就够得上狂悖了。朱批既是“该部议处”，就是要立案查究，部议的结果，对冯起炎必是凶多吉少，丁文彬一案不是使皇帝大发雷霆么？

本书中所记述的因患疯病而成文字狱中罪犯的，冯起炎案是最后一起。从全书记述的“疯案”总数看，已在十起以上（当然，这不是当时实有的全数），没有一个不被惩办的，有的是皇帝存心要疯人的命。一个人成为疯人以后，人格上、精神上、生活上，其实已经是在天天受罪，这时还要他们去受政治上的罪。

疯人不可能不乱说乱动，一切罪大恶极、离经叛道的话都会当众说出来，连对父母兄弟都会拿刀去砍。这是古今中外的常见现象。然而疯人又并不是一天到晚都在乱说乱动，有时候，思维能力非常正常，和健康人没有什么重大区别，这也正是疯人的悲剧中的悲剧。

同时，社会上确实有些人在假装痴呆，冒充疯子，有意识地掩饰他们捣乱性的活动。也因为这样，官员和皇帝对疯犯先有一种成见，认为他们疯癫是假，悖逆是实，例如在审问时，有些口供却说得清清楚楚，条理分明，官府就以此推理：如果是疯人，应当全是疯话，冯起炎既是“似痴非痴”，官府就偏执于“非痴”一面。

乾隆二十八年（1763年）正月，福建南安县有疯人林时元投呈词帖一案，上谕说：“试问该犯如果实系疯狂，自当不省人事，何以逐条登答，俱能一一圆融解说？其为狡黠更何待言。此等不靖之徒已知罪难复逭，见承审官从病疯一路诘问，岂不乐于承认，自遂其避重就轻之计乎？且地方遇有如此案犯，无论疯之真否，均当严加刑讯，方足为众人显示炯戒。”这样一来，哪个地方官还肯放过疯人，在“疯案”中做一个清官呢？

同年三月，湖南溆浦县又有疯人刘三元缮写逆词一案，上谕刘三元凌迟处死，应行缘坐之弟兄加恩宽免，但又指出这是“法外施恩”，故特别叮嘱：“恐各省督、抚等因有此旨，将来一遇此等案件，即捏造疯癫，希图开脱，俾实在悖逆重犯，虽致败露，不过罪止一身，而应行缘坐之人，俱得幸逃法网，则非所以彰国宪而正人心矣。”就从这两起案件中，已可说明，在皇帝心目中，这些疯人都是冒充的，家属应当缘坐的。

我们从全部“疯案”来看，地方官或朝廷的处分，大致是这样两种：一是承认他们是疯人，但因他们有悖逆妄诞之词，所以仍须按律治罪；二是不管是否疯人，一入文网，非处死即充军，而且家属也须缘坐。

当刘三元案发生后，湖南巡抚陈宏谋将三元家属解至武昌候审，后来宏谋任吏部尚书时，曾上疏请锁锢疯人，就是为了防止疯人犯案殃及家属的缘故。湖南按察使五讷玺也有同样奏请，其中说："在本犯予以极刑固所应得，而牵涉亲朋，缘坐家属，株连颇多。"所以要对疯狂之人，置备铸链，严行锁锢，也是出于对无辜家属的怜悯之心。

（原载《土中录》，上海书店出版社 1999 年版）

案情未了心术已见

浙江江山县生员毛德聪，与另一生员郑涛本系同学。郑涛延请淳安生员吴文世在家教书，毛德聪时去闲谈。德聪爱赌博，文世常相规劝，德聪以晋人刘毅家无担石，樗蒲一掷，杜甫也有说赌博的诗与吴辩论①，文世乃作《骰子序》以示之。篇首云："骰子威令怪矣哉，威令莫重于君父官长，而世竟有君令臣且逆，父令子且逆，官长令庶民且逆，唯骰子一掷，暴者平、诈者直，悭吝视毫厘如千金者，亦挥洒然诺，视千金若毫厘。世人奉骰子威令，怪矣哉！"篇末云："李青莲诗曰：'六博争雄好采来，金盘一掷万人开。丈夫赌命报天子，当斩胡头衣锦回。'又曰：'感君恩重许君命，泰山一掷鸿毛轻。'读书人能如此忠义两全，赌也可。"

这是一篇怪文章，却又是时文老手才写得出，满纸都是铿锵的八股腔调，从两颗小小的骰子上，居然引出了君臣父子的大义，最后归结为代圣贤立言，刘熙载《艺概》说的"空中起步，实地立脚，绝处逢生"三个特点，作者都能妙手偶得，所以这个生员也不失为小有才。

---

① 杜甫诗的题目为《今夕行》，末云："君莫笑，刘毅从来布衣愿，家无担石输百万。"李白诗的题目为《送外甥郑灌从军》及《结袜子》。

不想到了乾隆四十八年（1783年）十二月，毛德聪忽到巡抚福崧衙门喊禀，首告郑涛及其弟郑澜胆敢请吴文世在家造逆书《云氏草》，“其义盖取‘云从龙’之意也”。又告吴文世曾驳柳宗元《封建论》，内有“自秦祛封建建郡县以至于今，上果贤乎，下果不肖乎，圣贤皆用乎”等语，显见吴文世“忿然造作悖逆语言，以讪谤盛朝，以煽惑民心”。

据毛德聪说：这本逆书是他于乾隆四十三年（1778年）得于王元和之侄王用宾之手，当时即想告发，郑涛却串通王元和与毛亲戚何泰，将逆书骗去。毛遂急欲呈首，无奈他寡母耄而病，嘱毛俟她死后再告，今母已下葬，“皇恩未酬，理合呈首以告悖逆”。毛、郑虽属窗友，“乃涛既悖逆，则群情憎恶，而生之君父义重，朋友谊绝，誓不与之共戴其天”。毛德聪所欲置于死地的不止郑涛与吴文世二人，还有两省五县的人所目睹的“诸逆犯”。状纸中又说，毛呈首之日，郑即派人赶到淳安通知吴文世，“又自焚书彻夜，火光烛天，合邑可查”。说得有凭有据。“是故六年以前，生知而未首者，尽子道也；六年以后，生不避艰难以呈首者，尽臣道也”。这岂非在标榜自己是一个忠孝兼全的佳士么？

官府即往吴、郑家中搜查，却没有《云氏草》的书本板片，亦无不法字迹。又问吴文世，却这样供称：那篇《骰子序》和其他文章，曾刻成《小嵩山麓乡言》，但并非《云氏草》。书印了一百部，尚未装成，毛拿去一部。乾隆四十三年，闻毛欲告发，恐到官拖累，因自知无悖逆情事，故而烧毁，今被指控，“深悔书已烧毁，不能与他对质”。这一心理过程，表白得很真实，也不仅乾隆时代的吴文世有此“深悔”。他的供词，也是经过反复究审后才实说的。

郑涛供称，吴文世在郑家见了为毛德聪刻《阴骘文》的刻字匠，便委托刻印吴集子百部。后来，郑将吴留存的十九部烧毁。监生王元和、何泰以毛处尚有一部，便劝郑以银二十四两买回焚烧，这便是毛之所谓“骗去”，王、何因而也被说成“逆党”。郑当时以银二十四两买回一部书，说明郑有钱而毛系讹诈（郑父曾任直隶知县）。此后毛屡向郑借钱，未遂其欲。

李俊杰、王元和、何泰等好多人，有的说毛、郑或偶有微嫌，有的说借银未遂。闽浙总督富勒浑奏折中说：“且毛德聪既称四十三年即欲首告，因遵母命未首，迨伊母于四十四年病故，何以复延数载，始行首控?”

毛德聪却坚供书名实为《云氏草》，被王元和骗去，实未得过银两。

又审问江西一些刻印、排谱工匠，都说从未听到《云氏草》这部书，往刻字匠李俊杰家搜查，也搜不出什么。又将李的弟妇从县里提到省里审问，据她供称：李俊杰离家已有四、五年，“并无什么《云氏草》书寄回，小妇人系女流，不认识卖书的人，并无转托寄顿变卖的事”。又说：“小妇人家只有公共房屋二间，厨房一间，现蒙搜查，并无书本板片，求详情。”

本书中记述的那些文字狱，妇女出场到官府的寥寥无几，李黄氏是其中一个，却连名字都不知道。这案件本与她本人无关，却被路远迢迢地从县里提到省里，她一生也不知出过几次这样的远门？她供词中“现蒙搜查”的“蒙”字，今天看来似甚奇怪，几疑为错字。今天凡是用“蒙”字的，都是自谦的感谢之词，意味着是对自己的一种幸运。当时凡是经过官府搜查、审问、拘押的都得用“蒙”字，如前述卓汝谐案中的“现蒙抄查”，就像受到别人的抬举一样。现在如果也有文字狱，犯人用了“蒙”字，倒像是在讽刺，说不定更要从严了。

此案载于故宫博物院出版的《文献丛编》第一辑，只载到官府和李俊杰家属及刻印匠问答为止，“小的们只会排谱，不会刻书，并无伙同李俊杰们刊刻过《云氏草》，也不曾听有这书名目。……小的们实不知道，不敢妄供的”。毛德聪为什么坚称吴文世所造的书名为《云氏草》？“其义盖取‘云从龙’之意也”，这样才符合造逆书的大罪名。所以，全案的结局虽不明白，毛德聪的心术却已毕露了。

（原载《土中录》，上海书店出版社 1999 年版）

思想狂悖肉体消灭

清代官吏出身，分正途与异途，正途的皆经过科举考试，异途的为保举捐纳。除了举人、进士，国子监生则任何人都可捐得。到了后来，监生之名，多为捐纳以应乡试与求官之用，并不讲究实学，故也为人轻视。至于官员的捐纳，京官最高到郎中，外官最高到道员。不但现任官可藉捐纳而提升，革职的还可复职，候补的可优先选用，无官职的可取得官职。

捐纳之例，本非始于清代①，清代则始于康熙初年。当时因用兵三藩，军费浩繁，曾开例捐输，起先犹经户部审酌，后遂日益泛滥。户部侍郎王掞曾抗疏上言："乡里童呆，一旦捐资，俨然民上。或分一县之符，或拥一道之节，不唯滥伤名器，抑且为累地方，宜禁止以塞侥幸之路，杜言利之门。"（《清史稿》卷一一二）又如直隶州的州同、州判是捐纳的，下属的知县倒是科甲出身，这就很难驾驭。总之，功名不由真才实学而由财物另取，士子不从大成殿而从财神殿躐进，其弊端尽人皆知，因而屡受士论的指摘。

---

① 《史记》记秦王政四年（前 243）十月，蝗虫蔽天，天下遭疫病，百姓纳粟千石，拜爵一级。此当为捐纳之始。

乾隆五十三年（1788 年）六月，湖南耒阳增生贺世盛[①]，家住黄泥塘，寄寓城内宗祠中，代人写作状词。事为知县阎广居得知，即往贺世盛寓所搜查，查出《笃国策》抄本一本，随即将贺世盛家属十七名拿获到案。

《笃国策》的大旨为痛恨捐例，也即官府所谓“指斥官员，妄议朝政”。贺世盛时年六十九，因科名失意，常怀忿懑，与同乡、亲戚也因讼事而失和，便避弃妻子，独居城中，摭拾平时记诵的故事、成语，邸抄内一二事件及远年词讼等，凑成此一抄本，“意欲于书成之后，赴京进献，图赏官职，以邀荣宠”。官府问他书内所说开捐害民等的确切指证（贺已沦为阶下囚，叫他如何回答？等于是一个闷棍），他说：“原不过一时乘兴，信笔敷衍。”又说：“我这本《笃国策》原是就一时意见，陆续起草，其中措词过于激烈，亦恐有碍进呈。”但想起乾隆二十二年（1757 年）时，本省生员陈安兆所著之书，巡抚曾作逆书奏办，御批却以为并非背叛，与胡中藻逆书不同，因而将陈安兆释放。这件事他强记在心，所以他的序文内还把从前御批引入，“见得此书并非妄议朝政”。

可是贺世盛错了！陈安兆一案既发生在乾隆二十二年，也就是三十年前的事情，怎么能作为三十年后的依据呢？

官府以捐官之例，久已停止，何况“加惠寒畯，疏通正途，殊恩旷典，亘古所无”，贺世盛却“不安本分，乃逞其枭獍之性，妄诋朝政，肆其悖逆”，故应以大逆律凌迟处死，正犯的子孙、兄弟、侄子也须缘坐。

上谕说：纳资授官，本非善政，并恐杂流因此并进，仕路壅塞，所以停止已有五十一年。贺世盛因科名未遂，心怀愤懑，私自著书，怨望大学士等，

---

① 明、清生员都有月廪，每人米六斗，有定额，为廪膳生员，简称“廪生”。后于正额外增加名额，称增广生员，简称“增生”，无廪米。增生成绩优异者，可升廪生。

“此等狂悖之人，若竟从宽典，俾安坐囹圄，势必更肆狂悖”。即是说，思想上的狂悖，只有从肉体上来消灭他，这也不止对付贺世盛一个人。但上谕又以为贺世盛与“显肆悖逆者尚属有间”，所以应从宽。这里的“狂悖”与“悖逆”不知究竟如何区别？大概“狂悖”是胡乱说话，“悖逆”则为反抗朝廷，当然，这也是姑妄解之。

怎样“从宽”？由凌迟改为斩决。贺名下缘坐各犯，概予省释，上谕还这样说：“而朕于法外施仁，不因该犯语涉违悖，罪及其子若孙，该犯亦当俯首就戮，死而无怨也。”人也死了，命也送了，要怨也无从怨起。

贺世盛的写作《笃国策》，动机固然为了发泄个人功名上失意的牢骚，并想藉此以邀恩宠，但捐纳之弊，上谕也承认，中间虽曾停止，但官风、士气受害已深，贺的抄本中自难免有非难怨恨之词，何至非杀不可。他的致命原因，就由于太不知趣，既然皇帝已经承认并非善政，而且降旨停止，下民便应该当作“殊恩旷典”来感颂，怎么还能妄肆议论？一有议论，可见他对这种恩典并无感颂之诚了。

乾隆五十八年（1793 年），曾下诏停止捐纳，并戒谕“我子孙当永以为法”，但到嘉庆时又开例。道光、咸丰初年，首停捐例，一时以为美谈，不久又沿旧制而推广。同治元年（1862 年），御史裘德俊奏请令商贾不得纳正印实官，而以虚衔杂职为限。但因这易使捐生观望，即是影响了他们的“积极性”，而于军需有妨碍，只得照旧。光绪时，海疆多故，乃开海防捐，这时台湾已开实官捐，其后陕西、山西也开实官捐了。

庚子事变（1900 年）后，德宗锐意图治，舆论多谓捐纳非善政，乃下诏停止。“然报效叙官，旧捐移奖，且继续行之，但有停捐之名而已”（《清史稿》），这时贺世盛的尸骨早已腐烂了。

说到底，还是因为朝廷需要钱，借此可充实国库。由于国家穷，只好把才学和流品放在旁边，任凭阿猫阿狗浪得虚名，现形官场。同治四年（1865年）时，山东巡抚阎敬铭曾言："彼辈以官为贸易，略一侵吞钱粮，已逾原官之数。明效输将，暗亏帑项。"此辈衮衮财官，原有一副精于电脑的铁算盘，于是上下交征利，利从何来？民脂民膏而已。

此案发生于乾隆五十三年，贺世盛当是本书记述的乾隆朝文祸中所斩的最后一颗头颅。高宗享年八十八岁，纪元六十，在此后的七年中，不知何以未曾有过文字狱？乾隆五十五年（1790年）时，江苏沭阳县民张怀路曾首告监生仲见龙之祖仲绳所著《奈何吟》一书词多狂悖，后经审核，仲绳是明末清初人，他诗中的牢骚怨望之词，系为崇祯、弘光而发，张怀路挟涉讼微嫌，故意诬陷仲见龙，乃将张怀路按律法办，害人者往往会害得自己头脑发昏，并见诬告之风与文字狱相终始。清代文字狱中每多怪现状，此亦其一。上谕说："仲绳诗词谬妄，系指明季而言，更不值代胜国（前朝）追究，将其裔孙治罪也。"说得很有幽默味。乾隆老了，他这一辈子当国，与文字狱相始终，倒是为此奋斗到底的。

（原载《土中录》，上海书店出版社1999年版）

嘉庆朝庆皇孙案

嘉庆十三年（1808年）四月，仁宗初得皇孙云礽，内外大臣先后递如意具折庆贺，其中提督仙鹤林的奏折中，有“诞降重熙，承华少海，玉质龙姿，前星拱极，本支百世，派衍东宫”等词，仁宗阅后大怒，斥为“填写满纸，一派狂言，谬妄已极”，立即将仙鹤林革职锁拿，解赴省垣，严行审讯。又因仙鹤林是一个武人，“是否通晓文义，此折或系伊出自臆撰，或系授意他人代拟，抑系伊本无主见，止倩人撰拟贺折，而其人遂肆意胡言，均须详细鞫讯”。

后经审查明白，此折是已革知府薛淇的幕友石先几，摘用营书郭裕昆所拟折稿中语凑合而成，石先几因而杖一百，徒三年。仙鹤林本应充军，念其从前带兵打仗，身受重伤，故加恩免予遣戍，与石先几同样处分（见王氏《东华录》）。

在此之前，将军兴奎也曾具折庆贺，因其“尚不过侈陈祥瑞，并无疵谬”，只是降旨申饬。仙折得罪的关键，当是“玉质龙姿”、“派衍东宫”二语。按照清代家法，储君都是密建，将名字缄藏鐍箧中。仙折却把这个皇长孙当作未来的皇帝，等于以臣下而妄自预立东宫，却又使上谕难于明言，只能说“一派狂言，谬妄已极”。但后人还是看得出。

《清史稿》无仙鹤林传，昭梿《啸亭杂录》卷八有一则记载仙鹤林（翎）的故事：

> 仙提督鹤翎，山东人。甲午秋，王伦叛逆时，公为千总，随副都统尹公吉图入汪家小楼搜缉王伦。尹公骤抱伦背，为贼党刀剑丛至，尹公仆地，公奋身前救尹公出，因背受刃伤如划，三日乃苏。舒文襄公奏闻，上立擢为守备，后洊至湖南提督，征苗匪时有劳绩焉。

《啸亭杂录》的正录写成于嘉庆十九年（1814 年）或二十年（1815 年），却未提到仙鹤林获罪事，大概是故意讳言的。

此案与雍正五年（1727 年）邹汝鲁进《河清颂》案（参见本书《〈河清颂〉颂错了》篇）相类似，姑作为嘉庆朝的文字狱，也是清代文字狱的尾声。但严格言之，邹案与仙案都不能算是文字狱，却可作掌故看。嘉庆以后，清政府的统治已千疮百孔，加之内外交困，对文字狱案不再像过去那样盘查得紧，尽管军机处的录副奏折中的零星小案一直延续到光绪后期，但都是鸡毛蒜皮的小事。强国是第一要义，文网也就相应略有松动，有些禁书的传本，就是在光绪时刻的。宋人所谓“城门闭，言路开”，用以概指清末，亦无不可。

（原载《土中录》，上海书店出版社 1999 年版）